W0228501

Majella Lenzen

DAS MÖGE GOTT VERHÜTEN

Majella Lenzen

DAS MÖGE GOTT VERHÜTEN

Warum ich keine Nonne mehr sein kann

Die Autorin erklärt, dass die Schilderungen im Buch auf ihren Erinnerungen beruhen. Es ist ihre persönliche Meinung, die sich durch subjektive Empfindungen gebildet hat. Die Dialoge spiegeln nicht wortwörtlich, sondern sinngemäß das damals Gesagte wider.

Fünfte Auflage 2009
© 2009 DuMont Buchverlag, Köln
Alle Rechte vorbehalten
Umschlag: Zero, München
Gesetzt aus der Adobe Garamond
Satz: Fagott, Ffm
Gedruckt auf säurefreiem und chlorfrei gebleichtem Papier
Gesamtherstellung: CPI – Clausen & Bosse, Leck
Printed in Germany

ISBN 978-3-8321-9519-9

Meinen Eltern, die mir das Leben schenkten.
Meinen Freunden und allen, die immer an mich geglaubt haben.

Inhalt

»Du hast mich betört, o Herr, und ich ließ mich betören; du hast mich gepackt und überwältigt … Sagte ich aber, ich will nicht mehr an dich denken und in deinem Namen sprechen, so war mir, als brenne in meinem Herzen ein Feuer. Ich quälte mich, es auszuhalten … Doch der Herr steht mir bei wie ein gewaltiger Held … Singt und rühmt den Herrn, denn er rettet das Leben der Armen!«

Jesaja, 20,7–14

Einleitung – »Maisha ni Safari«

»Wir haben einen neuen Papst«, tönt es aus dem Fernseher. Und wenig später sehe ich Josef Kardinal Ratzinger, der sich als Papst Benedikt XVI. den begeisterten Menschen auf dem Petersplatz zeigt. Als er Präfekt der Glaubenskongregation in Rom war, hat er leider zugelassen, dass durch das Verbot von Kondomen meine Aids-Arbeit in Ostafrika zu einem jähen Ende kam – was schließlich zum Austritt aus meinem Orden führte. Jetzt bekleidet er das höchste kirchliche Amt. Ich bin sprachlos und kämpfe mit den Tränen. Als ich den Papst dann aber in Ruhe anschaue und in seiner menschlichen Gebrechlichkeit da stehen sehe, empfinde ich Mitgefühl. Auch er kann sich nur im Rahmen des Systems Kirche bewegen, unter dem Mandat der »Frohen Botschaft«, wie das Evangelium zeitgemäß genannt wird.

Am selben Abend ging ich zu einer Aufführung des Russischen Balletts, Peter Tschaikowskys *Dornröschen* stand auf dem Spielplan. Die Musik war etwas laut für das kleine Stadttheater in Düren, wo ich jetzt lebe. Aber die Geschichte trug mich über das Erstaunen, ja, Erschrecken des Tages hinaus, in längst vergangene Zeiten. Oder waren sie noch gar nicht so lange vergangen, wie ich glaubte?

Die Uraufführung von *Dornröschen* hatte 1890 in Sankt Petersburg stattgefunden. Und Tschaikowski selbst hielt dieses Ballett für sein bestes Werk. Die Grazie und Anmut der Tanzenden, ihre perfekte Körperdisziplin und die träumerische Musik waren auch an diesem

Abend ein Genuss. Ein Geschenk des Himmels, würde ich am liebsten sagen, und ein Hinweis darauf, dass es sich lohnt zu leben.

Während die Freude über diesen Kunstgenuss auch jetzt noch – beim Aufschreiben des Erlebnisses – nachschwingt, wird ein früheres wach, das mich schnell ernüchtert. Denn vor gut einem Jahrzehnt hatte ich eine andere Erfahrung mit Tschaikowski gemacht, und zwar in einem unserer Klöster in Ostafrika. Meinen Mitschwestern machte ich damals den Vorschlag, gemeinsam ein Video des Balletts *Schwanensee* anzuschauen – ich hatte es bei einer befreundeten Ärztin ausgeliehen. Die Einführung zu der Inszenierung war in einem verständlichen Englisch, sodass wir alle wussten, worum es beim »Tanz der vier kleinen Schwäne« ging. Das Gehörte begeisterte mich, und ich freute mich, den nun kommenden Genuss mit den anderen zu teilen.

Doch es kam nicht so, wie ich es mir vorgestellt hatte. Meine Mitschwestern merkten nichts von der schönen Musik und der ausdrucksstarken Darbietung. Nein, überhaupt nicht. Sie reagierten nur auf die vermeintlich obszöne Kleidung, auf die »unanständigen« Posen. Von Kunst keine Rede. Und da ich als Überbringerin des Videos der Auslöser für ihren Unmut war, wurde ich auch als Teil dieses Bösen gesehen, das ich den Mitschwestern zugemutet hatte. Sie protestierten derart vehement, dass ich schließlich kopfschüttelnd die Vorführung abbrach und den Videorekorder ausschaltete.

Es handelt sich hier nicht um irgendeine Anekdote. Es geht auch nicht darum, dass die damalige Schwesternkommunität wohl nie zuvor in einem Ballett war. Nein, dieses Erlebnis war für mich deshalb so schmerzhaft, weil ich spürte, dass es keine Chance gab, über diese Aufführung, über die Märchenmotive, über die unglücklich verzauberte Prinzessin zu diskutieren. Für die Schwestern existierte nur die eine Wahrnehmung, das Gut-und-Böse-Prinzip, so wie es in der Ordensregel festgelegt worden war und wie es, leicht verständlich, als

Gradmesser für alles angelegt werden konnte. Ein Dialog war unmöglich, weil wir nicht angeleitet wurden, in gegenseitigem Austausch voneinander zu lernen. Und das betraf nicht nur diese Situation, ich erlebte dies bei vielen Gelegenheiten. In unserem Orden verhinderten Gebote und Kontrollen eine eigenständige, freie Meinungsfindung. Im Bemühen um das ideale Ordensleben spielten wir alle unsere vorgegebene Rolle. Das hieß: Das System Orden ließ keine Individualität zu. Man kann das auch Indoktrination nennen. Und wer wie ich gegen dieses System rebellierte, musste mit kirchlichem Mobbing rechnen. Was ich dann auch erleben musste – mit schweren gesundheitlichen Folgen.

Der bekannte Psychologe Michael Lukas Moeller sagte einmal: »Die Wahrheit beginnt zu zweit.« Und Thomas Merton, einer der großen Mystiker der Neuzeit, drückte es so aus: »Keiner ist eine Insel.« Eine Gemeinschaft, die keinen Dialog praktiziert und sich dem gemeinsamen Wachsen verschließt, behindert ihren eigenen Reifungsprozess. Wovor haben wir Angst, dass wir uns diesem Prinzip der Wahrheitsfindung so verweigern, dass wir sogar Unwahrheiten hinnehmen?

Mittlerweile bin ich von der Bindung an die Ordensregel befreit, besser gesagt: Ich bin 1995 befreit worden. Freiwillig war mein Austritt aus meinem Orden nicht, ich bin dazu gedrängt worden, weil zu vieles in meinem Leben passierte, für das ich keine ehrlichen Antworten erhielt, weil zu vieles in meinem Leben über meinen Kopf hinweg beschlossen wurde. Aber nichts kann mich von einer weiteren Suche nach Wahrheit entbinden, der Suche nach einer besseren, aufrichtigeren Kirche. Vierzig Jahre lang war ich Mitglied in einer Gemeinschaft, in der mir die Schwestern nahe standen, die einen offeneren Umgang mit den Ordensregeln leben wollten. Dreiunddreißig Jahre war ich als Schwester Maria Lauda im Dienst der Kirche in Afrika tätig. Dreiunddreißig Jahre lang habe ich Menschen geholfen, insbesondere Kranken, damit sie ein Leben in Würde führen konnten. Die Menschen litten unter Cholera, Malaria, HIV, Aids – ihr Unglück hat mich mutig werden lassen. Bis es zum finalen Skandal kam: Ich wurde als »Kondom-Nonne« stigmatisiert, weil ich mich – gegen die Gebote der Kirche – für Verhütungsmittel einsetzte, als eine Möglichkeit, der Immunschwäche Aids präventiv entgegenzuwirken. Für mich war das eine Notwendigkeit, denn ich habe das Elend in den Hütten der verwaisten Kinder in Ostafrika erlebt, habe die entsetzlich abgemagerten Körper der gezeichneten Frauen gesehen, ihre entkräfteten Hände gehalten und in ihre sorgenvollen, tief liegenden Augen geschaut. Doch trotz all meiner Kritik an der katholischen Kirche und den Konflikten mir ihr: Nicht ein Jahr möchte ich von meiner Zeit als Ordensschwester missen. Dazu habe ich auch zu viel Glück in den Augen der Menschen gesehen, denen ich helfen konnte. Und das allein war auch der Grund, warum ich Missionarin werden wollte – nicht, um andere Menschen zum Glauben zu bekehren oder mich mit den Kirchenfunktionären auseinanderzusetzen. Aber was wusste ich als junges Mädchen schon von der Geschichte der Missionsarbeit? Eigentlich nichts, außer, dass eine Tante von mir diese Tätigkeit in Afrika ausübte, mein Vater selbst gern Missionar geworden wäre.

Wenn ich im Austausch mit anderen Menschen von meinem Leben erzähle, stoße ich auf die unterschiedlichsten Reaktionen. »Das System Kirche ist wirklich kaum zu verstehen«, meinen viele. Oder schlicht: »Sie haben aber Mut!«

Wiederholt wurde ich ermutigt, alles aufzuschreiben. »*Maisha ni safari ndefu* – das Leben ist eine lange Reise«, heißt es auf Swahili. Meine Lebensreise führte mich dreiunddreißig Jahre lang nach Afrika, auf diesen wunderbaren und doch so unbekannten Kontinent. Diese Jahre sind ein Teil von mir. In dieser Zeit konnte ich mich zu dem Menschen entwickeln, der ich jetzt bin. Dafür bin ich sehr dankbar. Gleichzeitig drängte es mich, auch das festzuhalten, was ich für Unrecht halte, was mich zutiefst demütigte, die Erfahrung, dass wir Schwestern als Einzelne uns dem System unterordnen müssen und im Grunde wie in einem Gefängnis leben. Vielleicht regen meine Zeilen zum Dialog oder wenigstens zum Nachdenken an.

Ich lernte im Kloster, perfekt zu funktionieren, und musste, als ich von meinen Gelübden entbunden wurde, feststellen, dass meine bisherige Lebensweise in der sogenannten säkularen Welt nicht mehr griff. Mit dieser Erfahrung wurde ich nicht nur von der Kirche alleingelassen, sondern ich war, wie jede Nonne, die austritt, stigmatisiert, ähnlich den HIV/Aids-Patienten, die ich in den letzten Jahren meiner Schwesternzeit betreuen durfte.

»Die Wahrheit bedarf eines mutigen Menschen, der sie ausspricht!« Diese Worte werden den unterschiedlichsten Vorbildern in den Mund gelegt, etwa Mahatma Gandhi, Sigmund Freud oder Albert Einstein. Jeder Einzelne von ihnen hat auf seine Art Zeugnis für die Wahrheit abgelegt. Sie waren Propheten ihrer Zeit. Und wir? Können wir nicht alle Propheten unserer Zeit sein?

Warum kann die Kirche nicht eine solche Rolle übernehmen? Statt Neues zu wagen, wird es reflexhaft verurteilt. Als das Kirchenoberhaupt im März 2009 zu seiner ersten Afrikareise seit seiner Wahl aufbrach, verbot er weiterhin kategorisch den Gebrauch von Kondomen, obwohl seit den achtziger Jahren mehr als fünfundzwanzig Millionen Menschen auf diesem Kontinent an Aids gestorben sind. Seine Worte auf dem Weg nach Kamerun: »Man kann das Aids-Problem nicht durch die Verteilung von Kondomen regeln. Ihre Benutzung verschlimmert vielmehr das Problem.« Die Lösung liege in einem »spirituellen und menschlichen Erwachen« und der »Freundschaft für die Leidenden«. Was für ein Hohn. In meinem Orden habe ich genau das gelebt, als »Mama Twiga« oder »Schwester Giraffe«.

Flug über den Wolken

Im April 1955 nahm die Lufthansa, zum ersten Mal nach dem Krieg, ihre Flüge wieder auf, und schon bald war der Luftverkehr die gängige Verbindung zwischen den Kontinenten. Der Seeweg dauerte bedeutend länger und war zudem teurer. Auch wenn ich das bedauerte – ich hätte mich gern langsam dem afrikanischem Kontinent genähert –, so gehörte ich zu denjenigen, die sich am 8. Dezember 1959 auf dem Amsterdamer Flughafen Schiphol versammelten. Eine Maschine war extra für uns Missionare bereitgestellt worden. Deshalb wimmelte es in der Abflughalle nur so von Ordensleuten. Es war ein denkwürdiger Tag, und wir wurden mit viel Begleitung verabschiedet, denn alle wollten an diesem großen Ereignis teilhaben. Der äußere Trubel half, die innere Aufregung zu überspielen. Damals waren noch drei Tage nötig, um von Amsterdam nach Tabora in Tanganjika zu gelangen, meinem Ziel.

Der erste Stopp war in Rom, wo damals Papst Johannes XXIII. residierte; dass er die Kirche durch Reformen beleben wollte, ahnte noch niemand. In einer Audienz wurden wir gemeinsam nochmals kirchlich ausgesandt, also mit dem Segen der Kirche in die Mission geschickt. Danach folgte eine weitere Zwischenlandung – direkt in der Wüste – zum Auftanken, wie es hieß. Eine Baracke mit einer Girlande aus vertrockneten Orangen blieb mir in Erinnerung, dazu der heiße, trockene Wüstensand und ein wunderbar funkelnder Sternenhimmel, der mein Herz höherschlagen ließ und leicht aufkeimendes

Heimweh besänftigte. Immerhin hatte ich noch nie eine so weite Reise unternommen. Ich wusste nicht, wann ich meine Eltern wiedersehen würde. Zehn Jahre würden es sicher sein, so wurde uns gesagt.

Als wir in Entebbe landeten, der damaligen Hauptstadt Ugandas (heute Kampala), ging die Sonne bereits wieder unter, und der Schlafsaal bei den Karmeliterinnen bot eine willkommene Bleibe für die Nacht im Unbekannten. Der Zementboden war kalt, jedes Geräusch hallte durch den Saal. Wir mussten uns mit Kerzenlicht behelfen, die einzelnen Betten waren notdürftig durch Laken voneinander abgegrenzt. Moskitos schwirrten überall herum. Doch auch das Zirpen der Grillen war zu hören und das Gequake der Frösche aus dem nahen Ufergras. Im Innenhof konnte ich wieder zu einem sternenübersäten Himmel aufblicken, der sich in atemberaubender Leuchtkraft über mir ausspannte. Der Anblick war überwältigend. Genauso faszinierend wie zuvor der schwerelose Flug über den Wolken. Angst? Nein, die ließ ich nicht zu. Jetzt konnte ich in diesem Neuanfang mein Gottvertrauen auf die Probe stellen. Seit dem siebten Lebensjahr und dem Tag der Ersten Heiligen Kommunion glaubte ich, dem inneren Drang meiner Berufung folgen zu müssen. Wie meine Patentante im fernen Afrika wollte ich ein ähnliches Abenteuer wagen, wollte erfüllen, was sich mein Vater immer erträumt hatte, aber aus familiären Gründen nicht realisieren konnte. Und so war ich mit fünfzehn als Aspirantin im Missionsinternat Neuenbeken in der Nähe von Paderborn aufgenommen worden. Jetzt war ich einundzwanzig – und hatte ostafrikanischen Boden betreten.

Achttausend Kilometer Entfernung lagen zwischen der Heimat und dieser neuen Welt, die ich nur flüchtig kannte, etwa durch die Berichte und Briefe meiner Tante. War es nun die Erfüllung meines eigenen, persönlichen Traumes? Folgte ich nicht nur dem Wunsch meiner Tante und meines Vaters? War ich wirklich Missionarin geworden, um anderen Menschen zu helfen? Und zwar hier, in Afrika, wo der schneebedeckte Kilimandscharo, der höchste Berg Afrikas, mit 5 895 Metern aus der Tropenlandschaft herausragte?

Im November 1938 kam ich in Aachen zur Welt. Meine Eltern, Erika und Ludwig Lenzen, gaben mir den Namen Majella, der oft als ungewöhnlich angesehen wurde. Das lag daran, dass ich eine Ordensfrau als Taufpatin hatte. Sie hieß Majellina, was ihr nicht sonderlich gefiel, und sie wünschte sich für mich die kürzere Form: Majella, nach dem heiligen Bruder Gerhard Majella.

Als meine Mutter guter Hoffnung war, pflanzte mein Vater zwei kleine Apfelbäume in unserem Garten, die unterschiedliche Sorten tragen sollten, aber für ihn auch mit einer jeweiligen Bedeutung versehen waren: Boskop stand für einen Jungen und Goldrenette für ein Mädchen. Er pflegte beide hingebungsvoll, ohne eines vorzuziehen, als erwarte er ein Zeichen, aber keines der Bäumchen verriet, welches Geschlecht das erste Kind haben würde. Als ich dann auf die Welt kam, war es eine Überraschung – und ich wurde genauso freudig empfangen, als sei ich ein Junge.

Manchmal dachte ich später, dass die fürsorgliche Pflege beider Bäumchen doch eine Auswirkung auf mein weiteres Leben haben sollte, denn ich zeigte keine besonderen Vorlieben, die mich als Mädchen ausgezeichnet hätten. Im Gegenteil: Ich kletterte gern auf Bäume und spielte nicht schlecht Fußball. Dass im selben November die »Reichskristallnacht« – und schon bald ein sinnloser Weltkrieg – viele Menschen das Leben kostete und uns bis ins Mark erschütterte, gehört auch zum Beginn meines Lebens. Ich lernte früh, schwer zu Verstehendes erst einmal zu akzeptieren.

Als ich drei war, kam mein Bruder Lothar zur Welt. Mit seinen hellblauen Augen und dem blonden Lockenkopf gewann er die Herzen der Menschen. Die Eltern waren stolz auf uns beide und hofften, dass wir gemeinsam die Grausamkeit des Krieges heil überstehen würden. Mein Vater war der Jüngste von sechzehn Kindern. Sein Vater starb, als er erst sieben Jahre alt war. Die Mutter klammerte sich an ihn, als sei er ein Ersatz ihres so früh verstorbenen Mannes. Sie bat ihn später, als mein Vater bereits eine Klosterschule besuchte, weil er gern Missionar werden wollte, seinen Lebenswunsch hintanzustellen, um im elterlichen Betrieb – eine Bäckerei und Konditorei – zu arbeiten und so die Familie vor dem Ruin zu bewahren. Es war die Zeit der großen Wirtschaftskrise, Ende der zwanziger, Anfang der dreißiger Jahre. Seine Mitarbeit im Familienbetrieb setzte er sogar fort, als er bereits als Redakteur beim *Politischen Tageblatt* in Aachen arbeitete. Deutsch und Literatur waren schon früh das bevorzugte Interessengebiet meines Vaters. Bereits im Konvikt, im Klosterstift, schrieb er Dramen, nun konnte er als Journalist sein Talent verwirklichen. Als Volontär hatte er über Sportereignisse zu berichten. Er schrieb anschaulich, spannend und traf den Ton der »Zuschauer«. Sie liebten diese Lebendigkeit, und die Zeitung erfuhr durch ihn eine gewaltige Auflagensteigerung. Das sicherte ihm den Arbeitsplatz, und später konnte er das Feuilletonressort übernehmen.

1945 rollten die russischen Panzer über die Elbe. In mondheller Nacht stolperten wir über einen Kornacker.

Ich war fast sieben, und wir lebten damals im Erzgebirge, weil mein Vater als bekennender und parteiloser Katholik bei einem politischen Blatt, noch dazu in leitender Stellung, in Gefahr war. Es war für ihn nicht mehr möglich, in Aachen zu bleiben, und so war er in der Endphase des Krieges mit uns in ein kleines Erzgebirgsdorf gezogen, wo uns der heimische Pfarrer eine Unterkunft besorgte. Mein Vater arbeitete in Chemnitz, um bei der dortigen, politisch weniger bedeutungsvollen Zeitung unverfängliche Artikel zu schreiben – etwa Geschichten über Tiere und Landschaften. An freien Wochenenden kam er uns besuchen, wenn möglich.

Am Ende des Krieges kamen die Russen und die Sicherheit, in der wir uns bislang gewähnt hatten, war vorbei. Zu Tausenden wurden deutsche Gefangene über einen Feldweg abtransportiert. Ihr dumpfes Singen sowie die Peitschenhiebe der Russen, die die deutschen Soldaten vorwärts trieben, und die schrillen Pfiffe prägten sich mir tief ein. Aus diesem Grund hatte mein Vater beschlossen, in den amerikanischen Sektor zu fliehen, der nicht weit entfernt war. Es war geplant, dass er uns bei Nacht über die Sektorengrenze führen sollte. Meine Mutter hielt uns Kinder fest an der Hand, während mein Vater seine Schreibmaschine und etwas Wäsche trug. Aber wir wurden entdeckt und mit vorgehaltenen Karabinern untersucht. Mein Vater konnte nur stümperhaft Russisch, weshalb er die Soldaten nicht von seiner Arbeit als Journalist überzeugen konnte. Im Gegenteil, er wurde sogar für einen orthodoxen Priester gehalten, der mit seiner Familie fliehen wollte. Das vergoldete Kruzifix, das er immer bei sich trug, schien das zu belegen. Man schickte uns also in den Wald zurück, aus dem wir gerade gekommen waren. Wir glaubten uns dem Freischuss ausgeliefert. Aber wir erreichten das schützende Dunkel der Bäume, ohne dass uns etwas passierte. Wir lebten!

Die ganze Nacht wanderten wir weiter, immer auf der Suche nach der Grenze zwischen russischem und amerikanischem Besatzungsgebiet, immer darauf bedacht, die elektrisch geladenen Warnleitungen zu umgehen. Der dreijährige Lothar wimmerte vor Müdigkeit auf Vaters Schultern, während ich wiederholt stolperte und vor Erschöpfung erbrechen musste. »Angst dürfen wir nicht aufkommen lassen«, sagte mein Vater wieder und wieder, »sonst schaffen wir es nicht.«

Beim ersten Morgengrauen versuchten wir erneut den Durchbruch. Vater versteckte uns hinter Sträuchern und ging mutig auf die vermeintlichen Wachen zu, die sich beim Nähertreten als dunkle Wacholderbäume entpuppten. Deshalb antworteten sie auch nicht auf seine vorsichtigen Fragen. Aber Arbeiter, die auf ihren Fahrrädern näher kamen, zeigten den sicheren Weg über die Straße. Auf der anderen Seite hatten wir die Grenze bereits überschritten – und waren frei.

In dem nächstgelegenen Ort suchten wir das Pfarrhaus auf, das als Sammelstelle für einen Transport in die Lüneburger Heide diente. Als Flüchtlinge und Ausgebombte – unsere Wohnung in Aachen war zerstört – wurden wir nach Tagen in einem Dorf mit acht Bauernhöfen in der Nähe von Lüneburg einquartiert. Der kleine Ort lag idyllisch zwischen weiten Feldern, einem klaren Bach und bewaldeten Hängen. Ein Paradies für Kinder. Dennoch gab es auch hier Hürden zu nehmen, denn wir galten als Fremde, noch dazu als Katholiken (das Dorf war evangelisch), und wurden nur widerwillig aufgenommen.

Anfangs brachte man uns in einem Raum unter, in dem schon andere Flüchtlinge gelebt hatten, die an Typhus erkrankt waren. Dass nur Vater sich ansteckte, war erstaunlich. Denn wir besaßen damals nur eine einzige Waschschüssel für uns alle. Er kam ins Krankenhaus, aber es blieb für ihn nicht nur bei diesem einen Aufenthalt. Die Typhusbazillen setzten sich in der Gallenblase fest und sorgten für Entzündungen und Koliken. In der Folge musste er mehrmals operiert werden.

Somit waren die Jahre in der Heide auch eine harte Prüfung. Wenn wir Kinder zum Spielen gingen, mussten wir in Rufweite bleiben, damit die Eltern immer mit unserer Unterstützung rechnen konnten. Zum Beispiel half ich meiner Mutter bei Einläufen, wenn sie es selbst nicht schaffte, oder kochte für meinen Vater wässrigen Brei und dünnen Kamillentee. Durch unseren »Bereitschaftsdienst« wurden Lothar und ich zu Außenseitern, weil die anderen Kinder nicht begreifen konnten, dass es uns nicht erlaubt war, mit ihnen durch die Wiesen und Wälder zu toben.

Die Volksschule besuchten wir in Kolkhagen – wegen meines Alters wurde ich sofort in die zweite Klasse eingestuft –, später gingen wir beide auf das Gymnasium in Lüneburg. Ich erinnere mich noch, dass mein Klassenlehrer in der Volksschule oft heftige Schläge austeilte und uns ängstigte; geprügelte Schüler flohen sogar durchs Fenster. Als Vater gesünder wurde, übernahm er den Religionsunterricht an der Volksschule und führte mildere Methoden ein. Aber der Religionsunterricht machte nur eine Stunde im wöchentlichen Schulalltag aus, und so hieß es in meinen Zeugnissen aus dieser Zeit, dass ich mich nicht genug am Unterricht beteilige. War ich so verängstigt, dass ich mich nur meldete, wenn ich meiner Sache sicher war? Bestimmt.

Für die Erziehung von uns Kindern hatte mein Vater feste Regeln aufgestellt, etwa, dass wir bei Tisch oft nur »ein Kolloquium mit gutem Deutsch« führen durften, eine schnoddrige Sprache war tabu. Sonst hieß es »Stillschweigen«, wie im Kloster. Das kannte Vater ja. Dieses Redeverbot führte manchmal dazu, dass Lothar und ich so laut lachten, bis uns die Tränen kamen. Dann war an ein Stillschweigen nicht mehr zu denken. Gott sei Dank war Mutter immer auf unserer Seite. Sie erlaubte auch, dass wir uns unter dem Tisch eine Art Zeltlager bauten und an kalten Regentagen dort spielen durften. Aber wir mussten immer leise sein, um Vater nicht zu stören. Diese ständige Rücksichtnahme wurde mir zur zweiten Natur – sie führte auch dazu, dass ich während meines Klosterlebens erst sehr spät kritisch wurde. War er nicht krank, schrieb er. Das gleichmäßig klappernde Geräusch seiner Schreibmaschine habe ich so verinnerlicht, dass ich in späteren Jahren, in Afrika, auch in der Nacht noch wichtige Reporte tippen wollte. Verständlicherweise waren die Mitschwestern nicht erbaut von der Störung.

Eine weitere Regel betraf die Pünktlichkeit. Vater drohte mit Strafen bei Nichteinhaltung einer verabredeten Uhrzeit, wenngleich erst nach zweimaliger Warnung. Ich schaffte es trotzdem, ihn so herauszufordern, dass ich noch mit zehn Jahren eine heftige Tracht Prügel bekam. Vor Schreck darüber gab meine Blase nach, und ich stand auf einmal in einer Lache. Ich fühlte mich gekränkt und unverstanden, denn die Zeiteinteilung meiner Eltern war rigoros. Aber feige war ich nicht. Im Gegenteil. Zum Beispiel stellte ich mich einer Gruppe von Jungen, die meinen Bruder verdreschen wollten. Ich verprügelte deren Anführer so gründlich, dass sich alle verzogen. Und auch bei den vielen schweren Gewittern in der Heide blieb ich erstaunlich ruhig. Meine Angst besiegte ich mit Stoßgebeten.

Zu den vielfachen Erinnerungen meiner Jugend gehören die langen Gespräche im Familienkreis, bei denen Vater uns ein lebendiges Bild von Gott ausmalte. Dabei glühten seine Augen vor Eifer, er wurde in diesen Momenten gewissermaßen zum Missionar, der seine innere Überzeugung von der Liebe Gottes an seine Zuhörer weitergeben wollte. Aber bei diesen Erzählungen ging es nicht nur um Gott. So berichtete er uns zum Beispiel von einer abenteuerlichen Reise als Korrespondent, die ihn auf einem Fischkutter nach Lappland brachte. Da sich diese Möglichkeit unerwartet bot, hatte er kaum mehr als Unterwäsche im Gepäck. Aber es blieb noch Zeit, einen wunderbaren Strauß Sonnenblumen in einem Floristengeschäft für meine Mutter zu bestellen, als Symbol seiner Liebe. Mit leicht geröteten Wangen konnte er auch von seinem Flug mit der berühmten deutschen Pilotin Hanna Reitsch sprechen. Sie, über die er einen Artikel verfassen sollte, hatte 1931 den Weltrekord im Dauer-Segelflug für Frauen errungen. Sie fand es toll, dass mein Vater sich zu ihr in die Maschine setzte – und ich träumte zeitlebens vom Fliegen. Ob auch das vererbt wurde?

Wir lernten früh, mit eigenen Worten frei zu Gott zu sprechen, und meine Vorbereitung zur Ersten Heiligen Kommunion fand in einem von Nonnen geleiteten Heim in Lüneburg statt. Für die Beichte, unsere Premiere, sollten wir unsere Sünden auf einen Zettel schreiben. Dass ich mich weigerte, macht mich heute noch stolz. Ich wusste, was ich zu sagen hatte. Etwas Schriftliches konnte auch von anderen eingesehen werden, und das wollte ich vermeiden. Nach der Feier brachten die Eltern mich in einer Kutsche nach Hause. Das war etwas ganz Besonderes. Das Festtagskleid war ausgeliehen, und für die groben Schuhe schämte ich mich. Aber das innere Erlebnis dieses Tages hat alles Äußere weit übertroffen. In mir prägte sich das Bewusstsein, dass Christus, dessen Leib ich empfing, auch tatsächlich von mir Besitz ergriffen hatte. Mich berührte das so tief, dass mein Gesicht vor Freude leuchtete. Dem Pfarrer war das aufgefallen, und er hatte meine Eltern zu dieser Freude beglückwünscht. Vielleicht ahnte er, dass mir bei dieser Feier bewusst wurde, dass ich ab jetzt ganz Jesus gehören würde. Und dass Er deshalb alles von mir fordern konnte, auch Schweres. Aber ebenso wusste ich, dass Jesus nun immer bei mir war. Das klingt für eine Siebenjährige gewagt. Doch bei solch familiärer Beeinflussung wird es weniger verwundern.

Als die Eltern Jahre später vorschlugen, mich in das Missionsinternat im nordrhein-westfälischen Neuenbeken zu schicken, stimmte ich begeistert zu. Obgleich noch nicht fünfzehnjährig, fühlte ich mich – dank des Erlebnisses der Ersten Heiligen Kommunion – dafür bereit. Damit war ein weiterer Schritt getan, der Vision entgegen, die mein Vater einmal für sich erhofft hatte und zu der meine Tante, jenseits des Äquators, mich rief. Und – was noch wichtiger war – zu der ich mich innerlich gedrängt fühlte.

Vom Kostbaren Blut

Wenn man heute die Bahnlinie Paderborn – Altenbeken fährt, kann man auf der Hälfte der Strecke auf der linken Seite einen größeren Gebäudekomplex sehen. Das ist unser Missionshaus in Neuenbeken, das zum Orden der Missionsschwestern vom Kostbaren Blut gehört. Hier verbrachte ich meine Klosterjugend, nachdem meine Mutter mich im April 1953 dort »abgeliefert« hatte. Später fuhr ich die Bahnstrecke allein, aber auf der ersten Fahrt fühlte ich mich an ihrer Seite sicherer. Durch ein Missverständnis wurde sie so herzlich empfangen, als wolle sie eintreten – ich stand verlegen im Hintergrund.

Zum besagten Komplex gehörte das eigentliche Kloster, mit Sitz der Provinzleitung, und eine eindrucksvolle Kapelle, die von einer Mitschwester mit großen Mosaikbildern ausgeschmückt worden war. Diese Kapelle gehörte nicht zur Klausur, und deshalb hatten auch Gläubige aus dem Dorf oder Besucher Zutritt zu ihr. Weiter unterhielt der Orden eine Paramentenstickerei, eine Hostienbäckerei, eine Haushaltungs- und Pflegevorschule sowie unser Internat. Etwas Landwirtschaft wurde ebenfalls betrieben; das half, die große Anzahl besonders junger Menschen günstig zu ernähren. Wir hatten den Krieg und seine Not kennengelernt, somit war es leicht, uns mit der manchmal etwas bescheidenen Klosterkost zufriedenzustellen. Auch halfen wir bereitwillig im Gemüsegarten und bei der Obsternte mit, jedenfalls so gut wir es konnten.

Unsere Ausbildung in der Missionsschule, die als einziges Zentrum dieser Art in Deutschland der Universität in Oxford angegliedert war, dauerte vier Jahre. Alles wurde uns in englischer Sprache beigebracht, und die Themen waren den Anforderungen des dortigen Examens angepasst: englische Geschichte, Geografie der britischen Inseln, englische Literatur. Dabei lag der Schwerpunkt auf begrenzten Zeitabschnitten, ohne größere Einbindung in das Weltgeschehen – ganz zu schweigen von einer Aufarbeitung der Kolonialgeschichte jener Länder, in denen wir später als Missionsschwestern tätig sein sollten. Unserer Klasse fiel es zu, *King Richard II.* von Shakespeare auswendig zu lernen und auf der Bühne aufzuführen. Ich wurde für die Rolle des Bischofs ausgewählt, die ich auch steif absolvierte. Unsere Lehrerinnen waren ebenfalls Ordensfrauen, die in London eine Zusatzausbildung gemacht hatten, um uns unterrichten zu können. Jede besaß ihre Qualitäten, und dafür liebten wir sie. Eine von ihnen erzählte anschaulich von ihren Kriegserlebnissen als Nonne, sodass wir Schlüsse für unser eigenes Leben ziehen konnten. Sie schulte uns auch als Pfadfinderinnen und unternahm interessante Waldwanderungen mit uns. Eine andere brachte mir den Aufbau unserer Bibliothek und das Buchbinden bei und machte mich zu »ihrer rechten Hand«. Der Umgang mit Büchern war mir vertraut, mein Vater besaß viele, und dadurch wurde meine Wissbegierde befriedigt.

Den Zeichenunterricht übernahm meine spätere Generaloberin, Schwester Manuela, die als Postulantin selbst noch in der Probezeit und nur fünf Jahre älter war als ich. Wir Schülerinnen galten als Aspirantinnen, als Ordensanwärterinnen. Nach dieser schulischen Ausbildung und der damit verbundenen Aufnahme in den Orden wurden die meisten von uns in Missionsländern eingesetzt, um im pädagogischen, sozial-karitativen, im pastoralen oder im Haushaltsbereich tätig zu sein, nachdem wir eine berufliche Ausbildung erhalten hatten. Deshalb war das Internat auch ganz dem Schwesternalltag angepasst, und täglich nahmen wir an der Heiligen Messe teil.

Damals, nur wenige Jahre nach dem Krieg, war die Blütezeit der Neuberufungen, denn viele junge Menschen entschlossen sich zum Ordensberuf. Für jene, die aus kinderreichen Familien kamen, bot der Orden Aufstiegschancen. Und gerade als Frau war das eine interessante Perspektive. Unser Jahrgang bestand, zusammen mit den Haushaltsschülerinnen, aus vierzig jungen Frauen. Wir waren die größte Nachwuchsgruppe, die der Orden verzeichnen konnte, denn anschließend verbreitete sich allmählich der Zeitgeist der Säkularisierung. Neben meinem Missionsorden gab es noch weitere, etwa die Benediktinerinnen, die Dominikanerinnen, den Loreto-Orden, in dem Mutter Teresa war, und den von ihr später selbst gegründeten Orden der Missionarinnen der Nächstenliebe sowie den nordamerikanischen Mary-Knoll-Orden, die ich aber damals alle nicht kannte.

Unser Orden der Missionsschwestern vom Kostbaren Blut wurde im südafrikanischen Mariannhill vom Trappistenabt Franz Pfanner 1885 gegründet, einem gebürtigen Vorarlberger aus Langen bei Bregenz. Als Pfarrer arbeitete er in seiner Heimat und in Kroatien, bevor er bei den Trappisten, einem Büßerorden, eintrat, und zwar in Mariawald. Sieben Jahre später, nachdem er in der Eifel wohl bemerkenswerte Arbeit geleistet hatte, wurde er nach Rom gerufen. Dort renovierte er die Ruine des Trappistenklosters Tre Fontane. Anschließend wurde er mit einer Neugründung in der Türkei beauftragt. Später folgte er der Bitte eines Bischofs nach Südafrika, was – nach vielen Mühen – den Anlass zur Gründung unserer Kongregation in Mariannhill gab.

Als ich nach meinem Ordensaustritt einmal mit der Bahn durch Vorarlberg fuhr und zu den hohen, schneebedeckten Bergen hinaufblickte, glaubte ich zu verstehen, warum unser Stifter zu einem »Abenteurer Gottes« wurde. Seine hagere, bärtige Gestalt, wie sie auf Fotos in jedem Konvent zu sehen war, passte in diese karge Bergwelt. Disziplin ist gefordert, wenn hier etwas erreicht werden soll. Er selbst hat sie ein Leben lang praktiziert. Und er verlangte sie auch von seinen Schwestern.

Am 8. September 1885, dem Fest Mariä Geburt, stellte Abt Franz die ersten fünf Missionarinnen der Christengemeinde in Mariannhill in der Nähe von Durban vor. Er hatte sie als Missionshelferinnen in der Heimat geworben. Für einen Trappisten ist es entscheidend, ein beschauliches Leben zu führen, in Zurückgezogenheit und im Gebet. In der Mission war jedoch soziale Arbeit gefragt. Dafür wurden Missionarinnen nötig, die durch ihre Tätigkeit und mit Unterstützung der Priester den Geist der »Frohen Botschaft« dorthin tragen konnten, wo Menschen noch nichts vom Christentum gehört hatten.

Dieser 8. September wurde unser Gründungstag. Es hieß, dass die ersten Schwestern einen langen roten Rock trugen. In Anlehnung an die »bunte Welt« der Afrikaner sollte das Ordenskleid farbenprächtig sein. Das Rot war ein Symbol, äußeres Zeichen für die Verehrung des Kostbaren Blutes Jesu Christi – so eben auch der Name unserer Kongregation. Das Blut Christi, vergossen durch seinen Opfertod, war Sinnbild unserer Erlösung. Dieses Bewusstsein und Vertrauen in unsere Erlösung sollte die Triebfeder für unseren Missionsauftrag sein. Der rote Rock hielt sich nicht lange, denn in der Praxis war er zu unbequem. Vom symbolhaften Rot blieb jedoch die rote Kordel, an der unser bronzenes Brustkreuz angebracht ist. Dieser schlichte Schmuck hält die Erinnerung an die tiefere Bedeutung unseres Ordensnamens wach. Deshalb wird das Kreuz bei jedem Anlegen dankbar geküsst.

Die Zahl der Schwestern in Mariannhill nahm rapide zu, trotz der Strapazen des ungewohnten Klimas, der fremden Kultur und der vielfältigen Entbehrungen. Das sprach für den Eifer des Gründers genauso wie für die Opferbereitschaft seiner ersten Helferinnen. Da jede bereits eine abgeschlossene Berufsausbildung mitbrachte, brauchten sie nur die Landessprache zu erlernen, um einsatzbereit zu sein. Über den Ordensgeist, die Spiritualität und das Gemeinschaftsleben erfuhren und lernten sie in intensiver Praxis und mit bereitem Herzen. Der Missionserfolg blieb nicht aus. Das Mutterkloster in Mariannhill entwickelte sich schnell und wurde zu einem der größten Missionszentren auf dem afrikanischen Kontinent. Nach benediktinischem Vorbild wurden Schulen, Krankenhäuser, Schustereien, Tischlereien, Bäckereien und Kunstwerkstätten als eigenständige Betriebe angelegt und geführt, die später eine größere Bedeutung gewinnen sollten.

Das war eine traditionsreiche Vorgeschichte, zumal auch in Österreich, in Holland, in den USA und in Kanada Zweigstellen unseres Ordens eröffnet wurden. Entsprechend wichtig war es, unsere Tauglichkeit für das Klosterdasein zu prüfen, weshalb wir in der Vorbereitungszeit, also im Postulat und im Noviziat, durch gezielte Maßnahmen auf das Leben in Klausur und Zurückgezogenheit vorbereitet wurden. So mussten wir Zeiten des Stillschweigens halten, etwa abends im Schlafsaal oder auf den Fluren. Die äußere Stille sollte uns übrigens helfen, unser inneres Gleichgewicht besser zu finden und durch die Stimme unseres Herzens mit Gott im Gespräch zu bleiben! Dazu diente auch das »Stundengebet«, welches in der Noviziatszeit stündlich gemeinsam laut gebetet wurde.

Einmal wurden meine Mitschülerin Gisela und ich mit einem kleinen Gepäckwagen nach Altenbeken geschickt, um den Schwestern die Post zu bringen. Natürlich stillschweigend, wenn nicht gar rosenkranzbetend. Der Weg war jedoch lang, und da kam mir der rettende Einfall, uns rezitativ beziehungsweise singend zu unterhalten. Dadurch hatten wir im buchstäblichen Sinn die Regel nicht gebrochen und konnten uns zudem noch amüsieren. In einer anderen Situation wurde es schwieriger. Franzis, eine weitere Mitschülerin, die aus schwierigen familiären Verhältnissen stammte, hatte mich ausgesucht, um sich bei mir auszusprechen, bevor sie Weiteres unternehmen wollte. Das war aber strikt verboten. Wenn unser nächtliches Versteck im Kleiderschrank auf dem Flur aufgeflogen wäre – und die wachhabende Schwester kam ganz in unsere Nähe –, hätte uns die Entlassung gedroht.

Weiterhin durften wir keine »Partikular-Freundschaften« untereinander pflegen, denn »unser Herz soll einmal ganz und ungeteilt unserem göttlichen Bräutigam gehören«. Wahrscheinlich wurde damit jedoch in letzter Instanz vor lesbischer Liebe gewarnt. Ebenso unterlagen wir der Briefzensur, was bedeutete, dass unsere Schulleiterin, Schwester Luzia, die bis dahin unser Missionskolleg in Mariannhill geleitet hatte, sämtliche Briefe, die wir schrieben, prüfen konnte, bevor sie frankiert und zur Post gebracht wurden. Es war ihr auch erlaubt, alles zu lesen, was »von draußen« kam. Damit sollte verhindert werden, dass wir unter falschen Einfluss gerieten. Einmal war ich empört, als Schwester Luzia mich rief und zu mir sagte: »Was hast du denn da geschrieben? Es wird nichts herausgetragen, was hier im Internat geschieht. Wenn es Schwierigkeiten gibt, kommst du zu mir. Deine Eltern haben dich uns anvertraut, und sie sind nicht hier.« Warum musste ich mich rechtfertigen für das, was ich meinen Eltern berichtet hatte? Durfte ich ihnen gegenüber nicht mehr offen sein? Ich war wütend darüber, kontrolliert zu werden, nicht frei entscheiden zu können, wem ich was anvertraute. Und genau das wollte ich auch jetzt meinen Eltern schreiben – und erlebte zu meinem Erstaunen, dass meine Knie dabei unter meiner Schulbank vor innerer Empörung zitterten. So ging es auch nicht; deshalb gab ich dieses Mal auf. Die Kontrolle empfand ich dennoch als unwürdig. Und das Wissen darum führte zu einem Vertrauensverlust. So behielt ich oft für mich, was falsch beurteilt werden konnte – und entwickelte einen »unfreien« Stil. In den kommenden vierzig Jahren würde ich mich noch mehr als einmal unterordnen …

Um sich diese Regeltreue besser vorstellen zu können, zitiere ich noch ein paar Beispiele aus dem Direktorium:

»Wo die Schwestern pflichtmäßig mit männlichen Personen verkehren müssen, sollen sie folgende Vorschriften beobachten: Es ist den Schwestern ohne spezielle Erlaubnis der Obern nicht gestattet, sich mit männlichen Personen, wer es auch immer sein mag, allein in irgendeinem geschlossenen Raum aufzuhalten … In der Regel soll eine zweite Schwester oder eine andere Begleiterin anwesend sein.« (Nr. 60)

»Bei der Bewirtung der Fremden richte sich die Pförtnerin nach den Anweisungen der Oberin. Ihre Haltung, ihre Sprache, ihr Benehmen den Gästen gegenüber trage das Gepräge einer gottgeweihten Seele. Sie lasse sich daher nicht in unnötige Redereien und unpassende scherzhafte Unterhaltungen ein, sondern rede nur, was Notwendigkeit, Liebe und Anstand verlangen … Über alles, was an der Pforte vorgeht, setze sie die Oberin in Kenntnis …« (Nr. 372/373)

Und jene bereits angesprochene Regel:»Untereinander müssen sich die Schwestern vor besonderen (Partikular-) Freundschaften ernsthaft hüten. Ihr Herz und ihre Liebe muss ganz und ungeteilt dem göttlichen Bräutigam gehören. Darum darf keine zu natürliche, noch weniger eine sinnliche Zuneigung zu irgendeinem Geschöpf ihr Herz und ihr Gemüt von Gott entfernen.« (Nr. 62)

»Als Glieder einer Genossenschaft haben die Schwestern in ihr eine gemeinsame Mutter auf Erden, wie sie einen gemeinsamen Vater im Himmel haben … Beim Begegnen grüßen sich die Schwestern untereinander freundlich mit einer leichten Verneigung.« (Nr. 147/150)

Diese Beispiele zeigen viele kleine oder größere Vorschriften, die im Grunde Anstandsregeln sind oder, moderner ausgedrückt, im Job-Management als Selbstverständlichkeit angesehen würden. Damit uns die Notwendigkeit der Regeln klar würde, sollten wir, so wurde es uns erklärt, den Straßenverkehr beobachten. Ohne Vorschriften entstünde ein Chaos auf den Straßen, ähnlich verhalte es sich beim Ablauf des Gemeinschaftslebens. Das schien irgendwie plausibel. Dazu zählte wohl auch das öffentliche Schuldkapitel, bei dem wir Professschwestern uns einmal im Monat während einer Unterweisung der Oberin vor den Mitschwestern anzuklagen hatten. Dabei ging es um äußere Verstöße, wenn man beispielsweise Türen leichtfertig zugeknallt oder unachtsam auf den Fluren gesprochen hatte. Zur Wiedergutmachung erhielten wir damals eine Buße, die darin bestand, dass »Suppe im Speisesaal von den Vorgesetzten erbettelt werden musste oder Scherben kniend vorgezeigt wurden, wenn die Schar der Mitschwestern an den Büßenden vorbei ins Refektorium zog«.

Diese Zeiten sind vorbei, und das Ordensleben der Zukunft – wenn es Bestand haben soll – kann sich mit den vielen kleinlichen Äußerlichkeiten nicht mehr aufhalten. Aber wir wurden damals, 1957 bis 1959, noch an diesen Paradigmen gemessen. Auch wenn der »Innere Geist« den Vorrang hatte, so litten wir dennoch an dem Zwang, diese äußeren Maßstäbe und Normen einzuhalten. Zudem erlebten wir, dass nicht wenige Mitschwestern ihn als Richtschnur verinnerlichten.

Da aber viele dieser Regeln mit dem Arbeitsalltag nur schwer in Einklang zu bringen waren, ja oft gar nicht eingehalten werden konnten, schmerzten mich die Zurechtweisungen. Begriff ich vielleicht die »inneren Werte« nicht hinreichend? Wie auch immer, diese Diskrepanz war nicht zu lösen. Das merkte ich im Laufe der Jahre immer stärker. Und wenn ich dann meine Schwierigkeiten gegenüber Vorgesetzten äußerte, wurde ich stets auf weitere Paragrafen hingewiesen. Welche Regeln zum Ordensleben dazugehörten, erfuhren wir übrigens noch nicht in der Missionsschule.

Ein weiteres Zeichen unserer Zugehörigkeit zur Ordensschule war die Uniform: eine Art schwarzer Matrosenanzug mit breiter Mütze und Streifen, die wir auch in den Ferien sowie an Sonn- und Feiertagen anziehen mussten. Das war manchmal peinlich, denn wir fielen in diesem Aufzug überall auf.

Im Sommer 1957 schrieb unsere Gruppe das Oxford-Examen »O-Level«, ungefähr unsere Mittlere Reife. Nach bestandenem Abschluss durften wir ein letztes Mal nach Hause fahren. Danach stand der entscheidende Schritt in die Klausur des Klosters an. Die Ferien nutzte ich, den Führerschein zu machen, denn mit einer Fahrerlaubnis war ich, so sagte meine Patentante, besser für die Mission gerüstet. Reiten und Schießen versuchte ich auch. Aber alles war nicht gleichzeitig zu meistern, auch wenn ich recht gut zielen konnte. Von zehn Schuss schaffte ich sicher neun Treffer, und zur Abwehr von Affen auf Maisfeldern hätte es bestimmt gereicht. Meine Patentante hatte nämlich erzählt, dass die Affen zur Plage geworden waren und die Missionare »auslachten«. Vielleicht hatten wir Frauen mehr Glück, sie zu täuschen und von den Erträgen der Felder fernzuhalten? Dass ich sie tatsächlich umgelegt hätte, bezweifle ich. Nachdem jedoch Jahre später eine Bande von gewalttätigen Räubern unser Hospital in Turiani überfallen wollte, beantragte ich einen offiziellen Waffenschein. Das wurde beinahe zum Skandal, weil Nonnen nicht mit Waffen in Verbindung gebracht werden durften. Doch zur Abschreckung und eventuellen Verteidigung meiner Mitschwestern hielt ich diese Maßnahme für gerechtfertigt. Bevor wir als wehrlose Frauen in Gefahr waren, wollte ich zur Verteidigung wenigstens Warnschüsse abfeuern können. Als das Gewehr dann schließlich eintraf, war ich bereits versetzt.

Kreidebleich im Ordensgewand

Nach den Ferien übersiedelten wir von den Internatsräumen in den gegenüberliegenden Schwesterntrakt. Die Schule war abgeschlossen, die klosterinterne Ausbildung und Probezeit konnte anfangen. Sie begann mit dem Postulat, in dem wir offiziell um unsere Aufnahme in die Gemeinschaft baten. Für uns als ehemalige Internatsschülerinnen, denen das Klosterleben nicht fremd war – und weil die Mission »rief« –, betrugen Postulat und Noviziatszeit gerade die vorgeschriebenen zwei Jahre. Die letzte Hürde, die am Ende dieser Zeit genommen werden musste, war eine Abstimmung der Schwesterngemeinschaft über jede Einzelne von uns. Fiel das Jawort, stand unserer Aufnahme nichts mehr entgegen.

Der Übergang zum Noviziat wurde durch achttägige Einkehrtage, sogenannte Exerzitien, eingeleitet, auf die das Fest der Einkleidung folgte. Diese Feier war vergleichbar mit einer Hochzeit, weshalb wir auch Angehörige und Freunde dazu einladen durften. Als ich am Abend zuvor meinen Bruder Lothar im Klosterhof Ball spielen sah, verließen mich alle klösterlichen Vorsätze des Stillschweigens und der Zurückgezogenheit. Halb hinter dem Fenster versteckt, probierte ich den Spezialpfeifton unserer Jugend; er war nur uns beiden bekannt. Es klappte auch, denn er schaute sofort zu meinem Fenster hinauf. Aber im selben Moment stand meine Oberin in der Tür. Ihren Tadel hatte ich verdient. Wirklich? Nach den Ordenregeln – ja. Doch fühlte ich mich gekränkt, und mir zeigte diese Episode, wie schwierig es doch für mich war, die Balance zwischen der natürlichen Familie und der neuen geistlichen Gemeinschaft zu finden.

»Am Einkleidungstag empfangen die Postulantinnen nach den im Orden üblichen Zeremonien das geweihte Ordenskleid und den Schleier. Ebenso erhalten sie den Ordensnamen, dem beim Schreiben der Name Maria (abgekürzt M.) voranzusetzen ist. Das Ordenskleid in seiner schlichten Form erinnere die Schwestern an die Entsagung der Welt und an den Geist der Demut und Selbstverleugnung. Durch den Gürtel werden die Schwestern zur Abtötung und zur Wachsamkeit ermahnt. Durch den Schleier werden sie gemahnt, sich als Missionsschwestern ganz besonders der Eingezogenheit, Bescheidenheit und jungfräulichen Sittsamkeit zu befleißen«, so heißt es im Direktorium Nr. 15/16, unseren Leitlinien zur Ordensregel.

Bevor unsere Novizenmeisterin uns zur Einkleidungszeremonie hinunter zur Kirche geleitete, besprengte sie uns mit Weihwasser. Anstatt eines Segensgrußes brachte sie schließlich mit tränenerstickter Stimme hervor: »Ihr seid meine beste Gruppe, macht weiter so!« So verhalten sich Mütter – und sie war unsere »Mutter Meisterin«, so jedenfalls der Titel, den sie als Noviziatsleiterin trug. Unter feierlichen Orgeltönen zogen wir anschließend mit weißem Brautschleier durch die festlich geschmückte Kirche zum Altar. Zwei junge Postulantinnen aus Korea führten unseren Zug an. Sie trugen Kerzen und waren in ihre einheimische Tracht gehüllt, um an unsere missionarischen Aufgaben zu erinnern. Denn »als Missionsschwestern vom Kostbaren Blut wurden wir dazu berufen, Zeugnis von der Erlöserliebe Christi zu geben« – und zwar weltweit.

Es war eine erhabene Zeremonie und eine beeindruckende Gottesdienstfeier. Mein Herz schlug wie wild, denn dieses war der Moment, an dem die Wandlung geschehen sollte. Jetzt gab es kein Zurück mehr. Ich würde nun Christus gehören, mit allem, was ich war.

Wir, die »Bräute Christi«, erhielten als äußeres Zeichen unser Ordenskleid, symbolhaft für den »neuen Menschen in Christus«, den wir anlegen sollten, sowie einen neuen Namen. Zudem wurde jeder von uns ein Exemplar unserer Ordensregel ausgehändigt, den Konstitutionen, dazu das Klein-Brevier, um am Stundengebet der Kirche teilnehmen zu können.

An diesem Tag wurde aus mir, der Postulantin Schwester Lenzen, der *neue Mensch* Schwester Maria Lauda. Die Wahl des Namens hatte ich selbst getroffen, um damit auszudrücken, dass ich »Gottes Lob« so leben wollte, wie die Mutter Jesu es in ihrem Lobgesang, dem Magnifikat-Gesang, ausgedrückt hatte: »Meine Seele preist die Größe des Herrn; mein Geist jubelt über Gott, meinen Retter. Denn auf die Niedrigkeit seiner Magd hat er geschaut!« Maria Lauda, dieser Name, sollte meine Richtschnur werden. Außerdem entsprach die Wahl unserer *Berufung* zum Ordens- und Missionsleben. Wir wurden gelehrt, dass Christus ruft: »… damit wir alles zurücklassen, um den schmalen und dornigen Pfad der Tugend zu gehen; um des Himmelreiches willen; denn die Mehrzahl der Christen wählt den breiten, bequemeren Weg.« Unsere Gruppe war die erste, die ihre jeweiligen Ordensnamen selbst vorschlagen durfte. Das war als Zeichen der Erneuerung gedacht. Einer sehr begrenzten Erneuerung, wie ich später feststellen konnte.

Meine Eltern waren stolz darauf, dass ich diesen Weg gewählt hatte. Bei unserer Begrüßung saß mein Schleier zwar schief und eine dicke Haarsträhne kam zum Vorschein, aber das waren nur »Äußerlichkeiten«. Vater und Mutter hielten nun ihre Tochter als Nonne in den Armen, ein wenig steif durch die gestärkten Seitenstreifen am Schleier, für einen Kuss war kein Platz. Das war befremdlich, dennoch blieb es ein bewegender Moment für uns. Mein Bruder grinste hintersinnig und meinte: »Na, Schwesterchen!«

Nach diesem denkwürdigen Fest ging der Ordensalltag weiter. Wir lernten schnell, das lange Ordenskleid richtig anzuziehen und uns geziemend darin zu bewegen. Der gestärkte Schleier machte einen Blick zur Seite unmöglich, außer man wendete den ganzen Kopf. Der dahinterliegende Sinn: Durch die äußere Abgrenzung sollte die innere Einkehr besser praktiziert werden. Der tägliche Rhythmus des streng reglementierten Tagesablaufs war durch das benediktinische Motto: »*Ora et labora* – bete und arbeite« geprägt. Für das Gebet und weitere geistliche Übungen waren täglich insgesamt fünf Stunden vorgesehen. Auf zwei »normale« Unterrichtsstunden, von acht bis zehn Uhr, folgten sechs Stunden körperliche Arbeit, unterbrochen von den Mahlzeiten, die wir immer in Gemeinschaft im Speisesaal einnehmen sollten. Das Essen wurde schweigend begonnen, währenddessen lauschten wir einer geistlichen Lesung. Erst wenn die Oberin das Zeichen dazu gab, durfte mit der Unterhaltung begonnen werden.

Am Anfang dieser Probezeit musste ich mich sehr anstrengen, allen Ansprüchen gerecht zu werden. Das frühe Aufstehen am Morgen, die ausgedehnten Gebetszeiten, Unterricht und praktische Arbeit, alles verlangte Disziplin und eine vollkommene Anpassung an diese Vorschriften. Körperlich war ich derart gefordert, dass ich beinahe stehend einschlief, wann immer sich eine Gelegenheit bot. So auch samstags, wenn wir Schlange standen, weil frische Schleierwäsche ausgeteilt wurde.

Alles war genauestens in den Ordensregeln, den Konstitutionen und dem Direktorium, aufgeschrieben. Im täglichen Unterricht der Novizenmeisterin sollten wir den Sinn unserer Tradition, unseres Ordensgeistes sowie die Vorschriften für die Lebensweise unserer Gemeinschaft verstehen lernen. Doch leider wurden wir mit einer Art Formalismus konfrontiert. Beim Unterricht ging es mehr um das Erlernen und Befolgen von Richtlinien als um tiefere theologische Inhalte.

Als Beispiel dafür ist mir die Geste in Erinnerung geblieben, die meine Nachbarin und ich entwickelten. Wir waren die Längsten in der Klasse und besetzten die hintersten Plätze, um niemandem die Sicht zu nehmen. Dadurch überschauten wir den Raum in Gänze. Fast instinktiv duckten wir uns und legten den Kopf auf die Arme, wenn die Leiterin wieder einmal einen Redeschwall von Vorhaltungen über uns ergoss. Es war wie ein Gewitter, von dem wir hofften, dass es schnell an Stärke verlieren würde.

Diejenigen unter uns, die gut auswendig lernen konnten – was ich hasste –, waren im Vorteil. Um die Missio Canonica, die Verleihung der kirchlichen Lehrbefugnis, zu bestehen, mussten wir die Missionsreisen des Apostels Paulus aus dem Neues Testament stur aufsagen können. Wer diese Prüfung bestand, war befugt, Religionsunterricht zu erteilen. Dass diese Tatsache nicht genügen konnte, liegt auf der Hand. Überhaupt fehlte es meines Erachtens an kompetenter Anleitung zur Meditation und an geistlicher Vertiefung. Genauso unzureichend war die Vorbereitung auf die eigentliche Missionsarbeit im Ausland. Mit der Herausforderung einer andersartigen Kultur, wie wir sie in Afrika vorfinden würden, haben wir uns kaum befasst.

Mein Arbeitsbereich während dieser Probezeit war zum einen die Klosterküche, wo ich stundenlang sandigen Salat putzte, Hähnchen rupfte oder Därme säuberte – mehr traute man mir nicht zu. Zum anderen war ich in der Hostienbäckerei tätig. Mit diesen Aufgaben, die Hostien auszustechen, in der richtigen Konsistenz zu backen, im Rekord zu zählen, sie zu verpacken und zu versenden, konnte ich mich schnell anfreunden. Das Organisieren lag mir und machte Freude.

Da es nicht genügend Platz für unsere Gruppe gab, wurde beschlossen, unser Haus zu vergrößern. Außerdem sollte jede von uns ihre eigene Schlafzelle bekommen, nicht nur durch Vorhänge abgetrennte Betten wie im Postulat. Doch musste für die Zwischenzeit eine

Lösung gefunden werden. Diese bestand darin, dass wir auf den Dachboden ausquartiert wurden. Durch Wäscheleinen waren die einzelnen Zellen markiert, mit Bettüchern Wände vorgetäuscht. Die Matratzen lagen auf dem Boden. Zum Waschen benutzte jede von uns eine Schüssel, die auf einem Hocker stand. Es war am einfachsten, sich dabei hinzuknien, zumal der Raum nicht sehr hoch war und man sich nicht aufrecht hinstellen konnte. Da es Winter war, gefror das obere Wasser in den Schüsseln zu Eis, und wir mussten es morgens in aller Frühe, genauer gesagt um fünf Uhr, aufklopfen. Gott sei Dank wurde keine von uns krank, trotz der ungewöhnlichen Kälte.

Die meisten aus der Gruppe sangen im Kirchenchor. Mir fehlte es aber an Rhythmus, wie ich glaubte. Außerdem genügte es mir, während der Gebetszeiten den Gregorianischen Choral richtig zu rezitieren. Wäre ich auch Mitglied des Chores geworden, hätte ich noch weniger Freizeit gehabt – das wollte ich verhindern. Als später eine Oberin voll Staunen bemerkte: »Aber Sie haben doch eine gute Stimme, Sie können ja singen«, konnte ich nur schmunzeln. Denn die Wahl, mich als unmusikalisch abstempeln zu lassen, schien mir eine Möglichkeit, etwas Freizeit zu bekommen, gewissermaßen meinen »Freiraum«.

Diesen verbrachte ich am liebsten unbeobachtet auf der Empore unserer Kapelle. Hier konnte ich meiner Sehnsucht nach mehr Tiefe und erfahrbarer Gottesnähe freien Lauf lassen. Dann schämte ich mich auch der Tränen nicht, die unweigerlich flossen. Dabei hielt ich mit dem mahnenden Mosaikbild, das Christus als Weltenrichter darstellt, ungestört Zwiesprache. Dass Er nie »lächelte«, machte mich immer wieder traurig. Natürlich wusste ich, das es nur ein Bild war, seine Wirkung verfehlte es aber nicht.

Eine meiner Mitschwestern, die vor mir in der Hostienbäckerei gearbeitet hatte, entschied sich am Ende der Noviziatszeit, aus dem

Orden auszutreten. Zum Abschied sagte sie zu mir: »Sie waren mir oft ein Vorbild, denn Sie haben so viel in der Kapelle gebetet. Ich wünschte mir, ich hätte Ihren Geist und Ihr Gottvertrauen.« Sie konnte nicht ahnen, dass auch ich nur um dieses Gottvertrauen rang und mir sehr wohl bewusst war, diesen regeltreuen Geist, so wie er von uns verlangt wurde, nicht zu besitzen. Die rigide stündliche Unterbrechung der Arbeit, um das Stundengebet zu sprechen, erlebte ich gewiss nicht als Erbauung, wenn das Waffeleisen zum Beispiel bedient werden musste. Doch suchte ich den Fehler an erster Stelle bei mir. Ich glaubte, besser werden und mich mehr anstrengen zu müssen. Als eine andere Mitschwester, die zu meiner Gruppe gehörte, später aus der Südafrikamission mit der Feststellung austrat: »Ich kann dieses Leben der Heuchelei nicht länger ertragen!«, war sie wahrscheinlich mutiger und ehrlicher, als ich damals wahrhaben wollte oder konnte.

In diese intensive Zeit in Neuenbeken fielen meine ersten Gallenkoliken – nicht umsonst bekam ich sie; damals sah ich aber noch keinen Zusammenhang zwischen den harten Regeln und meinem körperlich-seelischen Befinden. Die Koliken begannen am Muttergottesfest, dem 2. Februar 1959, das Datum werde ich nie vergessen. Als ich mich nach der ersten Attacke, noch kreidebleich, bei unserer Novizenmeisterin meldete, wurde ich in harschem Ton in meine Schlafzelle geschickt. Ihre Feststellung lautete, dass ich mich ja nie schone, also mithin selbst schuld sei, wenn ich mich jetzt »unpässlich« fühle. Dennoch schien sie sich Sorgen zu machen und schickte mich einige Tage später zu einem Arzt in unserem Ordenskrankenhaus in Paderborn. Dieser stellte beim Abtasten nichts weiter fest, veranlasste jedoch eine Darmspülung. Während dieser Prozedur kollabierte ich, trotzdem wurde ich nachmittags entlassen. Ein Schwesterntransport aus Neuenbeken war zur gleichen Zeit in der Stadt, wurde aber nicht zur Klinik geschickt, um mich von dort abzuholen. Der Wagen fuhr von der gleichen Stelle ab, von der er mit der Schwesternschaft immer abfuhr. Es galt, keine Ausnahme zu machen, die einzelne Person zählte nicht viel. Hauptsache, der Ablauf des Gesamten wurde nicht gestört.

Um das Auto zu erreichen, das mich mitnehmen sollte, musste ich also einen längeren Weg zurücklegen. Ich fühlte mich noch schwach, wollte aber nicht weichlich erscheinen. Also spornte ich mich durch das Beispiel eines Liebespaares an, das vor mir ging: »Lauda, schau dir die beiden da vorne an, wie sie sich liebevoll an der Hand halten und stützen. Du bist jetzt mit Jesus vermählt, und Er wird dich stützen. Du schaffst das!« Und so gelang es mir auch, den Transporter zu erreichen.

Der Arzt, der mich im Krankenhaus untersucht hatte, schrieb mir ein Attest, in dem er mich als missionstauglich bezeichnete. Also konnte ich das Noviziat erfolgreich beenden und die Gelübde für ein Jahr ablegen. Danach durfte ich in die Mission entsandt werden, was bedeutete, erst einmal als Krankenschwester ausgebildet zu werden. Ich hatte mich für diesen Bereich, nein, nicht entschieden, sondern entscheiden müssen.

Afrika, meine ersten Jahre

Bevor ich meine Ausbildung als Krankenschwester in Nairobi antrat, hatte ich das Glück, zwei Wochen bei meiner Patentante zu verbringen, in ihrem Ordenskloster im damaligen Tanganjika. Später, 1962, wurde die »Republik Tanganjika« gegründet, die sich 1964 mit dem Inselstaat Sansibar zur »Vereinigten Republik von Tansania« vereinigte. Der Aufenthalt bei Schwester Majellina gab mir die Möglichkeit, erste Eindrücke von Ostafrika zu sammeln.

Von Entebbe aus war es weiter in die tanganjikanische Hauptstadt Dar es Salaam (»Hafen des Friedens«, kurz Dar genannt) gegangen, die am Indischen Ozean liegt. Freundliche Mitschwestern erwarteten mich, den Neuankömmling, im Dezember 1959 auf dem Flughafen, danach fuhr ich mit ihnen fast zweihundert Kilometer südwestlich auf einer der wenigen Asphaltstraßen des Landes, und zwar nach Morogoro. Diese Strecke gehörte zu den Hauptverkehrsadern des Landes, noch heute faszinieren mich solche Highways.

Weit konnte ich meine Augen über die ungewohnte afrikanische Landschaft schweifen lassen. Es war ein busch- und baumreiches Gebiet, dünn besiedelt, mit vereinzelten Hütten, von denen nur einige wenige ein stabiles Wellblechdach besaßen. Kurz vor Morogoro führte die Straße rechts an ehemaligen Sisalplantagen vorbei, links ragten die eindrucksvollen Uluguru-Berge auf, in deren Schatten die Stadt Morogoro lag. Das Kloster, besser gesagt: der Mgolole-Konvent, lag außerhalb der Stadt und war nur über eine Lehmpiste zu erreichen. Hier leitete meine Tante die einheimische Ordensgemeinschaft »Unsere Liebe Frau der Uluguru-Berge«. Die 2 600 Meter hohen Gipfel bildeten, vom Kloster aus gesehen, ein gewaltiges Panorama, das mich ein wenig an die Voralpen erinnerte. Für mich waren Berge neu, und diese in Afrika zu erleben und täglich zu ihnen aufschauen zu können, war ein unerwartetes Geschenk.

Schon um die Jahrhundertwende hatten deutsche Siedler versucht, hier Fuß zu fassen. Kein Wunder: Der Boden ist sehr fruchtbar; vielfach kann zweimal im Jahr geerntet werden. Zudem war Morogoro bekannt für sein Glimmervorkommen, dass bereits ab 1898 von der deutschen Kolonialverwaltung abgebaut wurde. Denn vierzehn Jahre zuvor gelang es der Deutsch-Ostafrikanischen Gesellschaft unter Dr. Carl Peters sich in Tanganjika festzusetzen und sich das Gebiet durch »zweifelhafte Verträge« anzueignen. Nachdem die Deutschen die Gruben im Ersten Weltkrieg nahezu zerstört hatten, begannen die Engländer sie gut dreißig Jahre später wieder zu nutzen, bis 1953 der weltweite Preisverfall des Minerals den Glimmerabbau stoppte. Ein gutes Beispiel für schlechte Kolonialpolitik: Die Europäer halfen, die Infrastruktur aufzubauen, bedienten sich dann aber der Bodenschätze und zogen sich schließlich wieder zurück, wenn die Bedingungen nicht mehr stimmten. Das gehörte zu den allgemeinen Eindrücken, die ich damals, wenn auch nur flüchtig, aufnehmen konnte.

In der Nähe des Konvents gab es Haine mit vielen ertragreichen Kokosnusspalmen. Die Hütten der Dorfbewohner lagen weitläufig verstreut und schienen sich unter ihrem Strohdach zu verstecken. Überall spielten Kinder, ein Bild lebendiger Unmittelbarkeit. Das Kloster selbst war ebenerdig erbaut, mit vorgezogenem Dach und einer Veranda, sodass die Hitze nicht nach innen dringen konnte. Die zahlreichen Schwestern versorgten sich selbstständig. Aus ihren Gärten ernteten sie diverses Obst und Gemüse. Durch die Haltung von

Hühnern, Enten, Kaninchen und Schweinen war die Nahrung abwechslungsreich. Auf den ausgedehnten Feldern ernteten sie Grundnahrungsmittel wie Mais, Reis, Sonnenblumenkerne für Öl und Maniok. In der Klosterküche wurde immer »zweispurig« gekocht: Es gab europäisches Essen, mit einem Besteck serviert, für die »weißen Mamas«, Besucher oder Schwestern, die krank waren und eine Diät benötigten. Daneben bereitete man die »gewöhnlichen Mahlzeiten« der einheimischen Schwestern zu, die aus dem landestypischen Maisbrei bestand, Ugali genannt, angereichert mit ein wenig Fleisch und Gemüse, meistens Tomaten und Bohnen. Alle afrikanischen Schwestern mussten mit dem Löffel essen, nicht mit den Fingern, wie es bei ihnen zu Hause in den Dörfern üblich war. Die unterschiedliche Behandlung bereitete mir ein gewisses Unbehagen, obgleich ich verstehen konnte, dass die leichteren Speisen für die europäischen Schwestern wichtig waren, um den tropischen Strapazen körperlich besser gewachsen zu sein. Ich nahm mir jedoch nicht das Recht heraus, darüber zu urteilen, schon deshalb nicht, da ich mich erst ganz am Anfang meiner Ordens- und Missionstätigkeit befand.

Wasser war in der Umgebung reichlich vorhanden, aber nicht für alle Schwestern gleichermaßen zugänglich. Im Hof existierte eine Art Brunnenanlage, hier wurde die allgemeine Wäsche mit der Hand gereinigt. Fließendes Wasser gab es allein in den Duschkabinen, die man nur zu bestimmten Zeiten nutzen durfte. So stand auch jetzt neben meinem Bett die gewohnte Waschschüssel. Doch hier, wo die Sonne vom Himmel brannte und es zugleich schwül war, hätte man gern kühles Leitungswasser auf der Haut gespürt. Gut, dass wir wenigstens einen weißen Habit aus einem leichteren Stoff als üblich tragen konnten. Die Ärmel krempelte ich hoch, sonst war es in der Hitze nicht auszuhalten. Abends wurde es zum Glück kühler, selbst leichte Brisen wurden herbeigesehnt.

Tante Lisbeth, wie meine Tante mit bürgerlichem Namen hieß, schien sich an das Klima gewöhnt zu haben. Ich bewunderte sie. Äußerlich wirkte sie unscheinbar, ihr Gesicht war von Furchen durchzogen, und die Haut sah aus wie gegerbtes Leder. Doch wenn sie lächelte, sah man in ihren dunklen Augen ein liebevolles Leuchten. Sie sprach die offizielle Amtssprache Swahili besser als viele ihrer einheimischen Schwestern, die mit ihren jeweiligen Stammesdialekten aufgewachsen waren. Den Schmerz über ungerechtes Elend und menschliche Schwächen, von denen sie viel erlebt hatte, verbarg sie in der unergründlichen Tiefe ihres Herzens. Sie war präsent, wenn sie sich die Zeit zu einem Gespräch nehmen konnte. Das passierte selten genug, weil sie für alle da sein wollte. Ständig wurde sie von Hilfe und Rat Suchenden angesprochen und kam deshalb – sehr zum Ärger ihrer drei sehr regeltreuen Mitschwestern – fast immer zu den regulären Mahlzeiten zu spät.

Elektrizität gab es in Mgolole damals noch keine, weil das Gebiet nicht an das öffentliche Netz angeschlossen war. Gekocht wurde mit Holz oder Gas. Abends, gegen achtzehn Uhr, warf man den klostereigenen Generator an, denn kurz nach Sonnenuntergang, ungefähr eine halbe Stunde später, wurde es schnell dunkel. Das monotone Geräusch bildete eine Art Hintergrundmusik. Nachts musste man mit dem Licht einer Kerze oder einer Taschenlampe zur Toilette finden. Schwester Majellina erzählte noch von Löwen, die einst den Klosterhof als Rastplatz belagert hatten, während die Schwestern in der Kirche beim Gottesdienst waren. Mit Gewehrsalven und viel Geschrei wurden sie schließlich verscheucht. Sie selbst war schon um ihr Leben gelaufen und dann auf einen Baum geklettert, als Flusspferde sie angriffen. »Wenn es ums nackte Leben geht, kann man ›Wunder‹ erleben«, meinte sie verschmitzt.

Schon einen Tag nach meiner Ankunft hatte ich während der Messe einen unbarmherzigen Juckreiz an meinen Beinen bemerkt. Wie ich später feststellte, waren sie von Stichen übersät. Ich glaubte anfangs, von Malariamoskitos gebissen worden zu sein, doch war dies vielmehr meine erste Bekanntschaft mit Flöhen. Die Tierchen versteckten sich nachts in der Kälte unter den Kniebänken, um den ahnungslosen Beter morgens, bei aufsteigender Wärme, anzugreifen!

Die Schwestern verehrten meine Tante, nannten sie »Mama Mkubwa«, »große Mutter«, und erlaubten ihr nicht, den leitenden Posten niederzulegen – wie Kinder, die sich noch vor der Eigenverantwortung scheuen. Mgolole gehörte zu den afrikanischen Ordensgemeinschaften, die von unserem Orden bis zu ihrer Selbstständigkeit geleitet wurden. Das war nach den Regeln des Vatikans so vorgesehen und wurde erst um 1960 aufgehoben. Meine Tante hätte das Kloster gern schon früher den einheimischen Schwestern überlassen. Da sie als ausgebildete Schneiderin und Lehrerin praktisch begabt war, sorgte sie dafür, dass ihre Schwestern gut auf ein verantwortungsbewusstes Leben vorbereitet waren. Die fähigsten von ihnen zu einer Weiterbildung nach Europa zu schicken, wurde ihr damals vom Bischof verwehrt. Das mussten ihre Schwestern später selbst durchsetzen. Mir schien die Situation ähnlich der der afrikanischen Kolonien auf ihrem Weg zur Unabhängigkeit.

Die Ordensgemeinschaft war 1930 vom damals zuständigen Bischof als »Schwestern vom Unbefleckten Herzen Mariä« gegründet worden. Meine Tante war erst Novizenmeisterin, später übernahm sie die Leitung des Ordens. Dabei gab es viele Hürden zu überwinden. Die Stellung der Frau ist nicht nur in der afrikanischen Gesellschaft der des Mannes untergeordnet; das Gleiche gilt auch für die weltweite Institution Kirche. So bekamen während des Zweiten Weltkriegs selbst die »weißen« Schwestern als verhasste Deutsche nicht genug zu essen, während der Tisch für die Patres immer reichlich gedeckt war. Auch wenn der Krieg ein Ausnahmezustand war – die Männer in der Kirche nahmen sich leichter das Recht heraus, etwas Besseres zu sein, hielten eine Sonderstellung für selbstverständlich.

Als der Bischof, in der Manier eines Kolonialherren, meiner Tante für ihre gewünschte Loslösung seinen Segen verweigerte, als sie – wie es früher üblich war – vor ihm kniete, machte sich eine Welle der Empörung unter den einheimischen Schwestern breit. Durch diese Demütigung war sie auf eine Stufe mit ihren Schwestern getreten. Diese fühlten sich solidarisch mit ihr, und der Kirchenfürst verlor in ihren Augen an Macht. Meine Tante ließ sich durch nichts von der ihr eigenen geradlinigen Haltung abbringen. Das machte sie nicht nur zum Vorbild für ihre eigenen Schwestern, sondern beeindruckte auch mich. Später, als ich den Posten im Entbindungsheim in Morogoro antrat, sagte sie mir: »Die ganze Provinz schaut auf dich, ob du diese schwierige Aufgabe an der Seite einer cholerischen Mitschwester meisterst. Zudem kommen unbekannte berufliche Anforderungen auf dich zu. Gib nicht auf, ich bete für dich!« Um ihr zu folgen, hielt ich durch.

Meine Tante, Schwester Majellina, starb 1966, im Alter von sechsundsechzig Jahren, an Leberkrebs.

Im Januar 1960 flog ich von Tansania nach Nairobi, der Hauptstadt von Kenia, um mit meiner Krankenschwesterausbildung zu beginnen. Hier erlebte ich eine faszinierende Mischung aus tropischer Blütenpracht und europäischem Flair. Selbst die mehrspurigen Asphaltstraßen wurden von farbenfrohen Bougainvilleasträuchern flankiert – eine Augenweide, wenn man vergaß, dass die Innenstadt von hungernden Bettlern frequentiert wurde.

Zunächst aber war mir, als sei ich im Paradies gelandet. Genauso unwirklich erschien mir mein Ausbildungsort, das Nairobi European Hospital. Dieses Krankenhaus für Europäer lag in einer großzügigen

Parkanlage. Erst 1957 war es durch einen Anbau vergrößert worden, sodass die doppelte Anzahl von Betten, nämlich 223, für die Behandlung der Elite des Landes zur Verfügung stand. Noch war Kenia britische Kronkolonie, wenngleich die blutigen Mau-Mau-Aufstände (von 1952 bis 1957) bewirkt hatten, dass 1959 die ersten Afrikaner in die neue Regierung gewählt wurden. Zu diesem Entwicklungsprozess wollte auch ich meinen Teil beitragen: Ich war zu meiner Ausbildung nach Afrika geschickt worden, damit ich für und mit Afrikanern arbeiten konnte. Doch im European Hospital ging es im Wesentlichen um die Behandlung von weißen Patienten; Afrikaner befanden sich dort einzig in der Position der Untergebenen, arbeiteten dort zum Beispiel als Reinigungskräfte. Das nahm ich sofort wahr. Eigentlich wollte ich mit ihnen auf einer Stufe stehen, so hatte ich es mir in meinem Idealismus vorgestellt.

Am Rande der Landeshauptstadt, im Ortsteil Riruta, hatte sich unser Orden niedergelassen. Als ich dort ankam, wurde gerade mit einem Erweiterungsbau begonnen. Der größere Teil des Komplexes sollte als Sekundarschule inklusive eines Internats für einheimische Mädchen genutzt werden. Man hoffte, dass sich junge und intelligente Mädchen durch das Vorbild der weißen Schwestern für den Eintritt in die Gemeinschaft begeistern ließen.

Später, als weitere Spendengelder aus Europa eintrafen, erweiterte man den Gebäudekomplex um eine Wöchnerinnenstation. Bei der Versorgung junger Mütter fanden als Hebammen ausgebildete afrikanische Mitschwestern ihr erstes Einsatzfeld. So waren sie Teil der Klosterfamilie und dennoch im Einsatz für ihre Mitmenschen. Es war gleichzeitig unser Versuch, den Not leidenden Menschen in den Slums unserer Umgebung zu helfen.

Während sich der Stadtteil um Riruta kontinuierlich weiter ausdehnte und immer mehr zu einem Armenviertel entwickelte, waren

Raubüberfälle nicht mehr auszuschließen. Deshalb schien es ratsam, das Kloster mit einer Mauer zu umgeben. Das diente dem Schutz aller, auch und insbesondere dem der Internatsschülerinnen. Der Glockenturm unserer zentral gelegenen kleinen Kapelle blieb jedoch unser Wahrzeichen und machte unser Kloster schon von Weitem sichtbar – ihn konnte die Mauer nicht verbergen.

Als wir vor der Aussendung in die Mission nach unserer Berufswahl gefragt wurden, äußerte ich den lang gehegten Wunsch, Ärztin zu werden. Obgleich das vom Orden damals nicht erlaubt wurde, sah ich darin mein Ideal. Ich solle erst einmal Krankenschwester werden, war die Weisung, die ich akzeptierte, in der Hoffnung, der Pflegeberuf sei eine Vorstufe zu meinem Ziel. Immerhin: Die School of Nursing, die dem Nairobi European Hospital angegliedert war, wurde nach englischen Bestimmungen der Krankenpflegeausbildung ausgerichtet. Diese war damals vorbildhaft und der deutschen an fachlicher Kompetenz überlegen. Mit diesem Wissen beruhigte ich mich. Widerspruch wäre auch zwecklos gewesen. Der Gehorsam wurde erwartet, auch weil wir eigene Wünsche nicht in den Vordergrund stellen durften.

In den folgenden vier Jahren stand ich ganz im Bann dieser ausgezeichneten Ausbildung. Alles fand auf Englisch statt, und zwar in einer Perfektion, die mir anfänglich einen gehörigen Schrecken einjagte. Die Zunge schien vor Anstrengung am Gaumen zu kleben, und ich wagte kaum noch zu sprechen. Schließlich meldete ich mich bei unserer Lehrschwester: »Wissen Sie überhaupt, dass ich keine Engländerin bin?« Ihre Antwort war sachlich: »Deutsche sind fleißig, Sie werden das schon schaffen.« Und sie sollte recht behalten. Allmählich legte sich die Angst, und mir wurde die Sprache auch in ihrer Fachterminologie immer vertrauter.

Das Englische war aber nicht mein einziges Problem. Ich könnte jetzt noch rot werden, wenn ich daran denke, wie ich im Anatomieunterricht den menschlichen Körper kennenlernte und zum ersten Mal die Zusammenhänge der monatlichen Blutung erklärt bekam. Doch ging es dabei nicht nur um Theorie. Noch nie hatte ich einen anderen Menschen »richtig« angesehen, und nun sollten wir, als Übung, uns gegenseitig waschen. Augenblicklich geriet ich in Panik – und ich weigerte mich, dies zu tun. Das gestand man mir auch zu, aber im Gegenzug wurde ich dazu aufgefordert, den ersten Patienten vor den anderen Mitschülerinnen auf der Station zu waschen. Da ich den geforderten Arbeitsablauf – mit den Extremitäten beginnen etc. – auswendig gelernt hatte, klappte es. Aber innerlich war ich schockiert und musste diese Erfahrung erst verarbeiten. Alleine, versteht sich. Ich gehörte zwar zur dritten Gruppe von Nonnen, die zur Ausbildung zugelassen wurden, in unserer Klasse war ich jedoch die einzige. Meine Mitschülerinnen waren alle jünger und ahnten nicht, wie weltfremd so eine Nonne sein kann.

Es schien, dass ich bei den Patienten beliebt war, was wohl auch damit zu tun hatte, dass ich versuchte, nicht nur die medizinischen Anordnungen, sondern auch ihre persönlichen Wünsche zu erfüllen. Hier ein Glas Wasser extra, dort eine Wärmflasche, dann und wann eine Kopfschmerztablette. Ansonsten erfüllte ich als Pflegeschülerin meine Pflichten gemäß den Vorschriften.

Die meisten Kranken lagen in Sälen von oft zwanzig Betten. Wenn im Vorbeigehen noch Wünsche ausgesprochen wurden, war es nahezu unmöglich, sich alles zu merken. Aber niemand war ungehalten, wenn ich etwas vergaß. Einmal wurde mir gesagt: »Wir warten immer, bis Sie Dienst haben, denn Sie bemühen sich, für uns da zu sein.« Diese Aussage half mir über mein permanentes Gefühl des Ungenügens hinweg, das mich angesichts der nicht zu bewältigenden Arbeit überfiel. Eine gesunde Achtung vor der Not, aber auch der Würde der Patienten, die auf Unterstützung angewiesen sind, wollte ich mir bewahren.

Diese Einstellung half mir ebenfalls, »Liebesbekundungen« gelassen hinzunehmen. Wenn Patienten schwer verletzt eingeliefert wurden und eine Zeit lang auf andere angewiesen waren, gefüttert, gewaschen und gepflegt werden mussten, da konnte es vorkommen, dass tiefere Gefühle ins Spiel kamen. Die galt es, behutsam abzulenken, denn bald trat ja die zunehmende Gesundung wieder in den Vordergrund.

Als ich begann, auf der Männerstation zu arbeiten, öffnete die Stationsschwester die Tür zum großen Saal und verkündete: »Diese Nonne muss ihre erste Spritze setzen. Wer ist dazu bereit?« Ein Gegröle folgte, einer zog augenblicklich die Hose herunter und rief: »Es ist mir eine Ehre! Na, kommen Sie schon!«

Bei all meinem Tun war ich ständig in Ordenstracht, zwar in Weiß, aber ich fiel auf – etwas, was mir nicht sehr behagte. Meine Schüchternheit versuchte ich durch Effizienz wettzumachen. Ich arbeitete so hart, dass ich dann auch einen Neffen von Queen Elizabeth, der sich bei einem Jagdunfall im kenianischen Nationalpark den rechten Arm gebrochen hatte, morgens rasieren durfte – auch mein erstes Mal. Die wertvolle Handtasche, die ich dafür als Geschenk erhielt, hat meine Mutter jahrelang stolz getragen.

Darüber hinaus stand meine Tracht als Nonne für meinen Glauben. Von Schwerkranken wurde ich oft um mein Führbittgebet gebeten – oder ich sprach es aus eigenem Bedürfnis heraus. Es war für mich wichtig, sie in der Not nicht alleinzulassen. Auch wenn es meist bei einem stummen Händedruck blieb, hoffte ich, dass derjenige spürte, dass jemand bei ihm war. Wenn ich den letzten Blick eines Sterbenden auffing und ihm standhielt, war mir, als vertraue er mir sein Geheimnis an. Doch die schönste Erinnerung gehört einem humorvollen älteren Herrn, bei dem ich in seiner letzten Nacht zur Einzelnachtwache eingeteilt war. Jedes Mal, wenn er die Augen aufschlug, nahm er meine Hand und drückte sie behutsam – bis seine ganz still in der meinen liegen blieb. Er war fortgegangen und gleichzeitig angekommen, und mein Herz sagte: »Dank für dieses Erlebnis.«

Damals wurde noch die Elektroschocktherapie angewandt, um bei Depressionen und anderen mentalen Bedrängnissen zu helfen. Das schien mir eine grausame Methode zu sein. Ich erschauderte jedes Mal, wenn sich ein menschlicher Körper unter dem elektrischen Schlag aufbäumte. Dabei geschah es, dass Patienten in Weinkrämpfe ausbrachen oder versuchten, bei mir ein »Beichtgeständnis« abzulegen, was ich nur schwer abwehren konnte. Die behandelnden Psychiater jedenfalls sahen mich wohl als willkommene Stütze ihrer Therapie. Umso erstaunlicher war es, als ein Mann aus der Kurznarkose aufwachte und erstaunt fragte: »Und was kann ich für Sie, meine liebe Dame, tun? Es war mir, als sähe ich einen Engel!« Diese weiße Tracht!

Nairobi befand sich – Anfang der siebziger Jahre – im Umbruch. Viele Menschen waren durch die Wirren und Schrecken der Mau-Mau-Aufstände verunsichert, jener Kämpfe der Unabhängigkeitsbewegung, die sich gegen die britische Kolonialherrschaft in Kenia wehrte. Vielen Europäern, die in dieser Stadt lebten, war es nicht mehr möglich, den anfänglich hohen Lebensstandard aufrechtzuerhalten. Das Krankenhaus hieß zwar Nairobi European Hospital, wurde aber allmählich immer häufiger von finanziell gut gestellten afrikanischen Patienten frequentiert. Dieser Wechsel war nötig, musste aber erlernt werden. Der Weiße war nicht mehr alleiniger Herrscher. Die Afrikaner hatten für die Freiheit ihres Landes gekämpft und wollten ihre Ziele nun umgesetzt sehen. Zu Recht.

Für viele Europäer bedeutete das koloniale Kenia die Erfüllung ihres Traumes von einem selbstbestimmten Leben – selbst wenn dieses auf Kosten anderer ging. Man denke nur an Baronin Karen Blixens Buch »Jenseits von Afrika«, das verfilmt wurde. Menschen wie die dänische Schriftstellerin und Kaffeeplantagenbesitzerin waren hier die Wohlhabenden und konnten sich leisten, was in der europäischen Heimat nicht möglich war. Hier konnte man eine Menge Bedienstete günstig beschäftigen; die alltäglichen Aufgaben wie Putzen, Waschen und Kochen wurden nur von afrikanischem Personal erledigt. Diese waren selbst für die geringe Bezahlung dankbar, weil sie mit diesem Geld für ihre Großfamilie sorgen konnten. Der sogenannte Weiße fühlte sich dem Afrikaner dadurch überlegen, dass er eine bessere Schulausbildung hatte und das nötige Geld besaß. So nahm er die Position des Befehlenden wie selbstverständlich für sich in Anspruch. Vor diesem Hintergrund scheint es auch nicht weiter erstaunlich, wenn in einem der damals üblichen Reiseführer zu lesen ist: »Am 11. Mai 1848 entdecken die Missionare Rebmann und Krapf den Kilimandscharo!« »Als erste Europäer« sollte wahrheitsgemäß dazu vermerkt werden – denn die Afrikaner hatten ihn schon längst entdeckt.

Großwildjagd und Liebe zur freien Natur ist das eine, der Wunsch zu helfen, um die Lebensqualität der Bevölkerung zu verbessern, das andere. Mag Letzteres auch bei Menschen wie Karen Blixen die treibende Kraft gewesen sein, bei den meisten hatte der eigene Profit im Vordergrund gestanden. Dennoch: Sie bauten Straßen und ein Netz von Eisenbahnlinien, errichteten Schulen, Krankenhäuser und sanitäre Anlagen, sorgten für sauberes Wasser. Und all das, um Kaffee, Tee und Sisal anzubauen und zu exportieren. Der Europäer brachte das nötige Kapital und vermehrte es. Der Afrikaner, dem das Land seiner Väter eigentlich gehörte, »durfte sich glücklich schätzen«, eine bezahlte Beschäftigung zu bekommen, um seinen Lebensunterhalt bestreiten zu können. Und allmählich passten die Afrikaner sich unserem System an, was auch für sie Vorteile brachte. Jedoch mussten sie einen enormen Sprung in die Neuzeit bewältigen, zu dem die Europäer viele Generationen lang Zeit hatten. Die Probleme waren damit schon vorprogrammiert.

Wie schon angedeutet, versuchte das machthungrige Europa Ende des 19. Jahrhunderts in Ostafrika Fuß zu fassen, um zusätzliche Rohstoffe und billige Arbeitskräfte zu gewinnen. Bei den Missionaren geschah das unter dem Deckmantel, »Afrika aus dem Heidentum zu erlösen« und die Nationen zu zivilisieren.

Das Kenyatta Hospital, in dem afrikanische Patienten behandelt wurden, lag auf der anderen Straßenseite und war mit über tausend Betten ungleich größer als unser »europäisches« Krankenhaus. Erst am Ende meiner Ausbildung wurde ich dort zum Dienst in der Ambulanz eingesetzt. Ich war begeistert. Endlich konnte ich afrikanischen Patienten helfen, für die ich ja nach Afrika gekommen war.

Die Fachärzte arbeiteten in beiden Krankenhäusern, hier gab es zum Glück kein Klassensystem. Der britische Chirurg, Mr Miller, ist mir noch im Gedächtnis geblieben, weil ich ihm assistieren und bei Operationen anwesend sein dufte. Es ging ihm darum, mich speziell auf afrikanische Tropenkrankheiten vorzubereiten. So verschob er sogar den Eingriff an einer Leberzyste, damit ich die Möglichkeit hatte, die Operation mitzuverfolgen. Bei Wurmverseuchungen akzeptierte er sogar meinen Vorschlag der Medikation, viel hatte ich aus den Lehrbüchern gelernt. Gern hätte ich noch länger im Kenyatta Hospital gearbeitet, um mehr Erfahrungen zu sammeln. Es wurde mir jedoch nicht erlaubt, weil meine Vorgesetzten es nicht für nötig hielten.

Im August 1963 erhielt ich, nach bestandenem Examen, mein Zeugnis als »State Registered Nurse (SRN)«. Um meine Zulassung nicht nur für Kenia, sondern auch für das »Mutterland« Großbritannien zu bekommen, hätten zusätzliche Gebühren gezahlt werden müssen. Ich hielt diese Registration für vorteilhaft, um überall im Commonwealth einsatzbereit zu sein, aber die zuständige Oberin lehnte es ab. Erst 1974 holte ich diesen Schritt nach. Für Tansania musste ich mich jedoch sofort registrieren lassen, denn dort wurde ich eingesetzt.

Um in die tanganjikanische Hauptstadt Dar zurückzukehren, wollte ich mich einer Mitschwester anschließen – die über Land reiste, was eine Möglichkeit war, mehr über Tansania zu erfahren. Doch das wurde mir nicht erlaubt. Im Gegenteil: Man befahl mir, von Nairobi nach Dar es Salaam zu fliegen, mit der fadenscheinigen Begründung, der Flug sei angemessen, weil ich dringend gebraucht würde. Am Flughafen von Dar empfing mich zwar eine Schwester, aber wir mussten noch tagelang warten, bis wir von einem Auto abgeholt wurden, das uns zu meiner Missionsstätte bringen sollte. Als ich später diese fragwürdige Warterei ansprach, erklärte man mir, dass die Provinzleitung in Nairobi mich mit Vorliebe in Kenia eingesetzt hätte – deshalb dieser Eilbefehl, um das zu verhindern. Verstehen konnte ich das nicht, warum wurde nicht offen darüber gesprochen? Auf meine Wünsche schien zwar niemand Rücksicht zu nehmen, doch ich hätte es als ermutigend empfunden, wenn ich gewusst hätte, dass ich in beiden Ländern eine gern gesehene Mitschwester war.

Die Ostafrikanische Ordensprovinz schloss Kenia und Tansania zusammen, ihr Hauptsitz lag in Nairobi. Ungefähr fünfundvierzig Schwestern waren in jedem Land tätig, in der Mehrzahl waren sie europäisch. Erst Jahre später bildeten die jüngeren einheimischen Mitglieder das Rückgrat der Mission. Einmal hörte ich, wie eine afrikanische Schwester in Kenia verständlicherweise äußerte: »Nur Geduld, wenn die weißen Grannys nicht mehr sind, haben wir freie Hand und können unser Leben so gestalten, wie wir es für richtig halten!«

Will nicht jede Generation eigenständig Geschichte schreiben? Franz Pfanner, unser Ordensgründer, hatte als Losungswort für uns ausgegeben: »Unser Missionsgebiet ist das Reich Gottes, und das hat keine Grenzen!« Um für ein solches Ziel offen zu sein, hätten wir eigentlich die Lebensverhältnisse und die kulturellen Hintergründe der Menschen, zu denen wir gesandt wurden, kennen und berücksichtigen müssen. Weil das nicht zu unserer Ausbildung gehörte, holten wir es jetzt neben all der Arbeit im Land nach, jedenfalls so gut es ging. Dabei half der andere Wahlspruch unseres Stifters: »Mit Gott, es geht!« Daran versuchte ich mich in den nächsten Jahren zu halten, ja, zu klammern.

Tropenhut, grüne Mambas und
ein Entbindungsheim

Als frisch ernannte Grade-A-Nurse, so die englische Bezeichnung für eine staatlich anerkannte Krankenschwester, begann ich im August 1963 meine Arbeit in Tansania. Hier war plötzlich alles anders als das, was ich in den Jahren der Ausbildung in Nairobi erfahren hatte. Ich lebte auf einmal nicht mehr in einer Großstadt mit dem westlichen Einfluss von Geschäftigkeit, Reichtum, Eleganz und Machbarkeit.

Die Mitschwester, die mich auf dem Flughafen von Dar es Salaam abgeholt hatte, brachte uns, bis wir weiterfahren konnten, bei Schweizer Missionsschwestern unter. Von diesem Quartier aus hörten wir die brandenden Wogen des Indischen Ozeans und spürten die feuchtheiße Luft auf der Haut. Palmen, die sich fast unmerklich im Wind wiegten, säumten das flache Ufer. Ich beobachtete die Sonnenstrahlen, die sich durch die fächerartigen Wedel einen Weg bahnten und erschrak bei dem Gedanken, dass in den drei ostafrikanischen Staaten – Tansania, Uganda und Kenia – mit dreißig Millionen Einwohnern eine voll ausgebildete Krankenschwester statistisch gesehen auf viertausend Menschen kam. Das war mit ein Grund, warum unser Einsatz in den sogenannten Entwicklungsländern wichtig war.

Meine erste Tätigkeit in Tansania hatte ich in einem Stadtteil Morogoros zu absolvieren, der Kilala genannt wurde. Die Missionsstation lag fünfhundert Meter hoch am Hang der Uluguru-Berge. Wir waren zu dritt in der damaligen Schwesterngemeinschaft: Da war unsere ältere liebenswerte Hausoberin, deren schwarz umrandete dicke Brille sie ernst aussehen ließ, obgleich sie ein rheinisches Gemüt besaß. Sie war für die Küche, die Waschküche sowie die Kapelle zuständig. Dann gab es die holländische Leiterin des klostereigenen Entbindungsheims, Schwester Lidwigis, und mich, die Krankenschwester, die plötzlich mit dem täglichen Erleben von Entbindungen konfrontiert war. Das war eine echte Herausforderung, denn eigentlich wollte ich überhaupt nicht Hebamme werden. Jetzt erst, bei meiner Ankunft, wurde mir gesagt, dass Schwester Lidwigis, deren helle Augen fordernd und abwägend auf mich wirkten, entlastet werden müsse. Als ich einwandt, dass ich keine Entbindungshelferin sei, hieß es, dass sie mir das Wesentliche beibringen würde. Also blieb mir keine andere Wahl, als den Hilfe suchenden schwangeren Frauen beizustehen.

Außerdem befand ich mich in der letzten Phase vor der Zulassung zur Ewigen Profess, die mit der Ablegung der Gelübde verbunden war. Da war es ratsam, mich erst einmal prüfen zu lassen: War ich überhaupt fähig, zu gehorchen und mich einzufügen? In Nairobi hatte ich ja gewissermaßen »außerhalb« des Klosters, nämlich in einem Studentenheim gelebt.

Einerseits belastete es mich, dass ich eine Aufgabe übernehmen sollte, für die ich nicht ausgebildet war. Für meinen Einsatz sprach andererseits, dass meine Mitschwester, die als Hebamme einen ausgezeichneten Ruf hatte, mich einführen sollte. Ich war in einem Gewissenskonflikt, den ich aus klösterlicher Sicht gar nicht haben sollte.

Im Auftrag des Gehorsams, so war uns immer eingetrichtert worden, waren wir, mit dem nötigen Bemühen, schlichtweg dazu befähigt, diese, also im Prinzip jede Tätigkeit zu leisten – Gott würde schon für einen guten Ausgang sorgen! Und weil ich wollte, dass das auch zutraf, strengte ich mich enorm an. Durch die gemeinsame englische Sprache war ich zuversichtlich, dazulernen zu können. Bei den Patientinnen wurde es schon schwieriger. Die konnten nur ihren eigenen Dialekt oder Swahili, die Landessprache. Selbst die Gehilfin meiner Chefin, Valeria, war nicht fähig, in Englisch zu kommunizieren, verstand aber vieles von dem, was ihr gesagt wurde. Von ihr ließ ich mir helfen, wenn ich beim Studium des Buchs *Teach Yourself Swahili* (*Bring dir selbst Swahili bei*) mal wieder nicht weiterkam. Sie war eine stets korrekte Frau um die dreißig. Schwester Lidwigis hatte sie ausgezeichnet angelernt.

Der Arzt, der mit uns arbeitete, stammte aus Goa, ein hochgewachsener Mann mit dunklen, durchdringenden Augen. Bereits seine Eltern waren nach Ostafrika übergesiedelt, weil Indien übervölkert war. Er selbst schien allen dramatischen Lagen gewachsen zu sein. Ob Kaiserschnitt oder eine Tamponade bei schweren Nachblutungen – er bildete mit Schwester Lidwigis ein kompetentes Team. Und unser privat geführtes Entbindungsheim hatte einen guten Ruf. Die Ambulanz, die an unseren Klostertrakt angeschlossen war, wurde täglich von vielen Patienten aufgesucht. Dort arbeiteten wir, wenn es keine Entbindung gab, und wenn Lidwigis und ich wieder in den Kreißsaal gerufen wurden, machte Valeria alleine weiter. Es ging in der Ambulanz nicht nur um Vorsorge oder Geschlechtskrankheiten, sondern auch um Tropenkrankheiten, etwa Malaria, Blutarmut, Wurmverseuchung, Durchfall oder Unterernährung. So konnte ich viele Erfahrungen sammeln. Klar, dass mich dies begeisterte. Deshalb arbeitete ich mich rasch ein, auch wenn ich häufig sprachliche Fehler machte – was unsere Patienten amüsierte.

Schwieriger war es, die einzelnen Phasen der Niederkunft zu erkennen, diesen wundersamen Vorgang der Peristaltik mit den rhythmischen Wehen der Gebärmuttermuskulatur. Für mich bedeutete es ein neues Erleben, und jede Einzelheit musste ich mir einprägen: die

Häufigkeit, Heftigkeit und Effektivität der Wehen, die Öffnung des Muttermunds, die Lage des Kindes im Mutterleib, seine Herztöne. Ein Schnellkurs par excellence! Meine Chefin erklärte mir alle nötigen Fachausdrücke und ließ mich das gerade Erlernte an der nächsten Mutter praktizieren, das war selbstverständlich. Ob Tag oder Nacht, ich musste dabei sein. Zunächst bemühte ich mich, die Gebärende zu beruhigen, ihr gut zuzureden und sie bei den Pressvorgängen zu unterstützen. Das Swahili-Wort *zukuma* (pressen) gehörte sicher zu den Ausdrücken, die ich in der Zeit am häufigsten gebrauchte. Entweder rief ich es aufmunternd oder unter Anspannung fordernd, denn es ging immer um Leben oder Tod. Und das betraf beide: Mutter und Kind.

Für einfache, mithin normale Geburten blieben die Frauen meistens zu Hause. So wünschte es die Familie. Oft half die Großmutter oder eine andere ältere Vertrauensperson, wenn die Wehen einsetzten. Wer uns aufsuchte, ahnte, dass etwas nicht in Ordnung war. Es gab aber auch einige Menschen, die zur Klinikentbindung kamen, weil sie es als Statussymbol betrachteten. Im Sinne von: Seht her, wir können es uns leisten! Gerade einheimische Lehrerinnen brachten gern ihre Kinder bei uns zur Welt. Sie ließen sich anschließend ein paar Tage pflegen, um schneller wieder in ihren Beruf zurückkehren zu können. Mit ihnen konnte ich mich sogar auf Englisch unterhalten.

Da es meine Aufgabe war, Schwester Lidwigis zu entlasten, war ich bald für jede Neuaufnahme zuständig. So half ich beim Baden oder Duschen, und bevor die Patientin ins Entbindungszimmer trat, hatte ich dafür zu sorgen, dass ein Einlauf gemacht wurde. An einem dieser Tage fragte ich eine Schwangere nach der Schwere ihrer Wehen und ließ mir versichern, dass es noch lange nicht so weit sei. Es war strenge Anordnung, dass der Einlauf immer in der Badewanne gemacht werden musste. Dieses Mal zu meinem Glück, denn die Frau begann, als sie in der Wanne saß, augenblicklich zu pressen. Das Baby war so schnell da, dass ich nur handeln konnte, ohne lange zu überdenken, was wohl am besten zu tun sei. Die nicht mehr junge, etwas verhärmt aussehende Frau lächelte sanft, als sie meine Aufregung und dann mein Staunen sah. Schließlich waren wir beide glücklich. Abtrennen der Nabelschnur, Versorgung des Babys, Ablösen der Nachgeburt – das alles hatte ich bereits gelernt. So verlief die Geburt gut, man könnte sagen: vorschriftsmäßig! Der Kleine strampelte heftig und schrie lauthals – und die Welt war wieder um einen Erdenbürger reicher geworden.

Bald musste ich auch nachts jede Neuaufnahme allein untersuchen und durfte meine Chefin nur rufen, wenn es unbedingt notwendig war. Das erforderte mehr Nervenkraft, als ich wahrhaben wollte. Wie hätte ich aber auch in wenigen Wochen das Wissen erwerben können, das ein Zusatzstudium von wenigstens einem Jahr erfordert? Meine Unsicherheiten versuchte ich innerlich wegzuargumentieren: Wenn ich zum Beispiel den Muttermund nicht fühlen konnte, war er eben noch nicht geöffnet. Bald merkte ich, wie gefährlich diese nächtlichen Abenteuer waren. Jedoch half mir meine aufmerksame Anteilnahme, Schlimmeres abzuwenden. Nach schweren Geburten stand ich nämlich in regelmäßigen Abständen auf, um mich nach der frisch Entbundenen zu erkundigen. So fand ich einmal die Hilfskraft schlafend im zweiten Bett, während die Mutter, die eine starke Nachblutung erlitten hatte, sofort ärztliche Hilfe benötigte. Gott sei Dank kam der Eingriff nicht zu spät, und Mutter und Kind erholten sich.

Oft waren wir stundenlang bei den Gebärenden und erlebten jede einzelne Wehe mit. Ich stand dann rechts am Bett, hielt das Bein und versuchte beim Pressen Unterstützung zu leisten. Wenn es sehr kritisch wurde, schrie selbst Schwester Lidwigis. Einmal stieß mich die Gebärende mit ihren kräftigen Oberschenkeln blitzschnell gegen die Wand. Doch im nächsten Moment war der Kopf des Babys zu sehen.

Die Massai-Frauen können gut pressen, aber ihre vielen Arm- und Beinreifen machten jede Geburt zu einem Problem. Alles war blutdurchtränkt und durch den Schmuck schwer zu säubern. So auch bei dieser Geburt. Den neuen Erdenbürger schien das nicht zu kümmern. Als ich ihn, fein gesäubert und in frischen Windeln, seinem Vater vorführte, wies dieser ihn von sich und bedeutete mir, das Kind hochzuhalten. Danach ging er würdevoll um uns herum und spuckte auf den Boden, um die bösen Geister zu vertreiben. Jetzt erst konnte er den Sohn als den seinen anerkennen, und ein siegreiches Lächeln verschönerte seine Züge.

Das schlimmste Erlebnis war, als die Geburt zwar stattfand, aber anstatt eines Babys wurde mir ein kleiner Fötus in die Nierenschale gelegt. Er hatte eine Art Fischkopf und öffnete den Mund ruckartig, was mich so erschreckte, dass ich beinahe alles fallen ließ. Der Mutter konnten wir den Anblick ersparen, aber ich habe ihn nie vergessen. Fehlgeburten kamen häufiger vor und zeugten von der großen Belastung der Frauen. Familienplanung gab es damals nicht. Oder doch?

Es war anfänglich ein Gerücht, dass bei den Geistlichen im Lehrerseminar, unseren Nachbarn, die Abflussrohre immer wieder von weggeworfenen Kondomen verstopft wurden. Da ich aber später ihren Bischof erlebte, der zwei Töchter hatte, musste ich es glauben. Ebenso erlebte ich, dass ein bei uns stationär behandelter afrikanischer Priester von einer Frau besucht wurde, die seinen Sohn auf dem Arm trug. Ich kam ans Krankenbett, um ihm seine Medizin zu reichen. Vor Erstaunen fiel mir beinahe das Tablett aus der Hand. In der Vorbereitung auf meine Ewige Profess schien mir solch eine Nichteinhaltung des Zölibats bei Priestern unmöglich.

Wenn sonntags keine Entbindung anfiel, durfte ich in der Nachbarschaft spazieren gehen. Natürlich nur mit einem Tropenhut, weil es ohne einen solchen zu heiß war. Um mich besser verständigen zu können und weil ich den Weg nicht kannte, wurde mir immer eine Begleitung mitgegeben. Wir begrüßten die Menschen vor ihren sauber gefegten Hütten oder Wellblechhäusern. Sie saßen entweder auf Hockern an die Wand gelehnt oder auf geflochtenen Sisalmatten zu einem Schwätzchen zusammen. Besonders die Christen erwiderten den Gruß. Das gab mir das Gefühl, dazuzugehören, obgleich ich noch weit davon entfernt war. Frauen kamen mir entgegen, schwere Lasten auf dem Kopf tragend. Was für eine aus der Not geborene Fertigkeit. Sie hatten bereits in der Jugend geübt, um als Erwachsene die Hände frei zu haben. So konnte man noch ein Kind an der Hand halten, wenn ein jüngeres auf dem Rücken getragen wurde. Der Mann ging voraus und »ebnete den Weg« – dieses traditionsgemäße Verhalten sollte einst die Familie vor wilden Tieren schützen und sie durch unwegsames Gesträuch lotsen. Als ich einmal gewahr wurde, wie sich eine grüne Mamba von dem Baum, an dem ich gerade vorbeigelaufen war, herunterfallen ließ, war ich zwar erschrocken, spürte aber gleichzeitig ein tiefes Vertrauen in mir, dass ich in Gott immer einen Halt finden würde.

Meiner Tante, Schwester Majellina, passierte einmal Schlimmeres, denn sie war auf einer Reise zu einem entfernt liegenden Dorf von einer Kobra angespuckt worden. Das Gift bewirkte eine schleichende Lähmung und konnte nur durch Baden in Ziegenmilch, die ihre Schwestern schnell in der Nachbarschaft besorgten, gestoppt und schließlich geheilt werden. »*Nyoka!*« – das war der Schlachtruf gegen Schlangen. Wenn er ausgestoßen wurde, kamen sofort alle herbeigelaufen, um zu helfen. Einmal spürte ich die kalte Haut einer dicken Schlange, bevor ich sie sehen konnte. Ich war in einem Schuppen, um Medikamente zu holen. Als ich die Kiste anhob, wurde mir instinktiv klar, dass sich nur eine Schlange so glatt und kalt anfühlen konnte. Ich schrie laut: »*Nyoka! Nyoka!*« – und schon rannten Menschen herbei und schlugen auf die Schlange ein.

Weniger gefährlich, doch keineswegs angenehm, war der nächtliche Besuch der Wanderameise »Siafus«. Trotz Moskitonetz hatten sie es über die Bettstangen geschafft und uns Schlafende überfallen, um unser süßes Blut zu probieren. Die Vielzahl der Angreifer, die über den ganzen Körper liefen, löste die reinsten Juckorgien aus. Sie bissen sich derart fest, dass es regelrecht schmerzte. Diesen Attacken musste ein Ende bereitet werden, aber wie? Meine Mitschwestern wachten auch jedes Mal auf, um sich dann gegenseitig – unter Gezeter und Lachen – von den Ameisen zu befreien.

Auch im Refektorium, in unserem Essraum, hatten diese Tiere Bahnen gezogen. Zu Hunderten bildeten sie ihre langen Straßen, perfekter konnte man kaum einen Überfall arrangieren. Kleine Schalen, mit Asche gefüllt, sollten diese schwarze Phalanx durchbrechen. Deshalb stellten wir die Tischbeine in diese Behälter, ebenso die vier Bettpfosten. Der Trick wirkte. Es hieß, dass die Bisse gegen Rheuma halfen, aber als vorbeugende Maßnahme wollte ich das Vergnügen einer erneuten Belagerung nicht mehr eingehen.

Morgens um fünf Uhr wurden wir regelmäßig geweckt. Es war dann noch dunkel, und draußen konnte es empfindlich frisch sein. Nach dem Aufstehen beteten wir gemeinsam die Laudes, das Morgengebet, anschließend war eine halbe Stunde Zeit für die Betrachtung, dann folgte die Feier der Heiligen Eucharistie. Danach gingen wir zum Frühstück ins Refektorium, dabei durften wir reden, insbesondere über die für den Tag anstehenden Aufgaben. Um acht Uhr begann offiziell die Arbeit, auch wenn wir die halbe Nacht bei einer schweren Geburt durchwacht hatten. Das alles wurde mir bald zu viel, und während einer dramatischen Geburt musste ich mich im Beisein einer Patientin übergeben. Für mich war das ein eindeutiges

Zeichen meiner Überbelastung. Auch meine Gallenkoliken stellten sich wieder ein, die mir aber weiterhin nicht »geglaubt« wurden. Ich selbst erlebte jedoch diese Schmerzen als sehr real. Fazit meiner Überlegungen war, dass ich zwar in einem Orden meinen Dienst tat und auch verrichten wollte, aber im Konflikt mit den Gebetszeiten stand. Zwei Stunden am Tag waren für diese einzuplanen, um – so wurde es uns gesagt – ein Mindestmaß an Spiritualität zu gewährleisten. Und ohne die innere Ausrichtung auf Christus war der Alltag auch nicht zu meistern. Aber hier im Entbindungsheim, mit zu wenig Personal, führte diese spirituelle Pflicht zu einer eindeutigen Überforderung. War das die Art, wie wir unser Missionsleben führen sollten? Ständig an der Grenze der körperlichen Kraft und zusätzlich im Zwiespalt mit den Regeln der Gemeinschaft?

Meine Chefin meinte, dass ich mich nicht so verausgaben solle: »Wenn man am Boden liegt, kümmert sich niemand mehr um einen!« So war ich auch nicht erstaunt, als Schwester Lidwigis bei ihrem nächsten Heimaturlaub in Holland aus dem Orden austrat. Sie fühlte sich überfordert und von ihren Vorgesetzten allein gelassen – ich konnte ihr das nur zu gut nachempfinden. Die Einzige, die ihr nachtrauerte, war ich. Dabei hatte sie mich mit aller Schärfe zurechtweisen können, auch vor Patienten, und zwar so heftig, dass mir dabei häufig Gegenstände aus der Hand fielen und zerbrachen. Eine Lehrerin, die für ihre erste Entbindung zu uns gekommen war, meinte nach einem solchen Anpfiff beschwichtigend zu mir: »Schwester, bitte lassen Sie sich das nicht so zu Herzen gehen. Wir kennen Schwester Lidwigis. Die schimpft immer. Aber tief in ihrem Innern hat sie ein gutes Herz!«

Was sagte mein Herz zu diesen Prüfungen, die ich als Vorbereitung auf die Ablegung der Ewigen Gelübde verstand? Ich erhielt die Zulassung, das hieß, die Ordensleitung hatte mich für fähig erklärt, diesen endgültigen Schritt zu tun. Fast hatte ich erwartet, dass es nicht so sein würde, aber diesen Gedanken verdrängte ich. Die Bestätigung meines Ordens, als ich sie dann offiziell bekam, nahm ich am Ende nur dankbar an. Dennoch fühlte ich mich, genau wie Schwester Lidwigis, alleingelassen, denn es gab niemanden, mit dem ich über meine Erlebnisse und Probleme und über meine Leistungsgrenze sprechen konnte. Selbst die fünftägigen Exerzitien zur Vorbereitung der Ewigen Profess konnte ich nicht, wie sonst üblich, begleitet von einem Geistlichen vollziehen. Es war einfach keiner da, der diese Aufgabe übernehmen konnte. Und während der Zeit, die für meine Beichte bei einem holländischen Missionar festgelegt war, fegten Frauen den Zementboden unserer kleinen Missionskirche mit solcher Vehemenz, dass es unmöglich war, einen zusammenhängenden Zuspruch zu verstehen.

Das verstärkte einerseits mein Gefühl, trotz des Ordens auf mich gestellt zu sein. Andererseits bestärkte es mich in meiner absoluten Ausrichtung auf Christus hin. Ich war die jüngste Schwester im Distrikt. Außer mir war keine aus der anfänglich zwanzigköpfigen Noviziatsgruppe in Tansania eingesetzt worden. Vielleicht war es gut so, dachte ich, so würde ich mich auf das Wesentliche konzentrieren. Immer hatte ich eine Antwort parat, die mir in dieser schwierigen Situation half. Um mehr bei mir zu sein und um die meditative Betrachtung zu verstärken, ging ich, sooft ich konnte, in die Kapelle oder die Natur, wo ich Zwiesprache mit Christus, meinem »Bräutigam«, hielt. Am liebsten stand ich am Ufer eines Baches in der Nähe unserer Missionsstation und lauschte dem schnell dahinfließenden Wasser. Es war dann, als nähme er mich mit auf eine Reise. Er führte mich, schlug einen Weg ein, den ich nicht kannte und den ich auch nicht einsehen konnte, für den ich aber bereit sein wollte. Dieses imaginierte Bild stärkte und beglückte mich. Ich war unterwegs – in Begleitung meines Herrn!

In der Nacht vor dem einmaligen Tag, an dem ich meine Gelübde ablegen sollte, dem 8. Dezember 1963, hatte ich ein weiteres Erlebnis, das mich tief berührte. Der Dezember war die heißeste Zeit des Jahres, das Land lechzte nach Regen. Da fiel es schwer, in den Nächten ruhig zu schlafen, geschweige denn vor einem so denkwürdigen Ereignis. Während ich in der Stille der Dunkelheit mein Herz befragte und Christus meine Sehnsucht nach Erfüllung in Seiner Liebe aussprach, bemerkte ich auf einmal das sanfte Aufleuchten eines Lichts – ein Leuchtkäfer! Und ehe ich mich versah, kamen immer mehr herbeigeflogen, und es wurde in meinem Raum heller und heller. Lautlos schwebten sie durch das Zimmer, überall waren sie nun, selbst die Sperre des Moskitonetzes überwanden sie. Gleich Morsezeichen schickten sie ihre Signale in die Nacht und überfluteten meine Zelle mit ihrem Licht. Alles um mich herum begann zu leuchten, und ein bewegtes Erstaunen erfasste mein Herz. Ich erlebte das beglückende Gefühl, doch nicht allein zu sein. Innerlich wurde mir klar, dass mein Entschluss der Hingabe durch die Gelübde kein vages Versprechen war, sondern dass Er, Christus, mich annehmen und immer bei mir sein würde! Daraufhin erfasste mich eine tiefe Dankbarkeit. Sie nahm mir jeden Zweifel und ließ mich – bei aufgehender Morgenröte – noch kurz ausruhen. Jetzt war ich bereit, um voll Mut diesen neuen Tag zu erleben.

Als Gäste für die Feier in unserer Missionsstation waren meine Tante und ihre beiden Mitschwestern geladen, ihr Orden lag ja nicht weit von unserem entfernt. Die Distriktoberin, Schwester Canisiana, nahm die Gelübde während der Heiligen Messe entgegen, ich bekam meinen silbernen Ring an den linken Ringfinger gesteckt, und anschließend wurde ein Festessen aufgetragen. Auf dem Foto von diesem Tag sieht man meinen Schleier geschmückt mit einem Kranz roter Rosen, außerdem halte ich einen Strauß weißer Lilien in der Hand.

Würdevoll und ernst sehe ich aus. Auf der Ikone, die die Eltern für das Fest besorgt und mir zugeschickt hatten, stand zu lesen:»Heute, am Fest der Unbefleckten Empfängnis, weihe ich mich Gott für immer durch die Ewigen Gelübde.« Als Losung hatte ich ein Motto des französischen Forschers und Priesters Charles de Foucauld gewählt:»In IHM (Christus) habe ich alles gefunden.«

Ich, Schwester Maria Lauda Lenzen, Missionsschwester vom Kostbaren Blut, hatte diesen Schritt gewagt. Nicht, weil mir klar war, was er bedeutete, sondern weil mein Herz noch immer brannte und ich bereit sein wollte, denen zu helfen, deren Lebensumstände verbessert werden mussten. Als Menschen sind wir mit Würde ausgestattet, und diese galt es zu wahren. Analphabetismus, Kindersterblichkeit, Lepra, Tuberkulose, Schwarzwasserfieber, Cholera, Pest – all das musste bekämpft werden. Dazu war ich nun bereit. Die Gelübde der gebotenen Armut, der Ehelosigkeit und des Gehorsams hatte ich jetzt für immer versprochen. Die Gemeinschaft des Ordens wollte für mich sorgen – und ich wollte meiner Missionsaufgabe gerecht werden.

Dabei blieb mir mein Name »Lauda« als stete Aufforderung. Das »Lob Gottes« sollte im Mittelpunkt stehen. Nicht durch Gesänge oder durch gesprochene Gebete, sondern im Sinne des heiligen Irenäus, der bereits im 3. Jahrhundert folgende weise Erkenntnis formulierte:»Der Mensch erweist Gott höchste Ehre, wenn er ganz Mensch, ganz er selbst ist!«

In Swahili wurde aus dem »Lauda« manchmal »Rauda«, weil die Waluguru, der hiesige Stamm, L und R verwechselten. »Mama Malia Rauda« hieß es dann. Ich war akzeptiert, und das war der erste Schritt für eine wirksame Missionsarbeit.

Am nächsten Tag stand ich wieder wie üblich im Kreissaal, und als mich wenig später eine junge Mutter nach meinem Namen fragte, um ihr neugeborenes Baby nach mir zu benennen, war ich überglücklich.

Eine schönere Ehre gibt es nicht, sagte mir mein Herz. Gemeinsam würden wir den Weg des Lebens gehen, auch wenn ich die Kleine vielleicht nie mehr treffen würde; unser gemeinsamer Name blieb unsere Verbindung.

Der kranke Säugling, den meine noch anwesende Chefin mir anvertraute, war mein erstes Kind, an dem ich Mutterleiden erahnen konnte. Er war ausgehungert und ausgesetzt worden. Sein Körper war so winzig, dass ich ihn in meiner Hand wie in einer Schale halten konnte. Das rechte Auge stand voll Eiter, er konnte es nicht öffnen. Mit einer Nasensonde musste ich ihm Flüssigkeit zuführen. Seine Atmung war flach, und ich hörte ihn nur wimmern, noch nicht einmal schreien. Behutsam säuberte ich seinen geschundenen Körper, liebevoll mit Watte und Öl, aber er schien mir zu entgleiten. Ich wollte ihn schützen, beschützen, aber es war zu spät. Merkte er überhaupt, dass ich ihn hielt? Es war grauenvoll. Wie konnte ich ihn spüren lassen, dass er nicht alleine war? Ganz behutsam drückte ich ihm einen Kuss auf die kleine runzelige Stirn. Beinahe fürchtete ich, dass sich das nicht schickte. Dabei war dieser winzige afrikanische Junge zu »meinem Kind« geworden. Er gehörte mir vierundzwanzig Stunden lang. Auch wenn ich nichts mehr für ihn tun konnte – ich war da und bangte wortlos mit ihm. Dann holte ihn sein Schöpfer zu sich zurück. Ich gab ihn wieder in die größere Obhut unseres Gottes und dankte Ihm für das Geschenk dieses »meines« Kindes.

Immer wieder fragte ich mich in jener Zeit, was es eigentlich für mich bedeutete, wenn man von einem religiösen Leben, einem Leben nach den Ordensgelübden sprach. Was hatte ich vor Tagen noch vernommen, bei meiner Gelübdefeier: »Durch Ablegung der Profess übernehmen die Schwestern die Pflicht, nach Vollkommenheit zu streben. Sie werden diese Pflicht mit Sicherheit erfüllen, wenn sie sich bemühen, aus Liebe zu Gott die Gelübde und die Konstitutionen sowie die Vorschriften des Direktoriums und die Anordnungen der Obern genau zu befolgen …« So stand es im III. Kapitel des Direktoriums unseres Ordens, 1932 vom Ortsbischof bestätigt und bei meinem Eintritt noch unverändert in Gebrauch. Es handelte sich dabei um Regeln oder Vorschriften, die unserer Lebensweise als Grundlage dienen sollten. Zur Bekräftigung wurden an »meinem« Tag die Worte des heiligen Paulus im Epheserbrief 5,1 angeführt: »Seid Nachahmer Gottes als seine viel geliebten Kinder.«

Das Streben nach dieser Vollkommenheit wurde in unseren Ordensbüchern genau beschrieben und führte zu einer messbaren, aber gleichzeitig »skurrilen« Regeltreue, die Eigenverantwortung in Unterwerfung unter Gottes Willen – den die Vorgesetzten immer zu kennen vorgaben – umwandelte. Die Überzeugung der Oberen an meiner statt und in Gottes Namen für mich entscheiden zu können, sollte ich immer wieder erfahren.

Turiani Hospital –
das Buschkrankenhaus

Rund um die Uhr arbeitete ich in den nächsten zwei Jahren – und wie es in meinem Innern aussah? Das wollte ich wahrscheinlich nicht genau wissen. Am 17. Januar 1965 schrieb ich nach Hause:

Geliebte Eltern,

da bin ich! Einen frohen, dankbaren Gruß an Euch und Gottes Gnade und Kraft, um in Seiner Liebe freudig zu wachsen. Herzlich vergelt's Gott für den ersten Brief nach Turiani. Hatte ihn schon erwartet und ging zufällig selbst auf die »Post«, eine Ladenbaracke. Hier in Turiani gibt es so viel zu tun, dass ich nachts schlafe wie ein Murmeltier. Es ist herrlich und richtig Mission. Schwester Urbana hat täglich fünfzig bis siebzig Patienten in der Klinik. Schwester Yvonne geht montags und Schwester Urbana donnerstags hinaus auf die Dörfer. Und die Patienten sind dankbar für alles. Am vergangenen Sonntag musste ich bei einem Kaiserschnitt die Narkose geben, da sonst niemand da war. Unser Doktor sagte dazu: »In Gottes Namen. Er muss die Hand führen!« So religiös ist er. Betet bitte, dass ich wirklich die Demut im Dienst am Nächsten lerne und alles freudig und in Vereinigung mit Christus tue. Man verfängt sich so schnell in der Arbeit oder Selbstmitleid.

Euer dankbares Kind.

So steht es auf der Rückseite eines Schwarz-Weiß-Fotos, das für Weihnachten 1964 vor dem Entbindungsheim in Morogoro aufgenommen wurde. Strahlend halte ich ein schlafendes Baby im Arm. Ein Zeichen dafür, dass ich das Wunder der Geburt, wie ich es im afrikanischen Missionsalltag erlebte, wie selbstverständlich mit dem Weihnachtsgeschehen von vor zweitausend Jahren verband. Dennoch erschrecke ich heute über meine damalige Sprache. Die Worte klingen für mich bewusst heiter. Sicher war ich das auch, weil man mich versetzt hatte. Ich hoffte dadurch auf eine Weiterentwicklung meines Lebens, auf eine neue Etappe. Denn ich hatte meinen Missionsdienst als Krankenschwester im Buschkrankenhaus in Turiani angetreten.

Turiani ist ein kleines Dorf im Nordwesten Tansanias, hundert Kilometer von der Kreisstadt Morogoro entfernt. 1962 war das Gründungsjahr eines geplanten 120-Betten-Hospitals, ein Projekt, für das mein Orden verantwortlich zeichnete und für dessen Aufbau Misereor, das Aachener Bischöfliche Hilfswerk, die Mittel zur Verfügung stellte. Das Land hatte die Diözese geschenkt; zum Einzugsgebiet gehörten auch die Zuckerrohrplantagen der Mtibwa Sugar Estate, einer Zuckerfabrik, die über dreitausend Arbeiter beschäftigte. Und das acht Kilometer entfernt liegende Lepradorf Chazi. Dort war eine Leprakolonie mit einer Fachklinik angesiedelt, der leitende Mediziner, Dr. Wheat, war ein ungewöhnlicher Brite. Er trug einen Kaiser-Wilhelm-Schnurrbart und machte mit dröhnender Stimme Späße, um seine Patienten aufzuheitern. Überhaupt schien er immer guter Dinge zu sein.

Im August 1962 wurde das Krankenhaus dann mit einer Wöchnerinnenstation und der obligatorischen Ambulanz, die oft auch Armenapotheke genannt wurde, offiziell eröffnet. Ein Jahr später setzte man einen mobilen Gesundheitsdienst ein, um die kranken Menschen dort zu erreichen, wo sie wohnten. Wieder zwölf Monate später kam der erste Arzt aus Deutschland und nahm seine Tätigkeit in

Turiani auf. Ihm standen die beiden Ordensfrauen Schwester Yvonne (für die Kinder) und Schwester Urbana (Ambulanz) zur Seite. Zwei Entwicklungshelferinnen verstärkten im Laufe des Jahres das Team, und ab Januar 1965 gehörte ich dazu. Ich hoffte auch, in Turiani meinem Missionsziel näherzukommen und für die wirklich Hilfsbedürftigen da sein zu können. Hier schien es, als seien wir vom Rest der Welt abgeschnitten. Kein Telefon, kein elektrisches Licht, feuchtschwüle Wärme, lästige Moskitos und das ohrenbetäubende Quaken der Frösche, wenn der Tag zur Ruhe kam und die Lichtmaschine lief, täglich von 18 bis 22 Uhr. Mission hieß für mich, das Unbekannte und Schwierige gern zu ertragen, wenn es darum ging, den Menschen zu helfen, die durch vielerlei Umstände weniger privilegiert waren als wir in der westlichen Welt. Da ich als Ordens-Christin im Einsatz war, war es mein Ausdruck gelebter Nächstenliebe.

Das Krankenhaus war ebenerdig konzipiert und so angelegt, dass es bei Bedarf erweitert werden konnte. Das war von Vorteil. Jedoch gab es erhebliche Fehlkonstruktionen. Die Gebäude waren nach Norden und Süden ausgerichtet, sodass die Morgen- und Abendsonne in die Stationen fiel und diese sich stark aufheizten. Die Türen waren nicht groß genug für eine Bahre. Der Abfluss ging direkt nach draußen auf den Rasen, was Wasser sparte, aber in einem Krankenhaus aus hygienischen Gründen nicht zulässig ist. Die Innenwände der Toiletten und Duschen waren schlecht verputzt und konnten dadurch nur schwer sauber gehalten werden. Kacheln waren zu teuer, aber ein glatter Zementverputz wäre durchaus möglich gewesen und musste nun nachgeholt werden. Außerdem fehlten überdachte Verbindungen zwischen den einzelnen Stationen, um sowohl die unbarmherzigen Sonnenstrahlen als auch den strömenden Regen abzuhalten.

Diese baulichen Mängel waren in doppelter Hinsicht schädlich. Sie verhinderten eine effektive und fachgerechte medizinische Betreuung, und sie behinderten spätere Erweiterungs- und Ausbauarbeiten am Hospital. Auch wenn bereits drei Jahre seit Gründungsbeginn verstrichen waren, wurde mir schnell klar, dass etwas unternommen werde musste, um die Missstände so gut wie möglich zu beheben. So gesehen war es von Vorteil, dass die Patientenzahl anfangs verhältnismäßig gering blieb und die zunächst nur sechzig Betten kaum belegt waren. Das schaffte Freiraum für sachgerechtere Planung und zukunftsorientiertes Handeln.

Dank meiner Erfahrung im Entbindungsheim in Morogoro sah ich es als Fügung, dass ich meinen Einstand in Turiani gleich mit einem Kaiserschnitt beginnen konnte. Die Hilfe suchende Jamila, eine kleine Frau aus dem Nachbarort Bwagala, reichte mir gerade bis an die Schulter. Im einheimischen Dialekt der Waluguru bedeutet *Bwagala* »zu ruhen«, genauso wie Turiani in Swahili von *tulia* (sich beruhigen) kommt. Würden wir dieser jungen Mutter die befreiende Ruhe, das *tulia* schenken können?

Jamila war so schmal gebaut, dass eine natürliche Entbindung ausgeschlossen war. In ihrer gekrümmten Haltung und mit dem ängstlichen Gesichtsausdruck rührte sie mich. Es war ihre erste Geburt. Sie und ihre Verwandten waren Moslems. Je schneller und besser wir helfen konnten, umso positiver würde sich das auf ein gegenseitiges Miteinander auswirken. Die Fahrt ins nächstgrößere Krankenhaus, also nach Morogoro, war in ihrem Zustand nicht mehr möglich. Entweder wir stellten uns der Herausforderung und zeigten, dass wir es als Christen und Europäer ernst meinten. Oder wir würden weiter einen schweren Stand bei der Bevölkerung haben. Sie glaubten an ihre einheimischen Bwana Mgangas, die Medizinmänner. Vielleicht konnten wir einmal mehr beweisen, dass die westliche Medizin ebenfalls eine große Wirkkraft besitzt. Wenn wir dieser schmächtigen Frau helfen konnten, dann durch einen Kaiserschnitt. Wir mussten es versuchen.

Der Kaiserschnitt wurde ein Erfolg. Unser Arzt, Dr. Brunner, konnte zu Recht strahlen, und wir alle atmeten danach erleichtert auf. Ich hätte gern während der Operation assistiert, musste aber die Narkose geben. Es war für mich das erste Mal. Ich erschrak bei dem Gedanken, dass ich für die Überwachung der Vitalfunktionen von Jamila verantwortlich war, auch wenn unser Arzt beteuerte, dass die Äthertropfnarkose sicher sei (eine andere Möglichkeit hatten wir nicht). Die Tropfen wurden auf einer Atemmaske mit Mullgaze dosiert. Ich kann nicht mehr genau sagen, wie ich es anstellte, aber die eine Hand hielt das Kinn der Patientin und die Maske, mit der anderen ließ ich die Tropfen fallen. Um nach dem ersten Tiefschlaf präziser dosieren zu können, ließ ich jeden Tropfen an meinem rechten Zeigefinger herunterlaufen, sodass dieser steif anfror. Vor dem Ätherdampf konnte ich mich selbst nicht schützen, aber am wichtigsten war mir, dass Jamila nur so weit betäubt blieb, dass der Säugling nicht narkotisiert wurde. Deshalb ertrug ich es, wenn sie ein wenig stöhnte, auch wenn eine Mitschwester mich ständig ermahnte, die Ätherzufuhr zu erhöhen. Doch ich gab nicht nach und hoffte, dass die werdende Mutter die Schmerzen der Operation nicht wirklich fühlte. Jamila beklagte sich später nie, und ihr Sohn wuchs prächtig heran. Jedes Mal, wenn ich durchs Dorf zur Post fuhr, kam ich an ihrer Hütte vorbei. Manchmal stand sie davor, und wir winkten uns zu. Sie war glücklich, und wir hatten die Anfangsprüfung bestanden.

Um von den Menschen vor Ort richtig aufgenommen zu werden, war es wichtig, mit ihnen kommunizieren zu können. Es kam darauf an, die Feinheiten des Swahili zu erfassen, so wie es auf dem Lande von den einfachen Menschen gesprochen wurde. Erst wenn wir sie verstanden, würde es möglich sein, sie erfolgreich zu behandeln. Turiani war ihr Hospital, und ich musste mich weiter anstrengen, meine Sprachkenntnisse zu verbessern. Denn das Gesagte beziehungsweise Gehörte musste auch richtig interpretiert werden. Wenn ein Patient mit schmerzverzerrtem Gesicht erklärte: »*Mama, kuna nyoka tumboni!* – Mama, es ist eine Schlange in meinem Bauch!«, dann wollte er damit zum Ausdruck bringen, dass irgendetwas in dieser Körperregion nicht stimmte. Das konnte eine Wurmverseuchung, Konstipation oder auch Durchfall sein, ein beginnendes Fieber mit Magenkrämpfen oder vieles andere mehr. Für den Patienten war das Schlangensymbol real. Wenn wir bei diesen Bildern ansetzten, fühlten sie sich verstanden. Gibt es in der Medizin ein älteres Symbol als die Äskulapschlange?

Unsere kleine Schwesterngemeinschaft war den enormen Anforderungen und den vielfältigen Aufgaben im Krankenhaus kaum gewachsen. Eigentlich nicht weiter verwunderlich. Ich war die Jüngste und gleichzeitig die einzige Schwester mit zeitgemäßer Ausbildung in der Krankenpflege. Die anderen beiden Krankenpflegerinnen brachten ihre jeweilige Erfahrung ein, aber unsere Vorstellungen und Wahrnehmungen waren sehr verschieden. Spannungen blieben deshalb nicht aus.

Die Bestellung teurer Medikamente wie Penicillin war auch der Anlass einer Beschuldigung, über die ich lange nachdenken musste. Im Nachhinein erscheint es mir beinahe peinlich, darüber zu berichten. Doch hilft es, die oft kleinliche Welt unseres Klosters besser zu verstehen. Unser Missionsalltag wurde neben der Arbeit auch hier von einem Gerüst aus täglichen geistlichen Übungen getragen, wie etwa Chorgebet, Betrachtung, Eucharistiefeier, Lesung und Rosenkranz. Dazu gehörten auch gewisse Bußübungen. Dabei geschah es einmal, dass ich mich verantworten sollte, weil ich tausend Flaschen Penicillin und nicht hundert bestellt hatte. Diese Menge sei zu teuer! Das erstaunte mich – und die Äußerung stimmte so nicht, gab es doch bei Großeinkäufen einen Rabatt, und die Transportkosten fielen nur einmal an. Außerdem hatte ich auf diese Weise genügend Vorrat, sollte die Patientenzahl plötzlich zunehmen. Bei einem solchen Fall würde es sicher selbstverständlich sein, in großen Mengen zu bestellen. Aber erst einmal wurde meine »Logik« missverstanden – ich wurde als verschwenderisch und inkompetent gebrandmarkt. Das machte mich traurig. Als ich später selbst eine leitende Position innehatte, war ich darum bemüht, Arbeitsbereiche sorgfältig auszuweisen und klar abzugrenzen, um ähnliche Rangeleien zu vermeiden.

Bei einer weiteren Anklage wurde es schon heikler. Zum einen war es dieses Mal noch schwerer, mich selbst zu verteidigen, zum anderen wurde ich vor den vollständigen Distriktrat zitiert. Die Anklage des leitenden klösterlichen Gremiums des Morogoro-Distrikts lautete: »Schwester Lauda, Sie laufen dem deutschen Arzt nach!« Ich war sprachlos. Damals war ich noch so naiv, dass ich kaum wusste, was damit zum Ausdruck gebracht werden sollte. Dr. Brunner war verheiratet. Ich war Nonne. Es war für mich selbstverständlich, dass wir bei der Arbeit ständig zusammen waren, aber es geschah in gegenseitigem Respekt und völlig ungezwungen. Ich kannte mich mit den englischen Fachausdrücken aus, die er für seine Diagnosen und Berichte brauchte. Ich hatte die englischen Firmennamen der Medikamente gelernt. Mein Swahili war so gut geworden, dass ich mit den Patienten sprechen konnte – eine ideale Hilfe für Dr. Brunner. Der deutsche Arzt hatte dunkles Haar, sah gut aus und sprach langsam und eindringlich, um sicherzugehen, verstanden zu werden. Er war nicht viel größer als ich, und wir hatten schnell eine gemeinsame Ebene gefunden. Ich war begierig, von ihm zu lernen. Und er zeigte mir alles, was ich wissen wollte, beispielsweise wie man Röntgenaufnahmen machte und auswertete, wie die wesentlichen Labortests funk-

tionierten und wie sie einzusetzen waren, etwa der »dicke Tropfen«
für Malaria. Daneben erklärte er mir die verschiedensten Parasiten-
eier, Blutbilder, Hämoglobinwerte, Stuhl- und Urinuntersuchungen.
Weiter brachte er mir bei, Blut abzunehmen, intravenös zu spritzen,
Infusionen zu legen, Impfungen vorzunehmen, außerdem die asepti-
sche Wundversorgung, das Nähen von Schnittwunden, das Öffnen
von Abszessen, das Anlegen von Gipsverbänden und vieles mehr. Er
arbeitete mit mir in etwa so wie mit einem Assistenten. Das stärkte
mich in meinem Selbstbewusstsein, und ich hatte das Gefühl, meinem früheren Berufswunsch, Ärztin zu werden, näherzukommen.

Bei einer dieser Lehrstunden, abends im kleinen Raum der Dun-
kelkammer, geschah es, dass wir im roten Dämmerlicht beim Suchen
nach der auszuwertenden Röntgenplatte zu dicht nebeneinanderstan-
den und unsere Hände sich aus Versehen berührten. Selbst wenn das
auch früher schon passiert war, zuckte ich jetzt zusammen, weil mir
augenblicklich die hässliche Unterstellung meiner Mitschwestern ein-
fiel. Warum reagierten sie nur so?, fragte ich mich traurig. Es ging
um unsere Arbeit, um die Beurteilung der Röntgenplatte und um
nichts anderes. Als ich mir das sagte, wurde ich wieder ruhig. Der
nötige Elan für die weitere Zusammenarbeit mit Dr. Brunner beflü-
gelte mich neu. Ihm hatte ich so viel zu verdanken, er hatte mir zu
einer erstaunlichen Fertigkeit im Umgang mit den Patienten verhol-
fen – das wollte ich nicht einfach wegen dummer Unterstellungen
aufs Spiel setzen.

Trotz des ärztlichen Könnens blieb es schwierig, die kranken Menschen zu einer stationären Behandlung im Hospital zu überreden. Lag
es an den fehlenden finanziellen Mitteln unserer Patienten, denn »Mama, sina fedha – Mama, ich habe kein Geld« war die häufigste Begründung? Oder fehlte das notwendige Vertrauen? Wenn ein schwer-
krankes Kind am dritten Tag wieder nach Hause genommen wurde

mit der Bemerkung »*Shauri ya Mungu* – Gott lässt es zu«, dann wussten wir tatsächlich nicht, ob das leidige Geld der Grund war oder aber der Wunsch, das Kind zu Hause im Kreis der Familie sterben zu lassen. Vielleicht konnten wir die Antwort durch eine Preissenkung bekommen.

Ich schrieb nach Hause und erklärte unser Dilemma. Daraufhin begannen meine Eltern eine einzigartige Hilfsaktion. Vater kontaktierte alle Persönlichkeiten, durch deren Einfluss er sich Hilfe für die bedürftigen Menschen in Afrika erhoffte. Und er gab immer an, dass er sich durch meinen Notruf dazu gedrängt fühle, seine Tochter, die junge Missionarin mit den ungebrochenen Idealen, und ihre Mitarbeiter und Mitarbeiterinnen nicht im Stich lassen zu können. Er schickte dann meistens auch ein Exemplar seines neuesten Taschenbuchs mit, das dem wortgewandten Bittgesuch zusätzliches Gewicht verlieh. Vom Bundespräsidenten Heinrich Lübke und seiner Frau Wilhelmine gingen daraufhin private Spenden ein, ebenso vom baden-württembergischen Ministerpräsidenten Kurt Kiesinger. Der damalige Bundesminister des Auswärtigen, Gerhard Schröder, ließ am 1. Dezember 1965 durch den Vorsitzenden der CDU/CSU-Fraktion des Deutschen Bundestages, Rainer Barzel, ausrichten, dass er für den Neubau des Hospitals bereits 220 000 Mark Unterstützung gewährt habe, deshalb könne kein weiteres staatliches Geld mehr bewilligt werden.

Aber durch private Spenden hatten meine Eltern bis zum Jahresende 6764 Mark für uns zusammenbekommen – und ich konnte frei darüber verfügen. Das Geld war nicht Teil eines Projekts, die Ausgaben waren also nicht für einen Bereich vorgeschrieben, sondern konnten bei verändertem Bedarf flexibel eingesetzt werden. Wir besprachen die jeweiligen Anschaffungen mit dem Arzt, in der Schwesternkommunität oder mit meiner Vorgesetzten, Schwester Majellis. Auch sie trug den Namen meiner Tante, und beide fanden wir schnell Sympathie für einander. Sie war klein und rundlich von Statur, eine gebürtige Bayerin. Es entwickelte sich so etwas wie ein Mutter-Tochter-Verhältnis zwischen uns, und zwar im besten Sinn, denn wir standen in aufrichtigem Dialog mit- und lernten dabei voneinander. Gemeinsam beschlossen wir, was nötig war. Wichtig waren uns spezielle Medikamente aus Deutschland (auch für uns Schwestern) oder Reagenzien fürs Labor. Einmal schickten meine Eltern uns sechzig Fieberthermometer.

Durch den heimatlichen Zuschuss hatten wir nun aber auch die Möglichkeit, mittellose Patienten kostenlos zu behandeln. Vielfach wandelten wir die Tagespauschale von fünf Tansanischen Schilling entweder in einen um oder wir nahmen fünf Schilling für die ganze Woche, je nach finanzieller Situation des Patienten und seiner Familie. Wenn nötig, deklarierten wir die Pauschale auch als »ein Geschenk Gottes«, als »*Zawadi ya Mungu*«. Die Angehörigen sollten uns im Gegenzug unterstützen, etwa beim Kochen der Mahlzeiten, damit die Wertschätzung gewahrt blieb, aber wir wollten sie nicht überfordern. Tatsächlich kamen bald mehr Patienten zur stationären Behandlung.

In der Bevölkerung gab es viele, die an heftigen Fieberattacken litten, wurmverseucht und unterernährt waren oder eitrige Tropengeschwüre unter einem grünen Blatt als Verbandsersatz verbargen. Wenn wir sie stationär therapieren konnten, hatten wir die Möglichkeit, gründlichere Untersuchungen durchzuführen und die Wirkung unserer Medikamente besser zu beobachten. Das brachte allen Vorteile. Der alte Mann, der nach einem Fieberanfall mit Blutarmut über einen Monat lang kostenlos bei uns auskuriert wurde, war so ein Beispiel. Beim Abschied übertraf er sich in Lobeshymnen für Turiani, sein Hospital, und nahm als »Andenken« noch ein Stück Seife und einen Löffel mit. Da wir seine miserable finanzielle Lage kannten, drückten wir ein Auge zu.

Oft musste ich aber machtlos mitansehen, wie unser Angebot missachtet und Menschen dadurch in Gefahr gebracht wurden. So empörte ich mich etwa beim Anblick einer Mutter, die scheinbar seelenruhig vor dem Hospital saß, während ihr Sohn sich in Krämpfen wand und das kleine Gesicht durch unkontrolliertes Zucken ganz entstellt wurde. Sie müsse auf ihren Mann warten, war ihre lakonische Feststellung. »Willst du, dass er die Leiche abholt?«, platzte es aus mir heraus. Das half, und sie erlaubte mir, den Jungen aufzunehmen und zu behandeln. Als das Fieber sank, kam auch sein Körper zur Ruhe, und er war bald genesen. Sein Vater akzeptierte das schnelle Einschreiten, wenigstens sagte er das, obgleich eine afrikanische Frau kaum befugt war, solch eine Entscheidung eigenständig zu treffen. Wir hatten noch ein gutes Stück Arbeit vor uns.

In diese Zeit fiel eine erneute Kolikattacke. Aber dieses Mal passierte es, als ich dem dreihundert Betten großen Missionshospital in Ifakara einen Orientierungsbesuch abstattete. Hier wurde endlich erkannt, dass meine gelbe Hautfarbe nicht von der Malaria kam, sondern dass diese Farbe sich während der Kolik im Augapfel verstärkte. Sofort wurde eine Röntgenaufnahme angeordnet, wobei man feststellte, dass sich seit der ersten Kolik im Noviziat, also vor sieben Jahren, zweiunddreißig Steine gebildet hatten. Die regelmäßigen Schmerzattacken konnten jetzt durch eine Operation beendet werden. Was für eine Erleichterung, ich fühlte mich direkt glücklich! Im Vorfeld gab es zwar noch einige Aufregung, weil wir keinen telefonischen Kontakt nach Morogoro bekamen und meine Oberin deshalb nicht informiert werden konnte. Eigentlich hätte sie ihre Erlaubnis zur Operation geben müssen. Aber jetzt wollte ich nicht länger warten und unnötige Zeit vergeuden. Also vertraute ich auf den gesunden Menschenverstand und die sogenannte »vorauseilende Erlaubnis«. Noch am Tag vor meinem eigenen Eingriff hielt ich mich im Operationssaal auf, um zu lernen und mich zu informieren. Dem Patienten, der gerade auf dem Tisch lag, wurde ebenfalls die Gallenblase entfernt; dabei stellte man jedoch Leberkrebs fest. Daraufhin bat mich der Chirurg, den OP-Raum zu verlassen. Ich hätte genug gesehen, meinte er bestimmt, mein Fall sei anders und unkompliziert. Alles würde gut! So war es auch. In der Schwesternkapelle hatten den ganzen Tag lang Kerzen gebrannt, den Segen des Himmels zu erbitten.

Wie neugeboren fühlte ich mich nach dem Eingriff, und ich saß bereits neben dem Bett, als der Chefarzt am nächsten Tag zur Visite kam. Damals war das nicht erlaubt, deshalb wurde ich ordentlich zusammengestaucht. Doch hatte ich schon den Anfang des Briefes an meine Eltern fertig. Ich wollte ihnen zeigen, dass es mir postoperativ – am Tisch schreibend – gut ging. Ich war so glücklich, dass mir nun endlich geglaubt werden musste. Durch diese Operation war bewiesen, dass ich nicht simuliert, sondern dass es sich um schmerzhafte Gallenkoliken gehandelt hatte. »Wie haben Sie die nur jedes Mal ausgehalten?«, meinte kopfschüttelnd der Chefarzt. »Wie konnte es passieren, dass die richtige Diagnose nicht früher gestellt wurde?« Ihm das zu erklären, schien mir zu kompliziert. Somit zuckte ich nur mit den Schultern. Da meine Koliken nicht ernst genommen worden waren, hatte ich mich selbst mit krampflösenden Buscopan-Spritzen behandelt. Doch jetzt hatte dieser ganze Spuk ein Ende – ich war wieder gesund und voll einsatzbereit. Diese Erfahrung führte dazu, dass ich bei meiner Arbeit noch vorsichtiger wurde und genauer hinhörte, wenn ich mich mit dem Schmerzerleben meiner Patienten wie auch meiner Mitschwestern befasste.

Alles, nur kein Arzt

Ich war noch kein Jahr in Turiani, und schon hatte ich mich neuen Herausforderungen zu stellen. Sicherlich bestand die größte darin, dass mir Schwester Majellis offiziell die Leitung des Krankenhauses übertrug. Das hatte ich noch nicht erwartet, aber trotz aller damit verbundenen Belastungen bedeutete es, dass ich nun auch für die Organisation Verantwortung trug – und das bereitete mir Freude.

Doch schon bald darauf hatte ich mit einem echten Problem zu kämpfen. Dr. Brunner hatte seinen Plan, einen neuen Posten im 260 Kilometer entfernten und größeren Missionskrankenhaus Ifakara anzunehmen, wahr gemacht. Ich hatte immer davon gehört, mir aber nicht vorstellen können, wie wir ohne Arzt weiterarbeiten würden. Wie sollten wir so schnell einen Ersatz für ihn bekommen? Sein Vorschlag war, die Klinik zu schließen, wenigstens zeitweilig, bis man jemanden gefunden hätte.

Wie hatten wir uns bemüht, das Vertrauen der Patienten zu gewinnen. Und nun einfach damit aufhören? Einfach aufgeben? Das kam für mich nicht in Frage. Sicher, die Bedingungen in Turiani waren für einen Mediziner nicht optimal: die Unterbesetzung des Personals, unzureichende Geräte und die erheblichen baulichen Mängel. Doch schienen diese Probleme nicht unüberwindbar, und das gab ich auch Dr. Brunner zu verstehen. Wir müssten sie nur anpacken, dann würden wir auch eine Lösung finden. Doch er ließ sich nicht mehr erweichen, sein Entschluss stand fest.

Durch seinen Weggang wurden auch die beiden deutschen Entwicklungshelferinnen abgezogen. Das war zu erwarten, denn sie durften nur unter ärztlicher Aufsicht arbeiten. Ein zusätzlicher großer Verlust. Sie hatten sich so tatkräftig und einfühlsam zugleich für ihre Aufgaben eingesetzt, dass wir sie sehr vermissen würden. Ich war sogar von einem Massai-Krieger gefragt worden, wie viele Kühe er für die blonde Heidi an mich (für ihn war ich ja der Boss) zahlen müsse, damit er sie heiraten könne. Das war eine ungewöhnliche Wertschätzung! Und sie machte uns bewusst, dass unsere Laienhelferinnen einen ebenso hohen Anteil an unserem kollektiven Einsatz hatten wie wir. Allen ging es darum, das Wohl der Menschen zu verbessern, selbst ohne ausdrücklich religiöse Motive. Bei der österreichischen Hebamme Elisabeth wurde zum Glück eine Ausnahme gemacht. Es wurde ihr erlaubt, ihre Tätigkeit fortzuführen. Und sie wurde für uns unersetzbar. Beherzt und couragiert sprang sie überall dort ein, wo gerade Hilfe nötig war.

Nun, da ich keinen Arzt an meiner Seite hatte, musste sich zeigen, ob ich ausreichend darauf vorbereitet war, die alleinige Verantwortung zu tragen. »Erste Hilfe darf jeder leisten«, hatte Dr. Brunner mir bei seinem Abschied noch gesagt. Doch das war alles andere als tröstlich. Da ich mich absichern musste, sprach ich mit dem Regional Medical Officer (R.M.O.) in Morogoro. Er war bereit, sich die Lage vor Ort anzuschauen.

Bei seinem Besuch machten wir einen Rundgang durch den weitläufigen Krankenhauskomplex. Er überprüfte unsere Behandlungsmaßnahmen im Labor-, Röntgen- und Medikamentenbereich, und dabei erzählte ich ihm von unseren Zukunftsplänen. Aufmerksam hörte er zu und bestätigte, dass der Bau von Ein- und Mehrfamilienhäusern unumgänglich sei, um fachkundiges Personal zu uns in den abgelegenen Busch holen zu können. Für wichtig hielt er ebenso weitere »Lockmittel« wie Fortbildung und Gehaltsprämien. Seinen Rat nahmen wir gerne an.

Nach der Besichtigungstour luden wir ihn und seine Begleiter noch zu einer Tasse Tee zu uns in den Konvent ein. Da ich merkte, dass der R.M.O. uns zugetan war, sprach ich auch von meinem Traum, nämlich der Integration des Missionshospitals in das staatliche Gesundheitssystem von Tansania. Da unsere Distriktoberin, Schwester Majellis, diese Idee befürwortete, erhielt diese Vision noch mehr Gewicht. Ein leitender Amtsarzt, der den R.M.O. begleitet hatte, bemerkte unseren Eifer und sagte seine Hilfe zu. In der Folge erhielt ich auch die offizielle Erlaubnis, meine Arbeit als verantwortliche Senior Nursing Sister fortzusetzen. Zur Unterstützung wollte er einmal im Monat einen seiner Ärzte zur Visite nach Turiani kommen lassen. Seine hilfreiche Geste brachte uns einen gewaltigen Schritt voran, zumindest bedeutete es, den Klinikbetrieb nicht ganz einstellen zu müssen.

Diese neue Art der Kooperation zwischen unserem im Busch gelegenen Missionskrankenhaus und einem Amtsarzt, dem die staatlichmedizinischen Einrichtungen der ganzen Region unterstellt waren, wurde Basis einer fruchtbaren Zusammenarbeit von Regierung und Kirche. Sie sollte über Jahrzehnte bestand haben. Durch unsere Einbindung in das tansanische Gesundheitskonzept wurden wir Teil des politischen Bemühens, das der damalige Präsident Julius Nyerere als »Kampf gegen Armut, Unwissenheit und Krankheit« bezeichnet hatte. Wenn ich richtig informiert bin, hat sich der gute Ruf des Hospitals in Turiani bis heute gehalten.

Die Patienten kamen weiter zur Behandlung, als hätte sich nichts geändert. Mir tat es gut, wie selbstverständlich gefordert zu werden. Stolz berichtete ich nach Hause, dass ich zwei einfache Knochenbrüche nach einer Röntgenkontrolle gegipst hatte. Schnittwunden, zum Beispiel am Bein, wurden nach örtlicher Betäubung chirurgisch gesäubert und anschließend mit mehreren Stichen fein säuberlich vernäht. Anfänglich schwitzte ich dabei mehr als die Patienten. Mit zunehmender Übung machte es mir jedoch Freude, und schon bald konnte ich genauso sicher eine Wunde klammern wie jeder Arzt. Bei eitrigen Abszessen erstaunte es mich immer wieder, wie geduldig und lange Menschen den pochend-bohrenden Schmerz aushalten konnten, denn bis sie uns aufsuchten, vergingen oft Tage. Viele der Eingriffe waren längst überfällig, aber wir konnten die meisten medizinischen Probleme lösen. Diese und weitere Behandlungserfolge stärkten unsere Glaubwürdigkeit, denn die Heilung war für alle sichtbar.

Da fast jede Krankheit mit einem Malariaanfall gepaart war, musste gründlich zwischen Neben- und Hauptursache der Symptome unterschieden werden. Malaria war an und für sich schon schwer genug zu ertragen. Fieber, Kopfschmerzen, Übelkeit, Erbrechen und oft heftiger Durchfall konnten einen schachmatt setzen. Ich selbst litt auch darunter und brauchte jedes Mal einige Tage, um wieder auf die Beine zu kommen. Trotz der regelmäßig eingenommenen Prophylaxe – Chloroquin war das Standardmedikament – hatte ich häufig Anfälle, und es dauerte Jahre, bis die körpereigenen Abwehrkräfte bei mir wirksam wurden.

Turiani liegt leider in einer sumpfigen Gegend, und bei der lokalen Bevölkerung war Malaria einer der Hauptgründe für Blutarmut. Besonders bei Frauen während der Schwangerschaft konnte sich das dramatisch auswirken. Blutübertragungen wurden dann nötig, um das Schlimmste zu verhindern.

Unterernährung war ein weiterer und häufiger Grund für katastrophale Gesundheitszustände. So nahmen wir beispielsweise die zwei Jahre alte Zawadi (übersetzt »Geschenk«) auf, um ihren fortgeschrittenen Mangelerscheinungen Einhalt zu gebieten. Das zarte Gesicht, die Arme und Beine waren von Ödemen aufgedunsen, die Füße entstellt von eitrigen, schmerzhaften Geschwüren. Es dauerte geraume Zeit, bis der ernste Blick einem gelösten, heiteren Lächeln wich und die kleinen Beinchen sie wieder schmerzfrei tragen konnten. Dann war sie jedoch nicht mehr zu halten und lief uns überall nach. Schnell wurde sie der Liebling aller und half, auch andere Mütter zu ermutigen, ihr Kind bei uns »aufpäppeln« zu lassen.

Zawadi war das zweitjüngste von acht Kindern, ihre Mutter wirkte selbst noch wie ein junges Mädchen. Doch die Arbeit für ihre Familie hatte sie aufgerieben. Sie gehörte zu den Frauen, die täglich Wasser vom Fluss holten und auf dem Kopf nach Hause trugen. Das Jüngste hing auf ihrem Rücken und wurde bei Bedarf gestillt. Sobald sie wieder schwanger wurde, versiegte jedoch die Muttermilch. Dadurch war die Hauptquelle lebensnotwendiger eiweißreicher Nahrung nicht mehr verfügbar, und das Wachstum des Säuglings wurde gestört. Um dem in Zukunft entgegenzuwirken, planten wir die Eröffnung einer eigenen Kinderklinik. Zunächst konnten und mussten wir jedoch im jeweiligen Einzelfall helfen. Das taten wir mit Überredungskunst und Ausdauer. Die Mütter mussten lernen, ein spezielles »Milliemehl« – Maismehl, gemischt mit Milchpulver und angereichert mit Öl und geriebenen Nüssen – für die Kleinen zuzubereiten. Um diese Art der Vorsorge leisten zu können, bekamen wir »Milliemehl« als Care-Paket aus den USA geliefert. Es bewirkte wahre Wunder, und wir konnten nur hoffen, dass der deutlich erkennbare Erfolg den Frauen half, diese Maßnahmen bei ihren Männern einzufordern, denn diese hatten das Geld und mussten die entsprechenden Sonderausgaben genehmigen.

Ein anderes Mal hatten wir weniger Glück. Die künstliche Ernährung durch eine Bauchsonde kam zu spät für ein einjähriges Baby, das so ausgezehrt war, dass sein kleiner Brustkorb skelettartig hervortrat. Dieses Erlebnis wirkte wie ein Schock auf mich. Mir wurde klar, dass es noch viel Zeit brauchte, bis unsere Hilfe rechtzeitig in Anspruch genommen würde. Im Busch herrschten andere Regeln, und sie waren uns fremd.

Die zusätzliche Belastung durch den Fortgang des Arztes vor zwei Monaten war nicht unerheblich. Schon bald bekam ich erneut Schmerzattacken, die den früheren Koliken glichen. Oder war es nur ein Malariaanfall? Um Klarheit zu haben, fuhr ich nach Ifakara. Organisch konnte nichts Auffälliges festgestellt werden. Mir wurde mehr Ruhe verschrieben sowie eine fettarme Diät. Wahrscheinlich hatte mich die Lage in Turiani überfordert. Dabei lief doch alles gut. Warum konnte ich nicht mehr Gelassenheit üben und mein viel gepriesenes Gottvertrauen in die Tat umsetzen?!

In der Wildnis von Kwiro, einer Außenstation von Ifakara, ließ ich mich in vollständiger Abgeschiedenheit bei Schweizer Schwestern verwöhnen. Das gelang ihnen so ausgezeichnet, dass ich mich schnell erholte. Zwar durften während meiner Abwesenheit in Turiani keine Patienten aufgenommen werden, doch akzeptierte ich diese ärztlich verschriebene Pause. Nur so konnte ich gestärkt in den aufreibenden Alltag zurückkehren.

Währenddessen suchten wir weiter nach einem neuen Arzt. Meine Eltern gaben in Ärztezeitschriften der Schweiz und Österreichs Annoncen auf. Im Dezember 1966 erschien im *Mann in der Zeit*, dem Monatsblatt des katholischen Episkopats in Deutschland, ein Aufruf, in dem mein Vater uns so bildhaft beschrieb, als sei er selbst vor Ort gewesen: »Abseits der Hauptverkehrsstraße, zwischen Morogoro und Tanga, leuchtet dem Fahrer unter dem Schutz eines mächtigen Embenbaums die gelbe Tafel mit der Aufschrift »Turiani Hospital« entgegen. Vor vier Jahren wurde das Buschkrankenhaus von Misereor im achttausend Kilometer entfernten Tansania erbaut …!« Da diese Zeitung eine Auflage von siebenhunderttausend Exemplaren hatte, hofften wir auf eine positive Resonanz. Sie blieb jedoch aus.

Auf meinen täglichen Fahrten ins Nachbardorf Bwagala, die ich unternahm, um Post abzuholen und frisches Brot einzukaufen, bekam ich ein Gespür für das afrikanische Leben in seiner dörflichen Struktur. Wichtige Eindrücke erhielt ich aber auch, wenn ich zu den Patienten nach Hause gerufen wurde. Jedes Mal empfand ich das als eine Ehre. Es zeigte, dass die Menschen genügend Vertrauen entwickelt hatten, um mich, die Ausländerin, in ihren Privatbereich hineinzulassen. Die Fensteröffnungen der Hütten waren häufig sehr klein, und es dauerte einige Sekunden, bis sich meine Augen an die Dunkelheit gewöhnt hatten. Während ich die wortreiche Begrüßung erwiderte, versuchte ich schon erste Hinweise für die Erkrankung zu entdecken, um anschließend Einzelheiten zu erfragen: Wie lange dauerte dieser Zustand, wie hatte er begonnen, was war bis jetzt versucht worden …

Der Kranke lag meist auf einer niedrigen Pritsche aus Sisalgeflecht. Wenn ich seine Hand halten konnte, war der erste Kontakt gelungen. Dabei fühlte ich den Puls, achtete auf Zeichen von Fieber und Flüssigkeitsverlust und tastete schmerzende Stellen ab, zum Beispiel eine vergrößerte Milz bei Malaria. Wenn dann ein Licht gereicht wurde, half das, den Zustand des Patienten besser beurteilen zu können. Eine umfassende Behandlung war aber nur im Krankenhaus möglich, und manchmal kam es mir so vor, als ob die Menschen das ebenfalls ahnten. Doch brauchten sie Zeit, um sich von der Notwendigkeit einer stationären Behandlung überzeugen zu lassen. »*Mama, nipe sindano* – Mama, gib mir eine Spritze, dann komme ich nächste Woche ins Hospital.« Eine Spritze, gesetzt von einer europäischen Missionarin, schien das Wundermittel per se zu sein. Wir passten uns diesen Bedürfnissen an, um die Menschen nicht zu überfordern. Gleichzeitig nutzten wir jede Gelegenheit, sie über unsere Behandlungsmög-lichkeiten aufzuklären.

Solange es uns möglich war, setzten wir die Ambulanzfahrten in die umliegenden Dörfer fort. Meine wichtigste Route führte mich nach Norden, in die verkehrsarme Gegend nach Mziha. Der Ort lag ungefähr fünfzig Kilometer vom Hospital entfernt. An den Dörfern dieser Strecke fuhren wir, immer wieder freundlich winkend, vorbei. Meist sahen wir eine Ansammlung von Strohdächern, die durch die Bäume schimmerten. Oder wir passierten mehrere Lehmhäuser, ent-lang der Straße gruppiert. Wenn die Sonne nicht zu heiß brannte, lachten und spielten die Kinder auf dem Vorplatz. Frauen stampften Mais mit rhythmischen Bewegungen in ihren Mörsern zu Mehl. Hüh-ner rannten durch das Gras, und faule kleine Hunde lagen dort, wo der Schatten etwas Ruhe versprach. Auf der Straße passierten wir im-mer wieder Lasten tragende Frauen, gehüllt in ihre leichten bunten Tü-cher, Khanga oder Kitenge genannt, die unter den Achseln fest zusam-mengebunden wurden. Sie strahlten eine Würde aus, die ihnen auch die Armut nicht nehmen konnte. Hin und wieder sahen wir Männer auf Fahrrädern. Sie hatten ihr Buschmesser bei sich, mit dem sie sich den Weg durch das meterhohe Gras zur Not freischlagen konnten. Auch bei angreifenden Schlangen kam es augenblicklich zum Einsatz.

Weiter führte die Tour durch dicht bepflanzte Teakwälder. Der Schatten der hohen Bäume tat gut, und der Pfad war angenehm breit, das machte die Fahrt zur Freude. Doch bevor wir unseren ersten Treffpunkt erreichten, mussten wir einen breiten Fluss überqueren. Hier galt es, die primitive Holzbrücke zu passieren, vor der mir jedes Mal gruselte. Nur zwei schmale Baumstämme wiesen die Richtung über die breiteren, quer liegenden Balken. Ein Verfehlen hätte fatale Folgen gehabt. Ich sprach immer ein Stoßgebet, wenn die Stelle kam, holte tief Luft und peilte das gegenüberliegende Ufer an. Wenn es geschafft war, dankte ich erleichtert und nahm mir vor, in Zukunft weniger Angst zu haben. Jahre später geschah es tatsächlich, dass die Brücke hinter uns zusammenbrach. Das nachfolgende Auto stürzte in die Tiefe, glücklicherweise konnte der Fahrer gerettet werden.

Auf diesen Unternehmungen begleitete mich jedes Mal eines unserer einheimischen Mädchen als kundige Assistentin, in Europa hätte man von einer Arzthelferin gesprochen. Es waren lernbegierige junge Frauen, die im Krankenhaus angestellt waren. Sie begannen ihre Arbeit damit, alles sauber zu halten, danach halfen sie bei der Patientenversorgung. Eifrig lasen sie uns jeden Auftrag von den Lippen ab; es war erstaunlich, was wir gemeinsam bewirken konnten. Sie beobachteten die Patienten aufmerksamer, als ich es später bei ausgebildeten Krankenschwestern erlebte. Sie merkten sofort, wenn das Fieber stieg, und benachrichtigten mich stets umgehend. Es war absoluter Verlass auf sie, und dies war eine großartige Erfahrung. Um ihrem Wissensdrang gerecht zu werden, gaben wir ihnen Englisch- und Mathematikunterricht. So konnten sie sich später ein Stipendium für die Ausbildung zur Krankenschwester sichern.

Obgleich die eifrigsten unserer Helfer zum Stamm der Wachagga gehörten, der in der Kilimandscharogegend lebte, gab es auch unter den hiesigen Wazigua große Talente. Etwa Celine. Seit einiger Zeit arbeitete sie im Hospital. Bei ihr paarte sich eine wache Auffassungsgabe mit einer ungemein praktischen Veranlagung. Sie konnte schnell Schlüsse ziehen und vermochte überzeugend zu argumentieren. Ich nahm sie gern auf den Ambulanzfahrten mit, obendrein war sie beliebt bei unseren Patienten. Trotz ihrer jugendlichen Erscheinung hatte sie bereits zwei Kinder. Dadurch stieg ihr Ansehen bei den Patienten, es verlieh ihren Ausführungen mehr Glaubwürdigkeit.

An jedem unserer Treffpunkte warteten die Menschen geduldig. Zeit schien für sie eine andere Bedeutung zu haben als für uns hastige Europäer. Manchmal waren es kleinere Gruppen, die im Schatten eines Baumes saßen und dort untersucht werden wollten. Ein anderes Mal kamen die Patienten in ein Klassenzimmer. Überall waren wir willkommen. Doch empfand ich es immer als am angenehmsten, wenn wir in einem Raum behandelten, in dem nicht gleich jeder mithören konnte, was mir anvertraut wurde. Es war auch viel leichter, die Patienten in liegender Position zu untersuchen, um schmerzende Organe abzutasten. Zur Bestimmung des Hämoglobinwertes machte ich einen Schnelltest. Und Stuhl- und Urinproben, in Streichholzdöschen oder kleinen Fläschchen, nahmen wir ins Krankenhaus mit. Wir baten die Patienten, in der darauffolgenden Woche nach dem Resultat zu fragen und ihre Medizin abzuholen. War der Gesundheitszustand dramatisch, bestand ich auf einer stationären Behandlung. Celine übersetzte geduldig in den lokalen Dialekt – jetzt konnte niemand mehr sagen, er hätte uns nicht verstanden.

Den ganzen Tag lang fuhren wir die kurvenreiche Strecke mit unserem Peugeot 404 ab. Auf seiner großen Ladefläche waren die verschiedenen Medikamente in Holzkästen sicher untergebracht. Der Hospitalschreiner Zuberi, ein älterer Mann von kleiner, hagerer Gestalt, hatte diese extra dafür gezimmert. Er war unser »Künstler« für die Bewältigung der täglichen Probleme, die in seinen Bereich fielen. Ich konnte ihm erklären, was mir vorschwebte, und er verwirklichte meine Vorstellungen auf verblüffend praktische Art und Weise. Einer der Kästen war unterteilt für verschiedene Tablettentypen, ein anderer für flüssige Medizin oder für Salben, Verbandszeug und Spritzen. Weil wir unterwegs nicht abkochen, also sterilisieren konnten, benutzten wir teure Einmalkanülen. Blutdruckmesser und Stethoskope gehörten ebenfalls zur Standardausrüstung. Ein Behälter war zum Aufbewahren der Laborproben bestimmt, eine Dose wiederum für die Abfälle. Wir mussten an alles denken und dafür sorgen, dass auf den holperigen Straßen mit den zahllosen Schlaglöchern und wellenförmigen Sandrinnen nichts kaputtging.

Eine Flasche Tee, Butterbrote sowie etwas Obst waren gesondert eingepackt. Wir teilten uns das zur Mittagspause, die oft erst kurz vor der Rückfahrt eingelegt wurde, damit die Patienten nicht noch länger warten mussten. Manchmal waren es nur zehn Personen, oft aber kamen zwanzig, dreißig und mehr zum jeweiligen Treffpunkt. Am Abend hatten wir an den verschiedenen Halteplätzen zwischen siebzig und hundert Patienten behandelt – die Menschen nicht mitgezählt, die mit ihren kranken Hunden am Wegesrand auf uns warteten. Hunde, auch wenn es nur kleinwüchsige und lauthals kläffende Exemplare waren, wurden als unerlässliche Wächter in den Dörfern und Hütten eingesetzt. Deshalb zahlten die Hundebesitzer ganz selbstverständlich für die gewünschte stärkende Vitaminspritze, die wir ihrem Vierbeiner verabreichten. Wir hatten auf diese Weise etwas Geld zur Verfügung und konnten bei bedürftigen Patienten weniger oder nichts verlangen. Im Grunde war es ein gutes Geschäft, doch ich musste mich stets überwinden, den ausgemergelten Tieren teure Medikamente zu geben.

Wenn wir im Freien erwartet wurden, klappten wir die Hintertür des Peugeots auf, zogen die Kästen heraus und hatten sofort alle Medikamente in erreichbarer Nähe. Einen Schemel holte man mir aus einer nahen Hütte. Wenn ich sitzen konnte, musste ich mich nicht zu den Patienten hinunterbücken, was bei meiner Größe immer etwas »von oben herab« wirkte. Wenn nötig, breiteten die schwangeren Frauen ihre Tücher auf dem Gras aus und legten sich zur Untersuchung auf diese. Ich kniete mich daneben und ertastete das werdende Leben in ihrem Unterleib oder horchte mit dem Stethoskop nach dem Herzschlag des Babys. In diesen Momenten war ich froh, mich als »gelernte Hebamme« betätigen zu können.

Einmal räumten wir auf der Rückfahrt den hinteren Teil des Peugeots so weit frei, dass wir eine blutarme Schwangere auf einer Matratze hätten mitnehmen können. Umsonst. Die Familie verweigerte den Transport. Die Geburt hatte der Tradition gemäß in der elterlichen Hütte und im Beisein der Großmutter zu erfolgen. Jegliche Überredungskunst war vergeblich. Als diese junge Frau bei unserer nächsten Fahrt mit ihrem Baby zu uns kam, war sie so geschwächt, dass ich erschrak. *»Shauri ya Mungu* – Gott habe es so zugelassen«, hieß es, als ich fragte, warum es ihr so schlecht gehe. Dieser Ausspruch traf mich jedes Mal, ja, er machte mich regelrecht wütend. Was hatte Gott mit menschlicher Dummheit zu tun? Wann endlich würden die Einheimischen unsere medizinischen Maßnahmen akzeptieren? Es ging doch um ihr Leben! Diese junge Mutter sahen wir danach nie wieder, sie war wohl gestorben. Ihr Körper war ausgeblutet. Das hätten wir verhindern können.

Während dieser arztlosen Zeit sorgte eine innere Anspannung dafür, dass ich ständig auf der Hut blieb. Ich wollte ja alles richtig machen. Ich wollte mir kein leichtsinniges oder oberflächliches Handeln vorwerfen müssen. Um eine bessere, dringend notwendige Verbindung mit der Außenwelt herzustellen, ließen wir uns ein »Radio Call System« installieren, so wie ich es in Ifakara kennengelernt hatte. Durch dieses Funksystem sind alle Missionsstationen miteinander verbunden. Es wurde von einer Autobatterie gespeist, die ständig aufgeladen werden musste. Dafür sorgte ich, und zwar täglich, denn mir war es wichtig, dass wir Teil dieses Informationsnetzes waren. Mit der richtigen Frequenz konnte es dann losgehen: »*Turiani Hospital calling, Turiani Hospital calling! Do you read me, over?*« Wir meldeten uns via Funk, wurden gehört und bekamen Antwort. Ein weiterer erfreulicher Fortschritt!

»Mama, du bist ja nackt!«

Während sich die westliche Welt in den sechziger Jahren im Umbruch befand, war ich bemüht, in der sogenannten Dritten Welt meinen Weg zu gehen. In Afrika, dem drittgrößten Kontinent unserer Erde, waren immer mehr Staaten damit beschäftigt, die jahrzehntelange koloniale Fremdherrschaft abzuschütteln und sich die Unabhängigkeit zu erkämpfen.

In Kenia und Tansania erlebte ich den Prozess der Unabhängigkeitsfindung hautnah. Dabei wurde mir immer klarer, dass es nicht nur um Befreiung ging. Es ging um viel mehr. Es ging um die Herausforderung einer ganzen Nation, und ich war dankbar, dass ich an dieser Entwicklung teilnehmen durfte. »Kujitegemee« war das Losungswort, was so viel hieß wie »sich selbst einbringen«. Zu dieser Eigeninitiative rief insbesondere Julius Nyerere als erster Staatspräsident Tansanias die Bürger seines Landes auf. In Turiani konnten wir seine Aufforderung realisieren, indem wir halfen, das Gesundheitssystem aufzubauen und den Menschen in den ländlichen Regionen eine bessere medizinische Versorgung und Vorsorge zu ermöglichen. Dabei waren wir bemüht, uns in dieses afrikanische Land zu integrieren. Wir fühlten uns im Turiani Hospital und somit in Tansania zu Hause. Wir teilten das Leben und die Probleme der einfachen Leute auf dem Land. Wir freuten uns über jede Begegnung, die uns einander näherbrachte.

Als ich 1971 in die tansanische Frauenpartei Umoja wa Wanawake aufgenommen wurde, überraschte mich diese Geste. Gleichzeitig fühlte ich mich geehrt. Wahrscheinlich hatten die Frauen in mir eine Mitstreiterin für das Recht auf ihre Würde und auf ihre wichtige Stellung innerhalb der Familie erkannt. Als einzige Europäerin durfte ich an den Versammlungen teilnehmen. Noch heute besitze ich die gelbe Mitgliedskarte und erinnere mich gern an die endlosen Palaver, an denen ich teilnahm, wenn meine Zeit es zuließ. Das waren ideale Gelegenheiten, um mein Swahili aufzubessern und um die täglichen Probleme der Menschen wenigstens zu erahnen.

Unser gemeinsames Ziel war es, *Kujenga Taifi*, die Nation aufzubauen! Nachdem Tansania 1961 seine Unabhängigkeit erreicht hatte, war die Stimmung euphorisch. Unser Präsident Nyerere erklärte sechs Jahre später in seinem Grundsatzprogramm, der »Deklaration von Arusha«, die Entwicklung und Verbesserung der Gesundheitsversorgung in den ländlichen Gebieten als Teil der Ujamaa-Politik als vorrangige Aufgabe. Dies führte zur Bewegung der *barefoot doctors*, und diese Gesundheitshelfer kamen tatsächlich barfuß. Sie verfügten lediglich über eine Grundausbildung, doch förderten sie in der Bevölkerung ein medizinisches Bewusstsein. Erst ein Jahrzehnt später, auf der Gesundheitskonferenz von 1978 in Kasachstan, ging auch die Weltgesundheitsorganisation (WHO) einen entscheidenden Schritt in diese Richtung. In der »Erklärung von Alma Ata« entwarfen die anwesenden 123 Mitgliedsstaaten ein neues Konzept der Basisgrundversorgung im Gesundheitswesen, bekannt geworden als *Primary Health Care* (PHC). Tansania erkannte darin die Weiterentwicklung seiner eigenen Ziele und schloss sich der WHO-Strategie zur Gesundheitsförderung an, die letzten Endes in der späteren Maxime »Gesundheit für alle« kulminierte. Schon vor HIV und Aids war das eine Herausforderung.

In dieser Zeit des allgemeinen Umbruchs fand ein Ereignis statt, das für die gesamte katholische Kirche weltweit von größter Bedeutung war. Ausgegangen war es von Rom, und es umfasste einen längeren Zeitrahmen, nämlich von Oktober 1962 bis Dezember 1965. Leider erfuhren wir, die Pioniere an der afrikanischen »Front«, kaum etwas über dieses herausragende Geschehen. Denn das Zweite Vatikanische Konzil war ein Meilenstein der Kirchengeschichte, dessen Anforderungen bis heute nicht ausreichend Genüge getan wurde. Im Gegenteil: Manchmal scheint es, als wären wir Christen in diese reformbedürftige Zeit zurückversetzt.

Papst Johannes XXIII. hatte das Konzil zur Selbsterneuerung der katholischen Kirche und zur Wiederannäherung der verschiedenen christlichen Kirchen einberufen. Kirchenfürsten, das heißt Bischöfe aus aller Welt, nahmen daran teil. Der als menschenfreundlich und humorvoll bekannte Papst wollte, bildlich gesprochen, »frischen Wind« in das »traditionsbewusste, verstaubte Kirchengebäude« einlassen. Im *Handbuch der Dogmatik, Band 2,* heißt es dazu: »Im Zweiten Vatikanischen Konzil hatte die Öffnung der Tradition der Kirche und die Öffnung auf Leben, Denken und Wissen der gegenwärtigen Welt einen gesamtkirchlichen Ansatzpunkt und Legitimationsort gefunden.« Dass eine solche Ausdrucksweise nicht unbedingt verständlich für jeden war, lag auf der Hand. Konkret bedeutete dies aber, dass sechzehn Dekrete mit verschiedenen Schwerpunkten verfasst wurden. Zum Beispiel verstand sich die Kirche im Dekret »Lumen Gentium« (»Licht der Völker«) wieder als Volk Gottes. Und in »Perfectae Caritatis« (»Vollkommene Liebe«) wurde über die »zeitgemäße Erneuerung« des Ordenslebens gesprochen.

Von meinem Orden wurde dieser Ansporn zur Erneuerung zwar immer wieder in kleinen Versuchen aufgegriffen, aber es blieb im Wesentlichen bei »oberflächlichen Korrekturen«. Dabei war es für uns im tropischen Klima wichtig, dass die Neuerungen nicht nur zeitgemäß waren, sondern auch eine physische Erleichterung brachten. Bei der verbesserten Tracht etwa wurde darauf geachtet, dass hochwertiger und leichterer Stoff verwendet wurde. Dadurch zog der Schwesternschleier den Kopf nicht mehr so nach hinten. Das gestärkte Stirnband und das Kopfhäubchen fielen gänzlich weg. So konnte die Kopfhaut wieder frei atmen und der Schweiß sich nicht festsetzen. Aber nun wurde dadurch auch das eigene Haar sichtbar, und das war selbst für mich gewöhnungsbedürftig. Nur vorsichtig wagten wir uns in diesem neuen Outfit aus dem Haus. Valentina, eine unserer Pflegerinnen, reagierte auch prompt: »Mama, du bist ja nackt!« Bald jedoch hatten sich alle an unser neues Aussehen gewöhnt, und für uns war es ein wohltuendes Gefühl.

Weiterhin ging es darum, ob und wann Taschengeld erlaubt sein könnte (war es nicht), ähnlich wurde über den Heimaturlaub von uns Schwestern diskutiert. Aber genauso wie es im innerkirchlichen Raum der Weltkirche letztlich doch zu einem Reformstau kam, erlebte ich es auch in meinem Leben. Denn wie bei jedem Umwandlungsprozess ist es nur möglich, zu gegenseitigem Verständnis zu gelangen, wenn eine neue Kultur des Dialogs geübt wird. Das Wort »Dialog« wird oft leichtfertig missbraucht, zeugt es doch von einer hohen Kunst. Nur im gegenseitigen Austausch kann »jede Partei« begreifen, worum es bei einer Sache wirklich geht. Der folgende Text einer mündlichen Überlieferung aus Afrika macht das in wunderbarer Weise deutlich:

Lieber weißer Bruder,
liebe weiße Schwester (von mir dazugefügt)*,*
als ich geboren wurde, war ich schwarz,
als ich aufwuchs, war ich schwarz,
wenn ich in der Sonne stehe, bin ich schwarz,
wenn ich krank bin, bin ich schwarz,
wenn ich sterbe, werde ich schwarz sein.

Du jedoch, weißer Mann,
als du geboren wurdest, warst du rosa,
als du aufgewachsen bist, warst du weiß,
wenn dir kalt ist, bist du blau,
wenn du Angst hast, bist du grün,
wenn du krank bist, bist du gelb,
wenn du stirbst, wirst du grau sein.
Wer also von uns beiden ist der Farbige?

Das Wissen um verschiedene Sichtweisen und der Austausch darüber bereichern und helfen zu gegenseitigem Verständnis. In Afrika wird das Verstehenlernen durch die Tradition des Palaverns praktiziert. Jeder darf seine Meinung äußern, jedem wird zugehört, und während alle im Schatten der Bäume geduldig warten, bis auch der Letzte zu Wort gekommen ist, fühlen sich alle akzeptiert und integriert. Da fällt es leichter, einen Konsens zu finden, mit dem jeder zufrieden ist. Wir könnten davon lernen und daran wachsen, anstatt auszugrenzen oder gar zu verurteilen.

So geringfügig die Auswirkungen des Zweiten Vatikanischen Konzils bei uns waren – die Generaloberin, Mutter Imeldis, ließ es sich nicht nehmen, persönlich ihren Schwestern den »neuen« Ordensgeist im Zuge einer Visitationsreise zu vermitteln. Für Ostafrika, und speziell für uns im Morogoro-Distrikt, wurde der Besuch für Ende 1969 eingeplant. Eine »Visitation« diente aber auch einer generellen »Bestandsaufnahme«. Jede einzelne Schwester bekam dadurch die Möglichkeit, mit der Generaloberin zu sprechen. Diese wiederum sollte sich im Gegenzug darum bemühen, das Aufgabenfeld der jeweiligen Schwester kennenzulernen, um sich ein Bild über die unterschiedlichen Tätigkeiten ihres Ordens zu machen.

Am Morgen des 29. September 1969 standen Mutter Majellis und ich in gespannter Erwartung auf dem fast menschenleeren Flughafen von Dar es Salaam. Als die kleine Maschine, die fünfundzwanzig Minuten zuvor von Sansibar aus gestartet war, in unser Sichtfeld kam, winkten wir unseren Gästen begeistert zu. Mutter Imeldis, in Begleitung ihrer Ratschwester, war in strahlendes Weiß gekleidet; so hatten wir sie in Europa nicht erlebt; dort wird nur Schwarz getragen. Beide Frauen waren wohlauf, und weil nur eine Woche für uns geplant war, fuhr ich die »kostbare Ladung« sofort weiter nach Morogoro. Dort wurden sie in der kleinen Kommunität herzlich empfangen.

Am Tag darauf ging es weiter nach Turiani. Fröhliche Trommelschläge riefen das Personal und alle Patienten, die nicht im Bett liegen mussten, zur afrikanisch festlichen Begrüßung zusammen. Ein paar farbige Tücher wurden über die Tische gelegt, gekühlte Getränke, gebratene Mandazi – ein in Öl zubereitetes Gebäck – und geröstete Nüsse gereicht, und das Fest konnte beginnen. Mutter Imeldis dankte den Anwesenden und versprach, dass sie dafür sorgen wolle, dass immer genügend Schwestern ihren Dienst in Turiani ausüben könnten. Mit jubelnden Schnalzlauten wurde ihr geantwortet.

Nach dem Essen folgte eine Führung durch den Krankenhausbetrieb, in der Hoffnung, das nötige Verständnis für unsere aufreibende Tätigkeit bei unseren Vorgesetzten wecken. Mir war bewusst, dass es sich nur um einen kurzen Besuch handelte und nicht alles entsprechend gewürdigt werden konnte – aber dennoch hatte ich das Gefühl, dass nicht wirklich verstanden wurde, was wir leisteten.

Außer Morogoro und Turiani gab es noch drei weitere Stationen im Distrikt, die ebenfalls visitiert werden mussten. Mir fiel weiter die Aufgabe der Chauffeurin zu. Dadurch erlebte ich in jedem Haus die Anregungen zur Vertiefung unseres Ordens- und Missionslebens neu, mit denen Mutter Imeldis uns anspornte. Es gelte, den »Schmelz der

Berufung« nicht zu verlieren, ermahnte sie uns. Wie aber sollte das eintreten, wenn alles, was wir taten, als Selbstverständlichkeit angesehen wurde? Oder war ich einfach zu empfindlich?

Die Fahrten zu den jeweiligen Stationen waren alles andere als einfach. Sobald die Asphaltstraße aufhörte, ging es entweder über tiefe Sandpisten oder aber im Schritttempo über ausgespülte Steinbrocken. Als nachts auch noch der gefürchtete Regen einsetzte, war meine Ruhe dahin. Der Rückweg von der letzten Station, die den Namen Matombo trug, war schmal und kaum von Autos befahren. Die überspülten Wege machten es unmöglich zu wenden. Also musste ich die höher liegende Spur über eine weite Strecke im Rückwärtsgang befahren, neben uns der steile Abhang, der zum Flussbett hinabfiel, das uns tief unten begleitete. In voller Konzentration, mich beinahe an das Steuer klammernd, manövrierte ich die Räder durch den glitschigen Schlamm, bis der Weg sich weitete und die rettende Abzweigung zur instandgehaltenen Straße erreicht war. Unbeschadet kamen wir schließlich an unserem Ziel an. Der trockene Kommentar von meinen Vorgesetzten, die keinen Führerschein hatten, war: »*Sie* können ja fahren!« Sie hatten meine Anspannung kaum wahrgenommen. Wohl aber auf die vielen Stoßgebete der Mitschwestern vertraut!

Während der Visitation kam auch mein persönlicher Wunsch, Ärztin zu werden, wieder zur Sprache. Bei der Aussendung in die Mission war mir dieser Berufswunsch nicht gewährt worden, und ich war stattdessen in die Krankenpflege geschickt worden. Nachdem ich in Turiani aber wie ein Arzt im Einsatz war, fiel es mir schwer, ihn weiter zu unterdrücken. Besonders mein Vater unterstützte mich dabei. Er riet, dass Studium auf mich zu nehmen, weil es für den weiteren Einsatz in der Mission von unschätzbarem Wert sei. Das fühlte ich auch, und wünschte es mir deshalb sehr. Mutter Imeldis gestand mir zwar zu, dass sie mir das Studium zutraue, aber ein Ersatz sei für mich in Turiani zurzeit nicht in Sicht, deshalb müsse ich mir ein solches Ansinnen aus dem Kopf schlagen. Außerdem hätte eine andere Schwester bereits mit einem Medizinstudium begonnen, diese könne dann ja als Ärztin in Turiani eingesetzt werden. Doch dazu kam es nie, denn besagte Schwester trat später aus dem Orden aus.

Da für mich das Ordensleben an erster Stelle stand, akzeptierte ich die Weisungen der Vorgesetzten. Im Nachhinein betrachtet wünschte ich mir, mehr auf mein Inneres gehorcht zu haben. Ich schrieb meinen Eltern: »Ihr werdet sicher nach dem Studium fragen. Ein wenig ist der Wunsch noch in mir, das ist natürlich (wegen des Verlusts). Doch hätte ich wegen des schwierigen Vorstudiums sehr viel Kraft verloren, wahrscheinlich zu viel. Hätte man es dennoch von mir gewünscht, so hätte ich es sofort versucht.«

Das war ein ganz und gar »klösterlicher Brief«, denn ich fügte mich nicht nur den Anweisungen der Oberen, sondern bemühte mich, ihre Entscheidungen innerlich auch zu den meinen zu machen, weil es von mir im Gehorsam so erwartet wurde. Im gleichen Brief bat ich jedoch um ein aktuelles Anatomiebuch. Auch wenn mir das Studium nicht erlaubt wurde, wollte ich wenigstens versuchen, meinen Wissensstand zu verbessern.

Die einfachen Menschen im Dorf wussten besser, was ich hätte tun sollen. Eine Frau unterhielt sich mit anderen beim Waschen ihrer Kleider am Fluss über ihren Traum, den sie für ihre Tochter hatte. Unsere Entwicklungshelferin Elisabeth saß mit im Kreis dieser Wäscherinnen, und sie erzählte mir später von dieser Begebenheit. Das Kind habe sie Maria Lauda genannt, erzählte die Frau, die Kleine solle nämlich einmal »Mama Mganga – Schwester Ärztin« werden, deshalb habe sie ihr diesen Namen gegeben.

In Nächstenliebe versklavt

Das war ein herausragendes Ereignis für uns Ordensschwestern: 1968 feierte die Kirche in Tansania ihr hundertjähriges Bestehen. Um an diesem Jubiläum teilzunehmen, fuhren wir – wie Tausende von Gläubigen aus allen Teilen des Landes – in die Hauptstadt Dar es Salaam. Dort waren wir Teil der bunten Menschenmasse und tauchten im wogenden Lärm des vielfältigen Stimmengewirrs unter. Während des feierlichen Gottesdienstes, begleitet von Chören, Tanz und Trommelwirbel, wurde aus dem farbenfrohen Chaos ein beeindruckendes Fest. Alle gehörten wir zur »einen Familie der Kinder Gottes«, rund zehntausend Menschen, die Mehrheit von dunkler Hautfarbe. Ihre Herzlichkeit war natürlich und ansteckend. Jeder Einzelne hatte unter dem riesigen tiefblauen Himmelszelt seinen Platz gefunden. Die fast unerträglich schwüle Julihitze, bei der der feuchte Schweiß beinahe als Linderung wahrgenommen wird, schien uns noch stärker zusammenzuschmieden. Für mich war es wie eine Bestätigung meines Missionseinsatzes, auch wenn mein Swahili noch zu wünschen übrig ließ.

Auf der überdachten Festtagstribüne saßen wir in der zweiten Reihe, direkt hinter fünfzig Bischöfen, darunter auch Vertreter aus Deutschland. Es beeindruckte mich, dass wir uns in nur geringer Entfernung von Präsident Nyerere und seiner Frau Maria befanden. Beide waren Missionsschüler gewesen, und als überzeugte Christen machten sie ihre religiöse Einstellung auch in der Politik deutlich. Nyereres Konzept des Zusammenhalts (*Ujama*) war so stark von einem christlichen

Sozialismus geprägt, wie er im realen Leben, selbst im gemeinschafts-
betonten Afrika, kaum vorstellbar erschien. Sein Versuch, ihn zu verwirklichen, verdiente hohen Respekt.

»*Mwanga, upendo, amani* – Licht, Liebe, Glaube«, so lautete das
Motto dieser Hundertjahrfeier. Kardinal Laurean Rugambwa aus Bukoba am Victoriasee, der 1960 als einer der ersten einheimischen Wür-
denträger auf afrikanischem Boden ernannt worden war, hielt die Fest-
predigt. Eindrucksvoll rief er den anwesenden Missionaren zu: »Ihr
brachtet unseren Landsleuten mehr als Zivilisation und kulturellen
Fortschritt. Ihr schenktet uns das Licht der frohen Botschaft! Jetzt ist
der Zeitpunkt gekommen, an dem die einheimische Kirche und ihre
Gläubigen selbst Verantwortung übernehmen müssen.« Dieser letzten Aussage konnte ich nur zustimmen. Die einheimische Kirche gab
an diesem Tag eine bemerkenswerte Demonstration der »aufgegan-
genen Saat« der Missionierung. Und mir selbst gab dies neuen An-
trieb zur Erfüllung meines Auftrags.

Dennoch machte es mich zugleich betroffen, als ich weiter hörte,
dass die Mission in Ostafrika aus der Sklaverei hervorgegangen war.
Die katholischen Missionare hatten zwar versucht, dem entgegenzuwirken, denn das Christentum verkörperte ja für jeden Menschen das
ihm ureigene Recht auf seine Würde. Deshalb kauften die Missionare
so viele Sklaven frei, wie es ihnen finanziell möglich war. Dass diese
anschließend getauft wurden, lag im damaligen Missionsverständnis.
Versklavt ans Christentum. Wie passten diese beiden Gegensätze zusammen? Und was war mit den Ordensregeln? Mitten im Gottesdienst
durchfuhr mich dieser Gedanke. Wie konnte ich es nur wagen, so etwas auch nur in Gedanken zuzulassen! Wenn ich mich umblickte, sah
ich dann nicht, wie sinnvoll das Erreichte war?

Zugleich musste ich an den weißhaarigen Greis Mzee Alfredi aus
unserer Nachbarmission in Mhonda denken, die 1877 als erste In-

102

landsstation gegründet worden war. Er lebte dort, und in seinem langen Baumwollgewand wirkte seine Gestalt beinahe prophetisch. Er war noch einer dieser freigekauften Sklaven. Mich beeindruckte er durch seine gütigen Gesichtszüge. Als ich einmal allein mit dem Auto nach Mhonda fuhr und der Wagen nur mühsam den unebenen, steil nach oben verlaufenden Weg schaffte, sorgte der Motor mit viel Getöse dafür, dass unsere Anwesenheit nicht zu überhören war. Bei den ersten strohgedeckten Hütten, die schließlich auftauchten, stand Alfredi. Vom Alter leicht gebeugt, schaute er angestrengt in die Richtung des Lärms. Ich hielt an und grüßte, musste aber feststellen, dass er über mein Ankommen enttäuscht war. Er hatte meine Oberin, Schwester Majellis, erwartet, und da ich das sofort vermutete, sprach ich ihn darauf an. Er bestätigte dies ohne Umschweife: »Ja, so ist es, sie kennt mich besser.« Ich verstand. »Mzee Alfredi, darf ich dir dennoch ein Geschenk machen?« Verschmitzt lächelte er und nahm den Schilling für Schnupftabak in seine durchfurchten Hände, wobei er meine dankbar schüttelte. Jetzt war ich die Beschenkte – durch diese Geste hatte er gezeigt, dass er auch mich akzeptierte. Verfolgen wir nicht, fragte ich mich im Schatten der vielen Kirchenfürsten auf der Festtribüne sitzend, noch hundert Jahre später die gleiche Missionsstrategie, weil wir immer etwas anbieten wollen, anstatt verstärkt nach Gleichberechtigung zu suchen?

Gut zwanzig Jahre später erlebte ich noch einmal eine kirchliche Hundertjahrfeier, diesmal aber nicht als naive Zuschauerin, sondern geprägt durch dreißig Jahre eigene Missionstätigkeit. Ich war zu dieser Zeit in Moshi eingesetzt, um die Ausbreitung von Aids zu bekämpfen und für die bereits Infizierten zu sorgen. Ich durfte meine Arbeit als »Aids-Koordinatorin« aber erst nach dem Papstbesuch in der Diözese beginnen, die 1990 ebenfalls ihr hundertjähriges Bestehen feiern sollte. Bei diesem Ereignis hatte ich aktiv in Planung und

Ausführung der Festlichkeiten mitzuwirken, obwohl das alles mit der Immunschwäche wahrlich nichts zu tun hatte – und mit meiner Mission für die Ärmsten dieser Welt erst recht nicht. Aber auf diese Weise konnte man mich acht Monate perfekt beschäftigen, denn so lange dauerte mein Papst-Einsatz, dessen Besuch für den 4. und 5. September angekündigt war. Was hätte ich in dieser Zeit nicht alles für die Infizierten tun können!

Es war für mich unbegreiflich, was für ein Aufwand bei solchen Anlässen getrieben wurde – Geld wurde ausgegeben, das besser in wirklich Notwendiges investiert worden wäre. So wurde im Wohnblock der bischöflichen Administration extra eine Kapelle gebaut, die der Papst direkt von seinem Zimmer aus aufsuchen konnte. Eine junge afrikanische Mitschwester hatte den Auftrag bekommen, dafür zu sorgen, dass alles Notwendige für Papst Johannes Paul II. vorhanden war. Freudestrahlend berichtete sie, nachdem der Besuch beendet war, dass sie sich nach seiner Abfahrt auf sein Bett gesetzt hätte, um ein wenig von »seinem Glanz« einzufangen. Konnte man so unbedarft sein? Anscheinend ja. Ein positiver Effekt war, dass wir im Zuge des Papstbesuches mit sämtlichen medizinischen Einrichtungen des Stadt- und Landkreises Moshi in Verbindung traten – so konnte ich wertvolle Verbindungen für die Zukunft aufbauen. Wir baten um ihre Mitarbeit, damit eine ausreichende medizinische Notfallversorgung für die zu Tausenden im Fußballstadion von Moshi versammelten Menschen gesichert war. Dort sollte der Papst seinen Auftritt haben. Nun kam es auf einmal nicht mehr darauf an, welcher religiösen Gesinnung diese Einrichtungen angehörten. Plötzlich erlebte ich, wie einfach Ökumene sein könnte, wenn wir mit offenen Herzen und unkompliziertem Verstand arbeiten würden.

Das Fußballstadion war in den vergangenen Jahren kaum genutzt worden. Jetzt mussten der Rasen ausgebessert, versteckte Erdlöcher aufgefüllt, alte Zementmauern begradigt und neu angestrichen werden. Ein Katastrophenplan wurde entworfen, und jeder lernte seine klar festgelegten Aufgaben kennen. Es gab vier Tore, die ins Stadion führten. Deshalb wurde je ein großes Ambulanzzelt in die Nähe solch eines Zugangs gelegt, um Verletzte schnell hinaustransportieren zu können. Das 400-Betten-Fachkrankenhaus am anderen Ende der Stadt, das Kilimandscharo Christian Medical Centre (KCMC), sollte in Alarmbereitschaft stehen. Der Narkosearzt des KCMC, Dr. Egan, ein Ire, war überglücklich, dass wir ihn für die Zeit der Feierlichkeiten im Stadion zum »Leibarzt« von Johannes Paul II. ernannten.

Dr. Temu, der Chefarzt vom KCMC, ein tansanischer Facharzt, übernahm die Gesamtleitung des Krisenstabs; ich war seine rechte Hand. In dieser Funktion war ich für den 5. September zunächst seine Fahrerin. Frühmorgens führte ich in einem beigefarbenen VW-Golf die Kolonne der Kranken-, Ambulanz-, und Arztfahrzeuge an. Weiß behandschuhte Polizisten wiesen mit eleganten Bewegungen die Richtung, und ich lenkte das erste Auto ins Stadion. Alles war bestens geplant, und die Wagen standen schnell auf ihren Plätzen. Anschließend ging Dr. Temu mit mir in die Mitte des Stadions, wo wir auf erhöhten Holzbalken Platz nahmen. Von hier aus hatten wir eine ausgezeichnete Übersicht. Gegenüber, in nicht geringer Entfernung, stand das neu errichtete Gebäude – auch ein wahnsinniger Kostenfaktor –, das für den Papst als Umkleide-, Rast- und Zufluchtsort gedacht war. Daneben befand sich die Empore mit einem Altar für die Eucharistiefeier. Davor reihten sich hintereinander Bänke für die Gäste aus Politik und Kirche. Das erfrischende Weiß der Nonnenkleidung fiel sofort ins Auge – sie belegten die meisten Sitzplätze und waren sichtlich vom Geschehen begeistert. Hinter uns war das übrige Kirchenvolk, in Gruppen aufgeteilt, das es sich auf dem Rasen so bequem wie möglich machte.

Ich war froh, den Gipfel des Kilimandscharo aus den Wolken leuchten zu sehen. Er lenkte meine Augen und mein Herz ganz selbstverständlich zu IHM, der nach meinem Verständnis der Urheber alles Geschaffenen ist. Konnte der Papst diese überwältigende Pracht übersehen? Wieder spürte ich die Unvereinbarkeit meines Missionsalltags mit den Vorstellungen der Funktionäre, die in all den Jahren immer wieder Fragen oder sogar Zweifel in mir aufkommen ließ.

Papst Johannes Paul II. fuhr in einem Spezialwagen vor, umbrandet vom tosenden Beifall der Versammelten. Dieser Besuch war *das* Ereignis des Jahres für Stadt und Land. Außerdem war es die letzte Station seiner Afrikareise – in vieler Hinsicht also ein Höhepunkt. Jung und Alt waren auf den Beinen, viele hatten bereits die Nacht zuvor in Zelten und Autos kampiert, um ihn sehen zu können. Es war beeindruckend. Nicht nur die Macht der Institution Kirche wurde sichtbar, sondern ebenso die Möglichkeit, das Herz jedes einzelnen Menschen anzurühren. In ergreifender Sehnsucht nach »Erlösung« (»Heil-sein«), harrten hier Tausende von Menschen des Geschehens. So ähnlich konnte es gewesen sein, als Christus die Scharen der Menschen an sich zog: Die Menge lauschte in völliger Stille den wohlklingenden Worten des mächtigsten Mannes ihrer Kirche. Er grüßte die Menge auf Swahili – worauf sie erneut in Jubel ausbrach.

Die einzelnen Ausführungen seiner Predigt konnte ich mir nicht merken, aber sein Hinweis auf die Pracht des »heiligen Berges«, der in seinem schneebedeckten Glanz Symbol der Gegenwart Gottes ist, zeigte für mich, das wusste er zu würdigen. Schon im Alten Testament nahm Gott auf dem höchsten Berggipfel Platz. Heute, am Fuße des Kilimandscharo, wurde nun der Psalm 121 wahr, in dem es heißt: »Ich hebe meine Augen auf zu den Bergen: Woher kommt mir Hilfe? Meine Hilfe kommt vom Herrn, der Himmel und Erde erschaffen hat.« Das verstanden die Menschen hier; und ich empfand mit ihnen, denn dieser Psalm erhellte mein Gemüt in Stunden, in denen ich Rat suchte.

Zur Gabenbereitung wurden Geschenke zu »Papa Paulo« gebracht. Beeindruckend war die stolze Gestalt des in Tierfell gehüllten Massai-Kriegers, der dem Oberhaupt der katholischen Kirche einen präparierten Löwen darbot. Lebendig war dafür die Ziege, die nach Wachagga-Tradition als besonderes Gastmahl dient und im Maul einen Zweig der traditionellen Friedenspflanze zu halten hatte. Viele der Gläubigen trugen bunte Papst-T-Shirts und Fahnen, um ihre Zugehörigkeit zu dokumentieren. Was ich trotz allem nicht vergessen konnte, war die Tatsache, dass jeder katholische Familienvater pro Person seines Haushalts 1000 Tansanische Schillinge als Vorbereitungskosten an seine Pfarrei zu zahlen hatte. Das bedeutete für die meisten Menschen ein Monatslohn – und machte mich sehr betroffen. Wer nicht zahlte und kein T-Shirt kaufte, war gebrandmarkt.

Im Stadion musste ich daran denken, wie viele Menschen einfach starben, ohne dass es wahrgenommen wurde. Wie viele der Anwesenden im Stadion waren schon HIV-positiv? Keiner fragte danach. Kurz vor dem Papstbesuch war eine Meningitis-Epidemie ausgebrochen, die jedoch, da örtlich beschränkt, mit dem schnell wirkenden Antibiotikum Tetracyclin erfolgreich behandelt werden konnte. Ich war erstaunt, dass plötzlich die notwendigen Medikamente zur Verfügung standen. Es gab keinen Todesfall zu verzeichnen. Lag es daran, dass wir hohen Besuch hatten? Ich konnte es nur bejahen, normalerweise hätte es wahrscheinlich viel Kraft bedurft, um, wenn überhaupt, an das Antibiotikum zu gelangen.

Ansonsten gab es an diesem denkwürdigen Tag fast keine Zwischenfälle, die medizinisches Eingreifen erfordert hätte. Ein kleiner Junge brach sich in einem Erdloch ein Bein, und es gab aufgrund der Sonneneinwirkung einige Überhitzungen. Meine Uhr blieb stehen, was ich der Hitze zuschrieb und als »Andenken« an den Papstbesuch verbuchte; sie erholte sich ganz von allein, als er wieder abgereist war.

Ein bedeutenderes Andenken an diesen Tag erhielt ich unerwartet, als eine afrikanische Ordensschwester auf unseren zentralen Hochsitz zukam und auf Swahili rief: »Mama Lauda, du wirst von Father Benedikt gerufen!« Dr. Temu nickte mir zu, sodass ich mein buntes afrikanisches Khanga, auf dem ich saß, zusammenraffte und versuchte, von meinem erhöhten Platz aus hinunterzuspringen. Mit einiger Hilfe gelang es mir. Dann staunte ich nicht schlecht, als mein Chef, der Diözesan Medical Secretary, auf mich zutrat, den Deckel seines Ziboriums umdrehte, ihn mit Hostien füllte und mir in die Hände drückte. »Folge mir!«, war sein kurzer Befehl – und ich folgte. Mein Herz schlug regelrecht Purzelbäume, denn davon hatte ich nicht zu träumen gewagt: Ich sollte den »Leib Christi« austeilen. Für mich bedeutete das die buchstäbliche Ausführung meines Missionsauftrags, nämlich Christus zu den Menschen zu bringen.

In Tansania galt noch das Gebot der Mundkommunion. Unzählige Gesichter hoben sich mir entgegen, die Menschen öffneten die Lippen, und ich legte ihnen die Hostie mit den Worten »*Mwili wa Kristu!* – Der Leib Christi!« auf die Zunge. Sie standen hinter einer Absperrung, die wir entlanggingen, und diejenigen, die den »Leib Christi« empfangen wollten, wurden mehr und mehr. Manchmal nahm ich den Geruch von Staub und Schweiß wahr, aber über allem stand die Freude der Gemeinsamkeit in der »Gotteskindschaft«. Immer wieder ließ ich meinen Deckel auffüllen, bis zum Schluss war ich dabei. Die Gesänge der Christen begleiteten uns, und innerlich sang ich mein Danklied an den Herrn. Es war Sein Tag! Nicht der des Papstes.

Stunden später flog dieser wieder zurück nach Dar, und zwar in der Maschine des Präsidenten. Durch einen glücklichen Zufall hatte ich von dieser bemerkenswerten Geste erfahren. Die beiden tansanischen Piloten, die das Präsidentenflugzeug flogen, waren Tage vorher anlässlich eines Testflugs in unserer Kanzlei erschienen. Sie mussten zum fünfunddreißig Kilometer entfernten KIA, dem Kilimandscharo International Airport, zurückgebracht werden, doch niemand schien Zeit zu haben, sie dorthinzufahren. Als ich mich anbot, dies zu übernehmen, waren sie froh.

Als wir den Flughafen erreichten, luden die beiden mich ein, die Maschine zu besichtigen und den Platz zu sehen, den der Papst bald einnehmen würde. Da sagte ich nicht Nein – und war überrascht. Solche Pracht in einem Flugzeug hatte ich mir nicht vorstellen können. Der Innenraum war mit kostbaren Ebenholzschnitzereien versehen, wie sie der Makonde-Stamm aus Mosambik herzustellen verstand. Wahre Kunstwerke! Der Präsidentensessel, der später vom Papst benutzt werden sollte, war einem Häuptlingsstuhl nachgebildet. Passend für Afrika. Mir wurde ein kaltes Getränk gereicht, das ich dankend annahm. Es war eine Geste der Gastfreundschaft. Solche Tugenden sind selbstverständlich bei den Afrikanern und bedürfen nicht erst unserer Kultur.

Wieder ging es um den Sinn unserer Missionierung. Verfolgten wir tatsächlich die Integrierung oder meinten wir das nur? Und waren wir wirklich bemüht, den Einheimischen ihre afrikanische Identität zu ermöglichen?

Mehrere Erlebnisse konfrontierten mich mit diesem Thema, ohne dass ich eine theologische Antwort gewusst hätte – auch nicht, als ich der Hundertjahrfeier in Dar beiwohnte.

Besonders in den Anfangsjahren im Turiani-Krankenhaus kamen Mütter zu spät in die Notaufnahme und drückten mir verzweifelt ihre sterbenden Kinder in den Arm. Jedes Mal packte mich eine schmerzhafte Wut, denn in den meisten Fällen hätten wir durch Infusionen oder Antibiotika das Schlimmste verhindern können, aber dafür mussten die Kinder eher hergebracht werden. Doch dieses Elend war mit einem Konflikt verknüpft, der mit unserer Mission zu tun hatte: Sollte dem wohl bald nicht mehr auf Erden weilenden Kind nicht wenigstens noch die Taufe gespendet werden? Vielleicht wurde damit noch alles zum Guten gewendet, wie man es uns gelehrt hatte? Und so schlich ich mich mit jedem schwerkranken Kind in eine Ecke oder in ein Nebenzimmer und nahm flüsternd, mit Wattetupfer und Weihwasser ausgestattet, die Taufe wahr. Erst wenn ich das erledigt hatte, gab ich der Mutter das Kleine zurück, nicht ohne ihr zu erklären, ja sie anzuflehen, das nächste Mal bitte früher ins Krankenhaus zu kommen. Die Taufe selbst wurde verschwiegen! Ich wollte nicht unehrlich sein, doch waren wir angewiesen worden, die Nottaufe heimlich vorzunehmen. Mir bereitete das immer Unbehagen. Es dauerte einige Zeit, bis ich auch in diesem Punkt dazulernte.

Als ein junger Massai, der an Tetanus erkrankt war, eingeliefert wurde, kam es zu einer brisanten Situation. Wir nahmen an, dass der Bazillus durch eine Wunde in seinem rechten Ohr eingedrungen war. Als sich abzeichnete, dass wir »nur« die Schmerzen lindern, aber den Wundstarrkrampf nicht heilen konnten, trugen die Angehörigen den Sterbenden auf einer selbstgezimmerten Bahre wortlos davon. Der Hospitalseelsorger hatte das Geschehen beobachtet und kam aufgeregt zu mir. »Haben Sie den Jungen nicht getauft? Er stirbt – und es ist ihre Pflicht, ihm zu helfen, durch die Taufe das Ewige Leben zu erlangen!« Ich war erschrocken über diese Aufforderung, denn der junge Mann war kein Kleinkind mehr und lebte bestimmt in der Tradition seiner Gemeinschaft. Hier empfand ich den Vorgang klar als Zwangstaufe und widersetzte mich. Sollte ich hinterherlaufen, wie es Jahre zuvor eine Mitschwester von mir gemacht hatte, sogar mit einem Wedel Weihwasser sprenkelnd, bis die Massai sich wehrten und mit Steinen in ihre Richtung warfen? Nein, das konnte so nicht rechtens sein. Ist Gott nicht größer, als dass er darauf Wert legte, dass ich den Jungen ohne seine Einwilligung taufte?

Ähnliches dachte ich nochmals, als ich tage- und nächtelang immer wieder die Wache bei einem kleinen muslimischen Mädchen übernahm, das an Meningitis erkrankt war und im Koma lag. Die Antibiotika schlugen nicht an, und wir waren ratlos. Der Vater kümmerte sich so liebevoll um seine Tochter, dass es uns das Herz zerreißen wollte. Er war Vorsteher einer Moschee in Morogoro und hatte Mariamu zu uns gebracht, um die Hilfe der Missionare zu erbitten. Das war erstaunlich. Doch schien uns kein Erfolg gegönnt. Unser Arzt – wir hatten in der Zwischenzeit wieder einen – schaute selbst nachts vorbei und sagte: »Mehr können Sie nicht tun, das Mädchen wird sterben!« Später blieb ihr Atem zwar ruhig, aber ich wurde so müde, dass ich es wagte, sie zu taufen, damit ich nicht zu spät kam. Danach legte ich mich schlafen und ließ eine unserer Krankenschwestern die Nachtwache übernehmen. Als ich morgens meine Runde machte, war Mariamu aufgewacht, und es ging ihr tatsächlich besser. Ich war froh und betroffen zugleich, weil ich schon wieder »nachgeholfen« hatte. Jetzt hatte Mariamu beide Formen des Namens der Mutter Jesu, denn ich hatte sie Maria getauft. Noch nach Jahren kam dieser gläubige Moslem, um uns seine Tochter vorzustellen. Sie war ihm mittlerweile über die Schulter gewachsen, da er klein von Gestalt war. Sie strahlte und bedankte sich, und ich fragte mich, was Gott mit dieser gläubigen Muslimin wohl noch vorhatte. Dennoch nahm ich mir vor, nie wieder eine Zwangstaufe vorzunehmen.

Leider hatten wir damals kaum Kenntnisse über den muslimischen Glauben, ja selbst das Wissen über die eigene Theologie war stümperhaft. Uns war eingeprägt worden, dass die Taufe aus sich heraus

111

wirke und so Christianisierung (selbst durch »unmündige« Kindestaufe) möglich würde. Was versuchen wir Menschen doch alles zu lenken und zu regeln, anstatt im Gottvertrauen zu handeln?

Erster Urlaub in der Heimat

Frühere Missionseinsätze waren davon geprägt, dass die Schwestern auf Lebenszeit in die unbekannte Ferne zogen. Meine Tante, Schwester Majellina, kam zum ersten Mal nach über dreißig Jahren Afrika in ihre Heimat zurück. Und als ich im Dezember 1959 in die Mission flog, rechnete ich noch damit, zehn Jahre auf ein Wiedersehen mit meinen Eltern warten zu müssen. Doch mit dem Zweiten Vatikanischen Konzil hatte sich auch in dieser Hinsicht einiges geändert. Wir bekamen zunächst die Erlaubnis, alle acht Jahre nach Hause fliegen zu dürfen, erst viel später wurden daraus fünf. Uns wurde erklärt, dass es am nötigen Geld fehle und dass der Orden nur einen Zuschuss aus dem kirchlichen Missionsfonds bekäme, wenn die vorgeschriebenen Zeiten eingehalten würden.

Entwicklungshelferinnen waren grundsätzlich nur zwei Jahre im Einsatz. Wollten sie um ein Jahr verlängern, mussten sie erst zurück in die Heimat, um sich zu erholen und medizinisch untersuchen zu lassen. Auch Patres bekamen in der Regel häufiger Urlaub als wir Schwestern, nämlich alle zwei bis drei Jahre. Wir glaubten, sparen zu müssen. Selbst ein Urlaub in Tansania war spärlich bemessen. Das kommentierte ein bodenständiger Missionar kopfschüttelnd mit folgenden Worten: »Ihr Schwestern seid so besorgt um die Verlässlichkeit eurer Autos und bringt sie regelmäßig zur Wartung. Warum kümmert ihr euch nicht annähernd in der gleichen Intensität um euch selbst?«

Bei mir ergab sich der erste Urlaub – gehen wir wieder ein wenig in der Zeit zurück – im September 1967, also im achten Jahr. Gründe dafür gab es reichlich: überfällige medizinische Behandlung meinerseits. Teilnahme an Exerzitien in unserem Mutterhaus in Holland. Kontaktaufnahme mit Misereor in Aachen, dem Hauptsponsor von Turiani. Finanzielle Unterstützung durch »Bettelaktionen« bei Missionsfreunden. Und damals immer noch die Suche nach einem Arzt für unser Turiani-Krankenhaus.

Am 2. September 1967 schickte ich eine Ansichtskarte, auf der ein afrikanisches Dorf abgebildet war, an meine Eltern: »Dieses ist mein letzter Gruß aus Afrika. Nach zweitägigem Regen strahlt die Sonne wieder, im Garten wird der Rasen gemäht (mit einer »Panga«, einer Art Sichel), und die schönsten Blumen schmücken unsere Kapelle. Ich habe fast alles gepackt, denn morgen früh geht es los. Erst die 100 Kilometer *all-weather road* nach Morogoro. Dann weitere 196 Kilometer Teerstraße nach Dar es Salaam. Dort helfe ich Schwester Majellis noch mit den Einkäufen, und am nächsten Tag um 13.15 Uhr fliege ich nach Nairobi. Von Nairobi aus geht es anschließend mit weiteren Schwestern nach Holland!«

Und so geschah es auch. Über Nacht waren wir dem heißen, sonnenüberfluteten afrikanischen Kontinent entwichen und fanden uns im kühlen, trüben Europa wieder. Alles um uns herum war Geschäftigkeit; ein ständiger Fluss von Autos, und die Menschen waren blass und schienen fremd. In der großen Schwesterngemeinschaft unseres Mutterhauses in Holland tauchte ich, trotz freundlicher Begrüßung, in der Anonymität derer unter, die auf der Durchreise sind und in diesem Kloster nicht ständig leben.

Doch erst musste ich die Anstrengungen der Reise und der letzten Arbeitstage verkraften. Dazu kam eine Flut neuer Eindrücke. Zu meiner Verwunderung trugen nicht alle Schwestern den neuen Schleier, der in den Tropen eine große Erleichterung bedeutete. War das Zeigen der Haare für einige vielleicht eine zu große Zumutung? Manche von ihnen gehörten noch zu der Generation von Nonnen, bei deren Ordenseintritt der Kopf kahl geschoren wurde. Das war zwar lange her, sicher vor meiner Geburt, doch muss dieses Erlebnis das Empfinden der Betroffenen stark geprägt haben. Sie »versteckten« sich lieber unter dem Schleier. Vielleicht war es aber auch ein Zeichen dafür, dass sie nicht mit der Reform einverstanden waren.

Das internationale Mutterhaus in Aarle-Rixtel, in der Provinz Nordbrabant, war 1903 eröffnet worden, weil es nicht möglich war, alle Neuaufnahmen in die Kongregation nach Mariannhill zu entsenden. Auf europäischem Boden sollten die zukünftigen Schwestern nun in das Ordensleben eingeführt werden. Fünf Jahre später wurde das Generalat, die oberste Leitung des Ordens, ebenfalls in dieses Mutterhaus verlegt. Deshalb traf ich hier Schwestern aus den verschiedensten Missionsniederlassungen an; sie alle wollten mit der Generaloberin, Mutter Imeldis, sprechen.

Da so viele Schwestern aus den unterschiedlichsten Missionsländern zusammenkamen, hätte ich einen internationaleren Geist ebenso erwartet wie mehr Professionalität. Schließlich befand ich mich in einer Ordenszentrale, die weltweit ihre Schwestern im Einsatz hat. Überall auf den Gängen wurde aber, wie vorgeschrieben, Stillschweigen gewahrt. Es gab kaum einen Ort, an dem man sich ungezwungen austauschen konnte. Und wenn ich bei Tisch ein Thema anschnitt, das mich brennend interessierte – während einer halbstündigen Rekreation war das möglich –, fand ich keine Resonanz. Oder mir wurde gesagt: »Das geht Sie nichts an!« Dabei hätte man doch von den im Alltag gemachten Erfahrungen der anderen profitieren können. Ein Austausch fand zu meiner Enttäuschung also kaum statt, stattdessen wurde viel gebetet. Kein Wunder, dass ich mich in dieser »Gemeinschaft« verloren fühlte. Hauptsache, der vorgeschriebene Tagesablauf funktionierte reibungslos. Und von offizieller Seite war sowieso nur zu hören, was gesagt werden durfte. Dies alles bedrückte mich, doch gestand ich es mir nicht ein.

Ich erinnerte mich an ein Erlebnis im Dezember 1959, als ich vor meiner Ausreise in die Mission als Gast im gleichen Mutterhaus weilte. Kurz zuvor, im August, hatten wir eine neue Generaloberin bekommen, Mutter Imeldis, die in Südafrika in der Schule und als Provinzoberin tätig gewesen war. Damit sie uns noch vor unserer Abreise kennenlernen konnte, sollte jede von uns mit ihr sprechen. Ich erhielt zwar einen Termin, doch wurde dieser immer wieder verschoben. Schließlich, am letzten Tag, musste ich nochmals zwei Stunden vor der Tür der Generaloberin warten, ohne dass sich etwas tat. Als ich dann doch endlich zugelassen wurde, brach ich ohne ersichtlichen Grund in Tränen aus. Meine Reaktion überraschte mich selbst. Fühlte ich mich gedemütigt? War solches »Herumsitzen« nicht entwürdigend, auch wenn es nicht mit Absicht geschah? Dieser Vorfall war keine Ausnahme, doch wagte ich damals meinen eigenen Gefühlen nicht zu trauen. Und da ich noch sehr jung war, vermochte ich auch keine Kritik zu äußern, weil ich glaubte, es würde mir an Erfahrung fehlen. Jetzt musste ich feststellen, dass sich in den vergangenen Jahren nicht viel geändert hatte.

Einmal überraschte ich eine Schwester aus meinem Jahrgang beim Bügeln ihres Schleiers auf dem Flur. Erstaunt sprach ich sie auf ihre wunderschöne Haarpracht an, die ich in voller Gänze bewundern konnte. Als sie mein Wohlwollen bemerkte, fragte sie, ob sie mich in meiner Zelle besuchen könne, heimlich natürlich. Ich war sofort damit einverstanden. Als sie mich aufsuchte, war es schon sehr spät. Unter Tränen vertraute sie mir an, dass sie sich in Südafrika in einen Witwer verliebt hatte. Das geschah, als sie seine Kinder unterrichtete –

damit wollte sie der Familie in ihrer Not helfen. Jetzt stand sie vor dem Austritt und hatte Angst vor ihrer eigenen Courage, wohl auch vor der Ächtung der Mehrzahl ihrer Mitschwestern. Ich versuchte sie zu trösten, indem ich ihr versicherte, dass ich nicht so von ihr denken würde, ihr sogar viel Glück wünschte. Für mich war es nach meiner Chefin in Morogoro der zweite Austritt, mit dem ich konfrontiert wurde. Und nach dem Konzil sollen Tausende weltweit ausgetreten sein. Doch für mich selbst kam dieser Weg nicht in Betracht. Weit hätte ich damals eine solche Möglichkeit von mir gewiesen, wenn man mich danach gefragt hätte.

In der folgenden Zeit nahm ich im Mutterhaus an den Jahresexerzitien teil, die von einem Mariannhiller Pater gepredigt wurden, der bei den Schwestern sehr beliebt zu sein schien. Ob er uns etwas von dem neuen konziliaren Geist des Zweiten Vatikanums vermitteln würde?, fragte ich mich. Auch da hatte ich zu viel erhofft. Er sprach zwar lebendig und brachte anschauliche Beispiele, aber es blieb bei dem nur allzu bekannten Ansporn, mit unserer »Ganzhingabe« Ernst zu machen. Auch wenn das symbolisch gemeint war, erlebte ich mich so ausgepumpt und leer, dass ich mir eine Steigerung kaum vorstellen konnte. Noch mehr Hingabe? Wie konnte ich ein volles Pensum an Aufgaben absolvieren und zusätzlich noch alle Gebetszeiten einhalten? Gehörte es wirklich zum Ordensleben, dass wir so erschöpft waren, dass wir schließlich an uns selbst zweifelten? Wenn ja, dann sah ich keine Möglichkeit, auch nur annähernd Gott und seinen Stellvertretern auf Erden je zu genügen.

Bald darauf kam der erste Anruf von meinen Eltern, doch auch dieser tauchte mich in ein Wechselbad der Gefühle. Ich freute mich zwar riesig auf das Wiedersehen, aber würden mich meine Eltern nach so langer Zeit noch verstehen? Ich hatte vieles erlebt, dazu in einer ihnen fremden Welt – wie konnte ich ihnen das überhaupt vermitteln?

Doch irgendwann waren es nur noch wenige Tage, und der Traum meiner Mutter, meines Vaters, sollte wahr werden: Ich durfte heim.

Zu Weihnachten schrieb mein Vater an die Generaloberin: »Nach zwölf Jahren haben wir unsere Tochter das erste Mal wieder an diesem Fest zu Hause!« Zwölf Jahre waren es, weil ich auch im Kloster Neuenbeken nicht mehr, wie in der Internatszeit, zu den Festtagen in die Ferien durfte.

Wie vereinbart wollten mich die Eltern am mir unbekannten Bahnhof in Düren abholen; in diese Stadt am Nordrand der Eifel zwischen Aachen und Köln waren sie in meiner Abwesenheit gezogen. Aber als ich aus dem Zug stieg, entdeckte ich niemanden. Das war ein eigenartiges Gefühl. Da stand ich allein auf dem Bahnsteig, schwarz gewandet, in meiner ganzen Länge und mit freiem Gesicht gut erkennbar, nicht wie früher hinter den Seitenstreifen des Schleiers versteckt. Doch half mir der modernere Habit nicht. Ich fühlte mich trotzdem verloren, fühlte mich fremd in der eigenen Heimat. Nach einer geraumen Weile stürmten meine Eltern endlich um die Ecke. Meine Mutter ließ meinem Vater den Vortritt, und es gab eine lange Umarmung, bei der die Tränen nur mühsam unterdrückt wurden. Wir hatten uns alle verändert. Aber keiner wagte etwas zu sagen, gleich einem Tabu. Das heißt, ich bemerkte sofort die neuen Zähne meiner Mutter, meiner Ansicht nach waren sie zu lang. Oder täuschte ich mich? Vater erklärte, dass er eine »verschleierte Karmeliterin«, die nur selten aus ihrer Klausur herauskommt, angesprochen hätte – das war der »geistliche« Grund für seine Verspätung. Dennoch passte es in das frühere Muster meines Vaters, der Gott bei allem, was er tat, den Vorrang gab: erst der Gast aus dem fremden Kloster, dann die eigene Tochter …

In diesen ersten Ferien in meiner Heimat gab es vielfältige Ereignisse, die sich mir einprägten. Alles schien im ersten Moment gleich wichtig,

Prioritäten zu setzen war mir unmöglich. Zunächst war ich unaufhörlich damit beschäftigt, meinen Eltern alles Wesentliche der verflossenen Jahre mitzuteilen. Wie aus einer lang versiegten Quelle sprudelte es aus mir hervor. Ich erzählte vom Leben der Menschen, mit denen und für die ich arbeitete, von ihren Krankheiten, Nöten und Lebensbedingungen. Von der sich allmählich verbessernden Lage im Krankenhaus, von meiner kleinen internationalen Schwesterngemeinschaft in Turiani, von der tropischen Landschaft, der drückenden Schwüle und den fiebrigen Malariaanfällen. Ich versuchte alles gleichsam in einem Atemzug mitzuteilen, bis mir mein Vater nach drei Tagen Einhalt gebot. Konnten meine Eltern diesen Redeschwall nicht länger ertragen? Ich hielt erstaunt inne. Aber wie erklärte man jemandem, der noch nie afrikanischen Boden betreten hatte, in wenigen Worten, was dieser für mich bedeutete? Wie schilderte man kurz und knapp den afrikanischen Sonnenschein, der trotz Hitze und Dürre wunderbar war, und zwar deshalb, weil die Sonne Helligkeit verströmte und diese sich in den Gesichtern der Menschen, auch wenn sie arm waren, widerspiegelte? Und wie berichtete man gebündelt über ein Ordenssystem, in dem alles dem Willen Gottes unterstellt war, das aber bei näherem Hinsehen ebenso stark von menschlicher Willkür, Kurzsichtigkeit und ähnlichen negativen Eigenschaften geprägt war?

Dieses Zusammenprallen verschiedener Welten, der meinen, die mein Vater in ihrer Vielfalt und Problematik nicht wahrhaben wollte oder konnte, und der seinen mit den eigenen Konvikterfahrungen, verursachte bei ihm jedenfalls Magenbluten. Es dauerte insgesamt zwei Monate, bis er sich ausreichend erholt hatte und wieder auf den Beinen war. Für mich war das nicht leicht, zu denken, ich hätte diese gesundheitliche Schwäche bei ihm ausgelöst.

Meine eigene medizinische Behandlung erfolgte im mir ja schon bekannten ordenseigenen Krankenhaus in Paderborn. Ich musste es auch deshalb aufsuchen, weil wir Missionarinnen während unseres Auslandseinsatzes nicht krankenversichert wurden. Im eigenen Hospital konnten wir dann bei Bedarf auch ohne Versicherung »eingeschoben« und »für Gottes Lohn« behandelt werden – wie nun bei mir der Fall. Meine Narbe von der Gallenoperation eiterte schon seit einem Jahr, da musste einfach etwas unternommen werden. Mein Vater war so entsetzt über meine offensichtlich angeschlagene Gesundheit, dass er dem behandelnden Chefarzt einen Brief schrieb, worauf dieser und die zuständigen Ordensobern sich zu meinem Erstaunen (ich wusste nichts von dem Schreiben) vermehrt um mich kümmerten.

Man erzählte mir, dass ich mich schon auf dem Operationstisch, gerade aufgewacht, aufrichtete und bei allen bedankte. Wegen meiner Schwäche – ich wog nur noch zweiundfünfzig Kilogramm, und das bei einer Größe von einem Meter sechsundsiebzig – hatte ich nur eine leichte Narkose erhalten, sodass ich zwar schnell zu mir kam, danach aber vor Schmerzen ständig stöhnte. Außerdem war der neue Schnitt auch sehr lang, und da es meiner Bauchdecke an Fettpolstern mangelte, wurden mir täglich teure Infusionen verschrieben. Über eine Woche durfte ich das Bett nicht verlassen. Das war Luxus pur für meinen geschundenen Körper. Dazu kamen die wunderbaren Blumen, die mir meine Eltern geschickt hatten, und die humorvolle Mitschwester im Bett neben mir, die, obgleich älter, alles tat, um mir durch liebevolle Handreichungen das Kranksein zu erleichtern. Wenn der Chefarzt nachmittags vorbeischaute, berichtete ich aus dem Alltag des Buschkrankenhauses, was bei ihm Staunen und vielleicht auch ein wenig Bewunderung hervorrief.

Eines Tages tauchte er in Begleitung der Hausoberin auf, die mir unerwartet anbot – wohl auf weiteres Drängen meines Vaters hin – mit einem Psychiater, der zugleich Priester war, meine Probleme aufzuarbeiten. Dieser Vorschlag erzeugte bei mir Unbehagen. War ich

»unnormal«, nur weil ich um ein offenes Ohr gebeten hatte? Konnte mir denn niemand zuhören? Niemand mich ernst nehmen? Die Eltern hatten mit Schrecken auf meine Erzählungen reagiert, und auch hier sollte ich anscheinend an einen Seelenführer weitergereicht werden, den ich nicht kannte und ihm mittlerweile schon deshalb nicht traute. Als ich das Angebot dankend ablehnte, folgte prompt die Feststellung der ranghöheren Provinzoberin: »Das haben Sie auch nicht nötig!«

Was war jetzt damit gemeint? War es leichter, die Probleme bei den Einzelnen zu sehen und diese Mitglieder als »krank« abzustempeln, statt Schwachpunkte im Ordenssystem einzuräumen und für bessere Arbeitsbedingungen wie Vertretung, Urlaub, Ausbildung etc. zu sorgen? Das musste ich dann wohl selbst in die Hand nehmen, wenn ich überleben wollte – auch wenn mir eine solche Eigeninitiative bis zu diesem Zeitpunkt noch nicht geglückt war.

Das Gute an meiner ärztlichen Behandlung war, dass ich nicht, wie ursprünglich geplant, im Januar zurückfliegen musste, sondern noch eine Weile in Deutschland bleiben konnte. Es standen ja noch wichtige Aufgaben auf meinem Ferienplan, die ich zu erledigen hatte, und schon vom Krankenhaus aus hatte ich begonnen, weiter nach einem Arzt zu suchen.

Da es ständig etwas zu tun gab, als ich die Klinik verlassen durfte, schafften sich meine Eltern, die kein Auto besaßen, einen günstigen Gebrauchtwagen an, den ich während des Urlaubs benutzen sollte. Mit diesem Opel brachten wir als Erstes meine Mutter zur Kur in einen nahe gelegenen Ort in der Eifel. Erst jetzt, durch meine »Vertretung«, war es ihr möglich, ohne ständige Sorge um meinen Vater etwas auszuspannen. Ich war froh über diese Situation, denn so konnte ich den Eltern etwas von der Fürsorge zurückgeben, die ich als Kind erlebt hatte, und dennoch gleichzeitig für Turiani aktiv bleiben.

Mein Vater brauchte viel Ruhe, um seine Kräfte wieder aufzubauen, und ich ließ sie ihm. Wann immer er konnte, ging er seiner schriftstellerischen Tätigkeit nach, größtenteils vom Bett aus. Mit Erstaunen nahm ich wahr, wie viel er seit meinem Ordenseintritt geschrieben und publiziert hatte. Alle Bücher hatten einen religiösen Hintergrund, waren aber spannende Erzählungen und Romane, die den Leser fesselten und ihn gleichzeitig für das Religiöse öffnen sollten. Und was ich jetzt auch stärker wahrnahm, war die Tatsache, dass er nicht wenige der Bücher seiner Tochter, der »Schwester Maria Lauda in Ostafrika«, gewidmet hatte.

Die Jagd auf Pronto, sein Roman über das Leben eines 1929 erschossenen Missionars in Mexiko City, hatte einen solchen Anklang gefunden, dass man ihn in mehrere Sprachen übersetzt hatte, zudem sollte er verfilmt werden. Leider scheute er sich davor, weil die Liebesgeschichte womöglich in den Vordergrund gedrängt worden wäre. Schade; die Angst der Kirche vor zu viel Sexualität war auch bei Vater präsent. Im Auftrag der Steyler Missionare, die ihr Haus St. Michael im niederländischen Steyl haben und in siebzig Ländern tätig sind, schrieb mein Vater über deren Einsatz in der Kansu-Mission in China von 1927 bis zur Ausweisung 1957. Das Buch bekam den Titel *In China bebt die Erde*, und die Steyler bestätigten seine Schilderung als die beste, die sie besaßen.

Dass ich durch die Verlängerung meines Heimaturlaubs meinen neunundzwanzigsten Geburtstag zu Hause feiern konnte, sah ich als besonderes Geschenk an. Nachdem ich vielen afrikanischen Frauen bei ihren oft schweren Geburten geholfen hatte, konnte ich durch diese Erfahrung erahnen, was diese Stunden der Niederkunft für meine Mutter bedeutet hatten. Umso mehr freute ich mich, ihr jetzt durch Anteilnahme dafür zu danken, dass sie diesen schmerzhaften Prozess auf sich genommen hatte, um mich auf die Welt zu bringen.

Sie erzählte mir, dass kurz vor Kriegsausbruch an Medikamenten gespart wurde. Deshalb wurde der Dammriss bei ihr erst Stunden später und ohne Betäubung genäht. Das muss wahnsinnig wehgetan haben.

Unabhängig von all diesen inneren und äußeren Turbulenzen machte mir das Wetter im feucht-grauen Holland und danach im winterlich kalten Deutschland massiv zu schaffen. Dennoch genoss ich den Schnee. Ihn hatte ich jahrelang vermisst, und nun konnte ich meine Augen überhaupt nicht abwenden, wenn die Flocken, leicht wie ein Hauch, vor meinen Augen heruntersegelten und sich erst in millimeter-, dann in zentimeterstarken Schichten von makellosem Weiß aufeinanderlegten. Für die eisige Kälte vermochte ich mich jedoch nicht zu begeistern. Ich fror ständig. Besonders morgens, wenn ich vom Gottesdienst aus St. Peter im Ortsteil Birkesdorf zurückkam – das war tägliche Pflicht –, konnte ich den Schlüssel nicht schnell genug ins Schloss bringen. Manches Mal kamen von ganz allein die Tränen.

Die Lebensverhältnisse im afrikanischen Busch waren für mich zur Selbstverständlichkeit geworden, man konnte sagen, ich hatte mich ihnen perfekt angepasst. Folglich konnte ich mich auch nicht daran gewöhnen, dass meine Eltern nun in einem Mehrfamilienhaus wohnten, von denen in ihrer Straße mehrere in einer Reihe hintereinanderstanden. Wenn ich mit dem Auto vorbeifuhr, fand ich unsere Tür meist erst nach längerem Suchen. Als meine Mutter noch nicht zur Kur war, legte sie sich sogar ins Fenster, um mich »heimzulotsen«. Afrikanische Dörfer und Hütten, wie sie das Krankenhaus umgaben, waren eben keine deutschen Wohnsiedlungen. Ich fühlte mich im Asphaltdschungel einfach verloren.

Die wiederaufgenommene Suche nach einem neuen Arzt für das Turiani Hospital erwies sich problematischer als erwartet. Mehrere

Mediziner hatten sich bereits bei meinen Eltern gemeldet und warteten auf meine Stellungnahme. Ihre Vorstellungen waren teilweise exotisch, anders konnte ich es nicht bezeichnen. So schwärmte ein hoch qualifizierter italienischer Chirurg von einem kleinen Zoo, den er sich in Tansania als Hobby anlegen wollte. Ein Oberarzt aus Geldern erwartete wiederum eine sofortige Entscheidung, dabei musste ich erst die nötigen Gespräche mit Misereor und der Arbeitsgemeinschaft für Entwicklungshilfe (AGEH) führen, die sich durch meinen Krankenhausaufenthalt verzögert hatten. Ohne die Zusage, dass diese für das Gehalt aufkommen konnten, durfte ich den Arzt nicht einstellen.

Ich nahm es als gutes Omen, dass sich die Hauptgeschäftsstelle des Bischöflichen Hilfswerks in Aachen befand und somit nur dreißig Kilometer vom Wohnort meiner Eltern entfernt. Günstig war außerdem, dass sie in der Nähe des Bahnhofs lag, so konnte ich mich kaum verlaufen. In der Ostafrika-Abteilung fand ich meinen zuständigen Gesprächspartner, der mir grundlegende Informationen über die Projektarbeit in Tansania im Allgemeinen und über Turiani und unsere Perspektiven im Besonderen gab. Das war von unschätzbarem Wert und machte mich bereits sicherer.

Gott sei Dank brauchte es nicht lange, um Herrn Willi Röwekamp, den für diese Region zuständigen verantwortlichen Referenten, sowie deren Architekten und einen Gesundheitsexperten davon zu überzeugen, dass wir uns in Turiani sehr bemüht hatten, einen funktionsfähigen Betrieb aufzubauen, und dass Turiani bereits in das lokale Gesundheitskonzept integriert worden war. Unter diesen Umständen sei die Weiterentwicklung des Projekts durch Misereor möglich, hieß es, jedoch unter der Voraussetzung, dass in Zukunft alles mit den dafür zuständigen Fachkräften des Hilfswerks besprochen würde. Eine gravierende Fehlplanung wie beim ersten Bauabschnitt, also vor meiner Zeit, dürfe nicht wieder vorkommen.

124

Ich fühlte mich erleichtert, da ich in den Fachkräften Verbündete sehen konnte. Nur durch eine fruchtbare Zusammenarbeit waren wir in der Lage, vor Ort wirklich Effektives zu leisten. Auch wenn das bedeutete, dass wir nicht mehr auf eigene Faust und je nach Spendenlage eine Erweiterung des Hospitals durchführen durften.

Als erste Maßnahme sollte von einem fähigen Architekten vor Ort ein Masterplan erstellt werden, und ein neues Bohrloch war nötig, um den Wasserbedarf zu sichern. Wohnungen für unser Personal und Stipendien für die Weiterbildung kamen als Nächstes. Die Herren von Misereor versprachen, uns zu besuchen – was 1977 endlich gelang.

Um mit einem guten finanziellen Polster nach Tansania zurückfliegen zu können, besuchte ich Freunde und Bekannte meiner Eltern. Man hörte mir zu, wie ich vom Alltagsleben der Menschen südlich des Äquators und von ihrem Leid erzählte. Und man vertraute mir, dass Spenden sinnvoll eingesetzt wurden. Es tat mir wohl, zu erleben, dass meine Begeisterung für die Mission erwidert wurde. Und ich erhielt die Gewissheit, dass unsere Arbeit auch in Zukunft von der Heimat aus mitgetragen würde. Besonders meine Eltern waren stark in »meine Missionsarbeit« eingebunden. Ich war für sie nicht nur ihre Tochter, sondern gleichzeitig verantwortlich für ein ganzes Buschkrankenhaus; das wollten sie unterstützen.

Endlich schien doch ärztliche Hilfe in Sicht, denn von Holland aus meldete sich ein vielversprechender junger Arzt. Ich fuhr zu ihm nach Zaandam, zusammen mit meiner Mutter, die dafür gesorgt hatte, dass mein Vater mit seiner Magendiät von einer hilfreichen Nachbarin versorgt wurde. Ich freute mich, dass Dr. Piet Willems fest entschlossen war, für zwei bis drei Jahre in Afrika zu praktizieren. Er sah das als Gelegenheit, sich in den Tropen als junger Arzt fordern zu lassen und seine Kenntnisse und Fähigkeiten durch einmalige Erfahrungen zu erweitern. Dass seine Frau mitkommen wollte, klang wie Musik in meinen Ohren. Die beiden schienen bereit, mit anpacken zu wollen. Da das Paar schon auf einem Hausboot gewohnt hatte, sah ich das als Hinweis, dass sie sich den kargen Umständen des afrikanischen Alltags stellen wollten.

Da es schien, als würde alles hervorragend klappen, machten meine Mutter und ich noch eine Woche Ferien auf der Insel Texel. In meiner schwarzen Kluft bekam ich einen ganzen Arm voller Tulpen geschenkt, als ich erzählte, dass ich acht Jahre lang, nämlich in Afrika, keine einzige dieser schönen Blumen gesehen hätte. Es war herrlich, die frische Luft, das Spiel der Wellen und die unendliche Weite des Horizonts zu erleben. Unterschwellig spürte ich leichte Wehmut, denn mein Abschied stand kurz bevor. Es hieß, wieder loszulassen. Doch gehörte das zu meinem Leben. Ich hatte mich in den Dienst Gottes und meiner Mitmenschen gestellt.

Als die Tage des Urlaubs beendet waren, freute ich mich dennoch, wieder »heim«-fliegen zu dürfen. Ja, es drängte mich jetzt regelrecht, zurück nach Turiani zu kommen. Da ein neuer Arzt in Reichweite schien, war meine Aufgabe in Deutschland erfüllt. Ich war voller Eifer, in dem Buschhospital alles für den Neueinsatz vorzubereiten. Der Abschied machte mir jedoch auch klar, dass ich nun mehr als eine Heimat besaß. Es gab eine, die mit meinen Eltern, Verwandten und Freunden verbunden war. Daneben existierte aber eine andere, in der ich von den afrikanischen Menschen aufgenommen wurde, denen ich meine Arbeit und Berufung schenken durfte. Für mich war es die Heimat einer gegenseitigen Wertschätzung. Heißt es doch in einem afrikanischen Sprichwort: »Wende dein Gesicht der Sonne zu – und die Schatten fallen hinter dich!«

Wie der Vater, so die Tochter, oder?

Meinen Eltern berichtete ich alles präzise, wie mein Vater mich gebeten hatte: »Am 17. Oktober 1968, abends um 19 Uhr, kamen Dr. Piet Willems (achtundzwanzig Jahre) und seine Frau Marike (dreiundzwanzig Jahre) sicher auf dem Flughafen der Hauptstadt Tansanias an. Dr. Willems wirkt noch genauso, wie Mutter und ich ihn in Zaandam kennenlernten, jetzt jedoch freier und nicht mehr so ›abwägend‹. Seine Frau hat Schwierigkeiten mit der afrikanischen Hitze und den vielen kleinen Insekten, aber in Turiani ist ja alles mit engmaschigem Moskitodraht versehen. Wir hoffen, dass beide sich schnell eingewöhnen. Die vierzehn Kisten Seefracht, die sie vorgeschickt hatten, sind bereits in ihrem neuen Haus aufgestellt und warten darauf, ausgepackt zu werden.«

Für den Empfang des holländischen Arztehepaares waren Schwester Majellis und ich nach Dar es Salaam gefahren. Wir waren glücklich, dass es endlich so weit war. In den vergangenen Monaten hatten wir fast Unmögliches bewältigt, damit einem reibungslosen Neuanfang nichts mehr im Weg stand.

Als ich nach gut einem halben Jahr in Deutschland nach Turiani zurückkehrte, musste ich feststellen, dass meine Mitschwestern zwar pflichtbewusst die Arbeit in der Ambulanz weitergeführt hatten, aber sonst war alles beim Alten geblieben. Das wurde jetzt schlagartig anders, denn wir wussten, dass ein neuer Arzt kam. Es schien, als sei auf einmal eine Lawine von zu erledigenden Aufgaben losgetreten worden.

Hinzu kam, dass die große Regenzeit in den vergangenen Monaten so heftig ausgefallen war, dass die Wege kaum befahren werden konnten. Schnellstens musste für ausreichend Nachschub von Waren wie Benzin, Dieselöl, Maismehl und Medikamenten gesorgt werden.

Nach der ersten Nacht auf dem afrikanischen Kontinent hofften wir nun, dass unser neuer Arzt – ja, endlich war wieder einer da, kaum zu fassen – der weiteren Eingewöhnungsphase gewachsen war. Als Erstes machte ich eine Führung durch unser Krankenhaus. Dabei ging es nicht nur um eine Art Bestandsaufnahme unserer momentanen Lage, sondern ich sah es auch als Feuerprobe für unsere Zusammenarbeit an. Würde er, der ausgebildete Mediziner, mich, die Krankenschwester und Leiterin des ordenseigenen Hospitals, an seiner Seite akzeptieren? Fand er das, was ich in der arztlosen Zeit getan hatte, akzeptabel? Und wenn nicht, wie würde er es mir dann sagen? Welche Kritikpunkte würde er haben? Ich hatte Angst vor dem, was mich möglicherweise erwartete, dennoch versuchte ich äußerlich ruhig zu bleiben. Ändern konnte ich jetzt nichts mehr, und bemüht hatte ich mich auf jeden Fall, alle anstehenden Aufgaben zu meistern.

Wir hatten es sogar geschafft, dass alle siebzig Betten belegt waren. In der Frauen- wie auch in den Männerstationen waren die Risse ausgebessert worden; ein neuer Sockel aus fester Zementmischung sollte sicherstellen, dass keine Feuchtigkeit mehr einsickern konnte. Der Kreissaal, das Labor und der Röntgenraum waren zusätzlich frisch gestrichen worden. Für die beiden neuen afrikanischen Hebammen, Theresia und Rosa, gab es ein eigenes kleines Reich mit Küche, Schlafzimmer, Veranda, Dusche und WC. Nun, da wir mehr Personal hatten, war es möglich, mit den zusätzlichen drei afrikanischen Stationsschwestern eine neue Arbeits- und Tageseinteilung aufzustellen – das hatte mir lange am Herzen gelegen. Der Nachtwächter war jedoch davongelaufen, nachdem er uns bestohlen und das Diebes-

Bereit für das Abenteuer des Lebens!
Mit meinen Eltern Erika und Ludwig Lenzen.

Die Aspirantinnen der Missionsschule Neuenbeken, die ich von
1953 bis 1957 besuchte; mit unserer Direktorin Sr. Luzia oben links.

Nairobi European Hospital, wo ich von 1960 bis 1963
zur Krankenschwester ausgebildet wurde.

Mein Bruder Lothar mit mir in den letzten
großen Ferien vor dem Postulat.

Meine Eltern bringen mich 1971 zur Gangway.
Es war ein schmerzhafter Abschied!

Ewige Profess, am 8. Dezember 1963 in Morogoro, Tanzania:
»In Ihm, Christus, habe ich alles gefunden!«

Am Professtag mit meiner Patentante, Sr.Majellina
und eine ihrer Schwestern, Sr. Erika.

Der Kilimandscharo, mit 5895 Metern der höchste Berg Afrikas. Er leuchtet
in seiner ganzen Pracht; nicht nur für mich Symbol der Gegenwart Gottes.

Turiani Hospital vor der
Erweiterung im Jahr 1967.

Die Personalbauten des Turiani Hospitals im Jahr 1972;
mit Flammenbaum in Blüte.

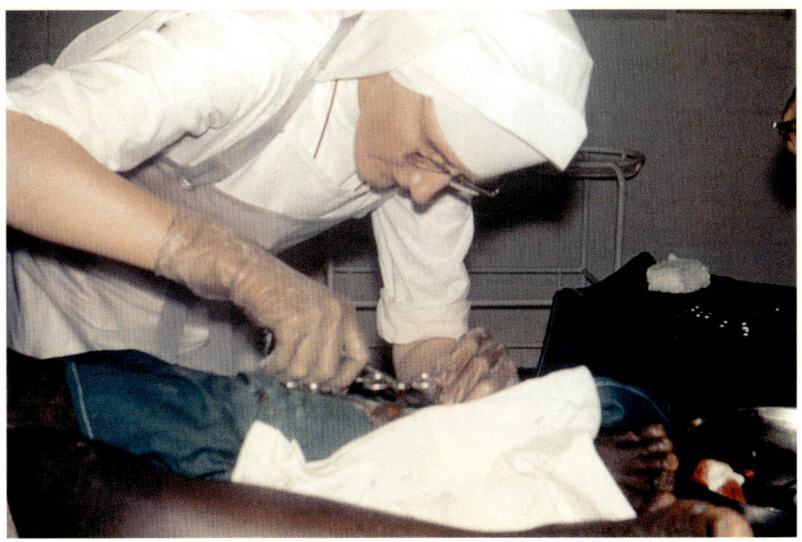

Bei der Wundversorgung im Jahr 1966, während der arztlosen Zeit.
Ich trage noch den »alten« Schleier.

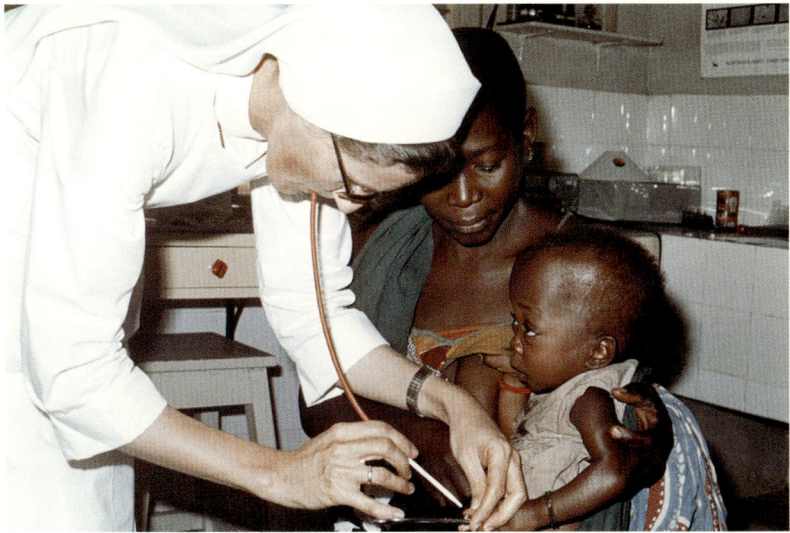

Im Labor mit Pipette, um das Blut eines Kleinkindes
mit Verdacht auf Sichelzellanämie zu testen.

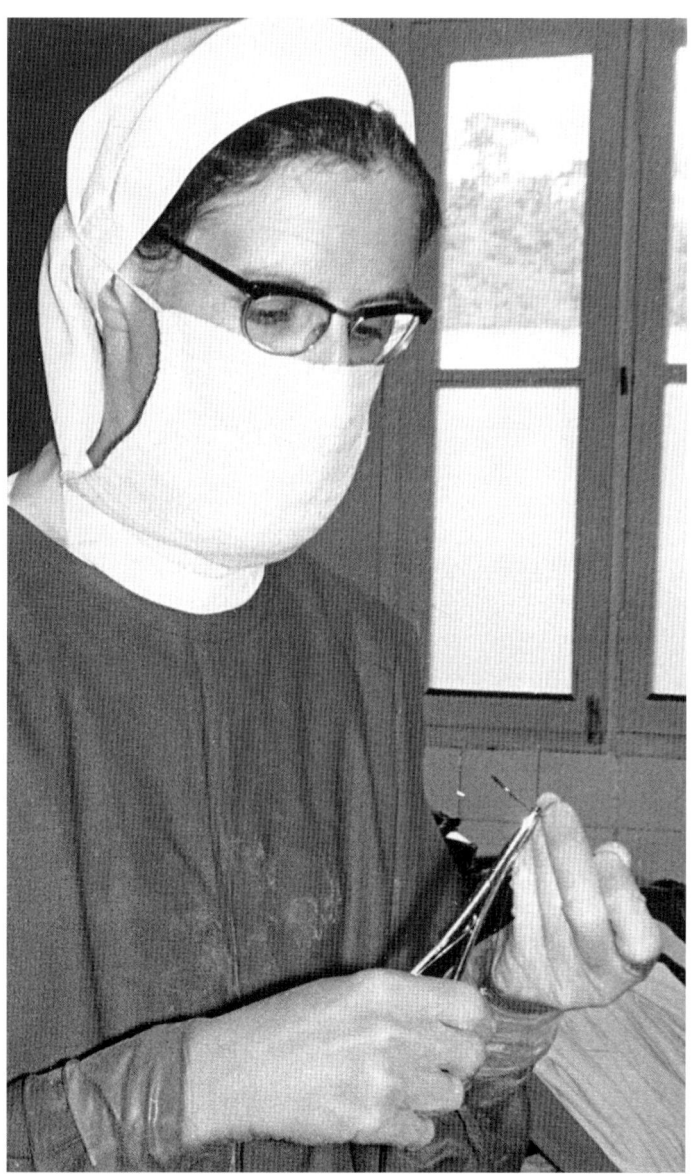

Ich assistiere im Operationssaal.

Die Schwesternkommunität des Turiani Hospitals, um 1970. V. l. n. r.: die Hilfschwester Sr. Mary Erica, Sr. Maria Lauda, unsere Oberin Sr. Majellis, die Sekretärin und Ambulanzschwester Sr. Joan, die Krankenschwester für den Pflegebereich Sr. Magdalenis.

Gemeinsam mit unseren diplomierten einheimischen Krankenschwestern (Grade B).

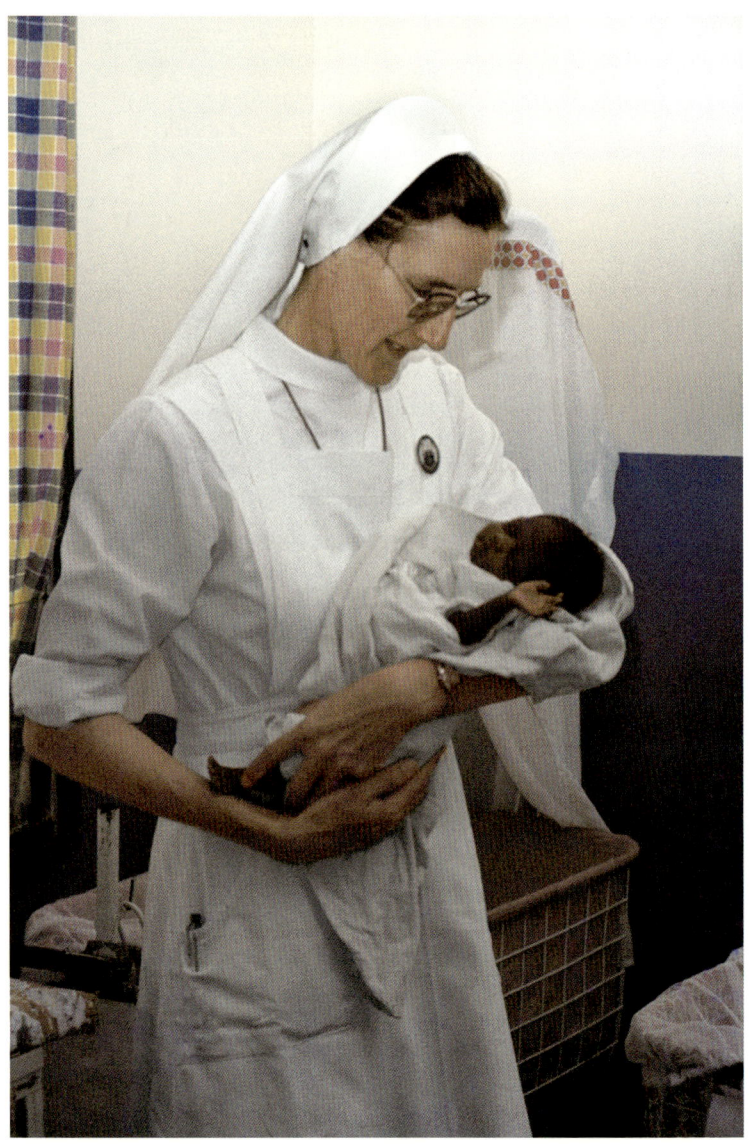

Auf der Entbindungsstation mit einem Neugeborenen der Waluguru,
jenes Stammes, der in der Region des Krankenhauses ansässig ist.
Das neue Leben ist die Zukunft Afrikas.

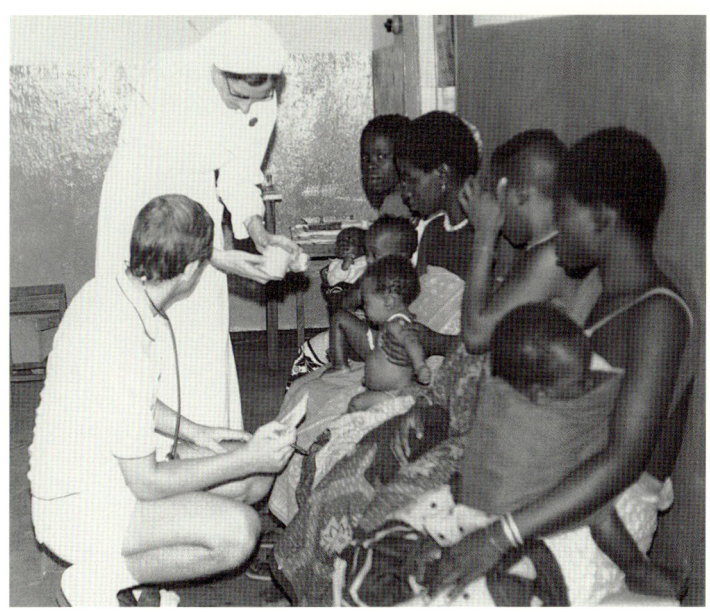

Dr. Piet Willems in der ersten Ambulanz, bei der Untersuchung von unter-
ernährten Kindern; ich helfe, besonders durch Erklärungen in Swahili.

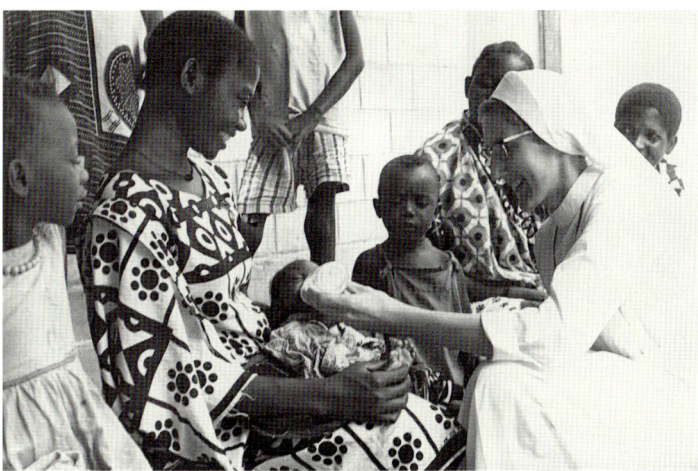

In der Kinderklinik; mit einer jungen Mutter und ihrem Säugling (da Sterilität
nötig ist, versuchten wir jedoch immer, die Mütter zum Stillen zu bewegen).

Während des Studiums in London, am Royal College of Nursing, zwischen Ann und Mildred (August 1975).

Eiskreme schleckend, denn London hatte mir den Blick
in eine »neue, eigenständigere Welt« beschert.

Mit dem ehemaligen
Sklaven Mzee Alfredi,
vor der Kirche in Mhonda.

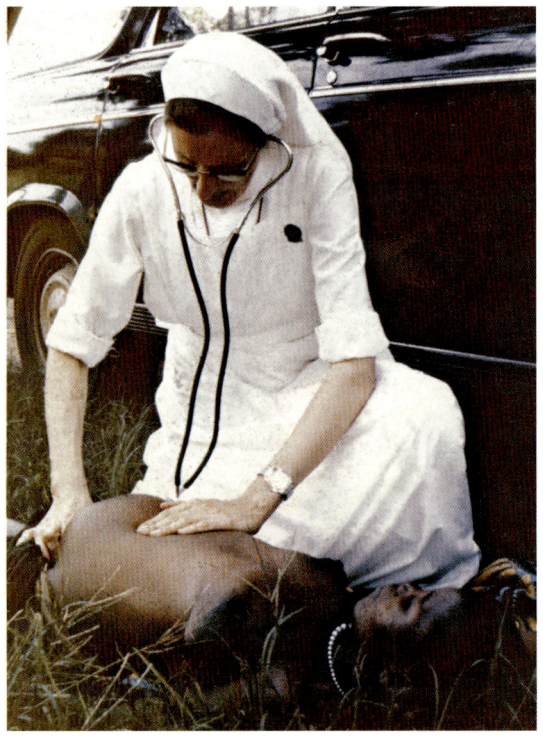

Bei der Untersuchung
einer schwangeren Frau
auf unseren ambulanten
Fahrten durch die Dörfer,
die wir zwischen 1965 und
ca. 1970 unternahmen.

Portrait einer Tanzanierin:
Sie war für kurze Zeit meine Patientin, aus dem Dorf neben uns.
Das Bildnis spricht zu mir von ihrer inneren Kraft
und Stärke, von heimlichem Reichtum, Güte
und Großzügigkeit – von wahrer Menschlichkeit.
Sehend, liebend, heilend – durch ihre
kaum wahrgenommene Gegenwart,
sie spricht, ohne die Lippen zu öffnen,
sie berührt, ohne sich zu bewegen.
Sie ist Brücke zwischen dem Gestern, Heute und Morgen,
sie ist Vorbild, Symbol – für die Kraft der Vergangenheit,
die in der Zukunft Erfüllung findet.

Schlafstelle in der elterlichen Hütte.

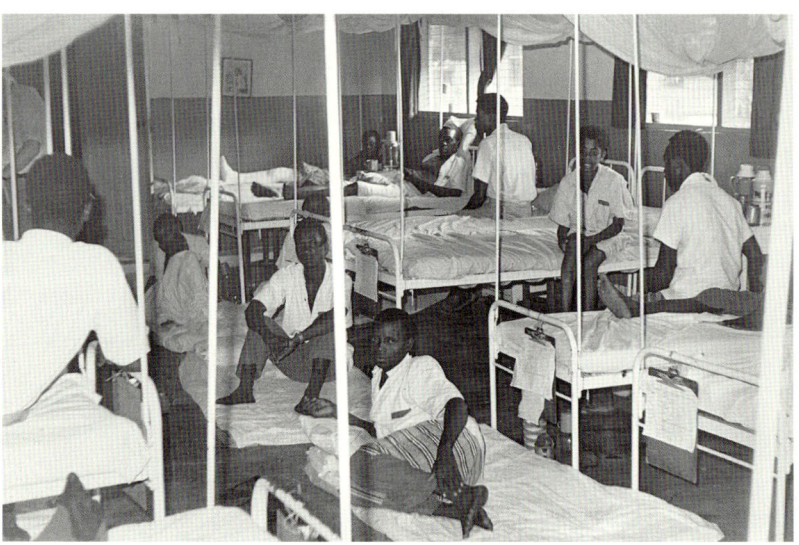

Die überbelegte Männerstation (jedes Bett mit Moskitonetz).

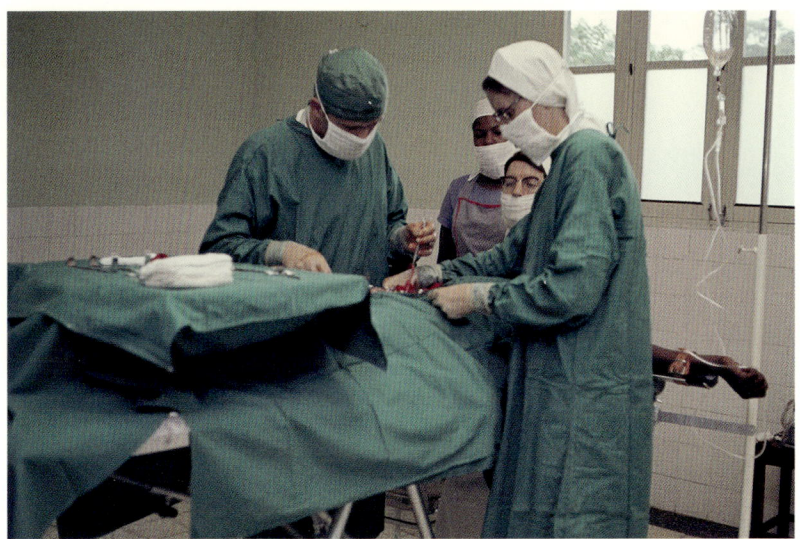

Dr. Piet Willems, Sr. Jan Marie, Mary und ich im OP, im Jahr 1971.

Unser Personal um 1973, vor dem Eingang des Hospitals, mit zwei Memisa Ärzten.

Unser Peugeot bewältigte sogar überflutete Strassen während der Masika
oder Regenzeit, nur der übliche Linksverkehr kann nicht eingehalten werden;
in der Mitte ist es sicherer.

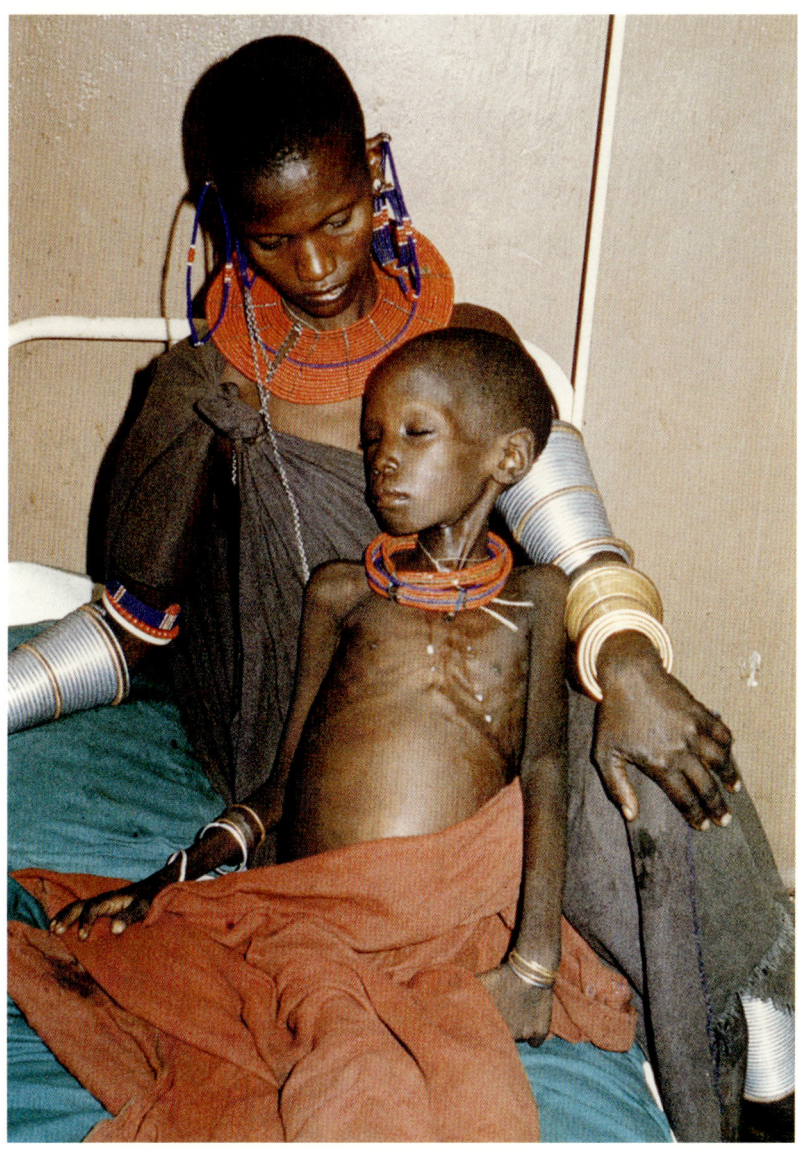

Massaimutter mit ihrem an Tuberkulose sterbenden Kind, eine moderne Pieta!
Die Massaifrauen stimmten ein Klagegeschrei an, dass mir jedes Mal
durch Mark und Bein ging; sie erlauben sich den Schmerz hinauszuschreien.

Dr. Leader Stirling, der Gesundheitsminister, wird bei
seinem Besuch in Turiani 1977 von Sr. Majellis begrüßt.

Lagebesprechung bei Misereor, Aachen im Februar 1977:
v.l.n.r.: Architekt A. Almeida, Sr. M. Lauda, Willi Röwekamp, Herr Klücken.

1980 vor dem Generalat in Rom nach Beendigung der Arbeit als
Sonderkomitee zur Erstellung der neuen Ordenskonstitutionen.
Unterste Reihe: rechts außen mein Vater, dann die spätere Generaloberin
Sr. Manuela, meine Mutter seitlich, in weiß die Generaloberin Mutter Adelberta.

Die drei Fotos symbolisieren die Aufgabenbereiche, die in Turiani zusammenkamen:
– Integration in die medizinischen Dienstleistungen des Landes
– Aufbau der administrativen, organisatorischen Struktur
  durch bauliche Erweiterungen und Veränderungen
– Vertiefung des spirituellen, geistlichen Lebens als Missionsschwestern

Erweiterungsbau des Provinzhauses 1986,
in Bulawayo, Zimbabwe.

Mein Büro und Gesprächsraum als Provinzoberin, frei gestaltet und
mit eigenem Telefon – alles andere als eine Selbstverständlichkeit.

Zum hundertjährigen Jubiläum unseres Ordens unternehmen wir Ausflüge zu den Sehenswürdigkeiten Zimbabwes, das eine bemerkenswerte Geschichte aufweist.

Mit den Schwestern einer anderen Kommunität an den herausragenden Viktoriafällen, die selbst einige einheimische Schwestern noch nie gesehen hatten.

Fünf unserer afrikanischen Mitschwestern legen ihre ewige Profess ab;
die zwei Pionierinnen feiern ihr Goldfest. Rechts im Bild:
der Mariannhiller Bischof von Bulawayo, Dr. H. Karlen.

Der VW Golf, in dem ich unsere Schneiderin Sr. Timothy zu einer Fahrt einlade.

Im Hof von Queenspark, Bulawayo. Die Mehrzahl der Schwestern in der Provinz Zimbabwe waren jüngere Afrikanerinnen. Dritte von rechts: meine spätere Nachfolgerin, neben ihr (vierte) die vorherige Provinzoberin; ich bin die Dritte von links.

Einzug in die Kirche bei unserer Silberprofess, 1985 in Bulawayo.

Papstbesuch am 5.9.1990, Papst Johannes Paul der II.
im Papamobile in Moshi.

Der Papst bei der Einfahrt ins Stadion von Moshi.

Januar 1990 im Eingang des Ordinariates, in Moshi, mit unserem Bischof Amedeus
Msarikie (in der Mitte des Bildes), rechts vor ihm steht mein erster Chef, Father Th. Kyambo.

In meinem Büro im ersten Stock des Regenbogenzentrums;
es war Zentrale aller Aidsarbeit und Sprechzimmer zugleich.

Das Rainbow Centre (RBC) in Moshi, Tansania, am Eröffnungstag, den 15.3.1993.

Durch den Betrieb des Kiosk verdienten wir Geld, um Aidskranken zu helfen. Zur Aidsarbeit gehörten Aufklärung und die Unterstützung der Kranken und ihrer Familien.

Ich erkläre anhand des Organograms
der Diocese of Moshi (DOM)
unseren HIV/Aids-Projekt-Plan,
der alle vorhandenen Strukturen der
Diözese mit einbindet, beginnend
mit Schulungen der 120 einheimischen Priestern für ihre 45 Großpfarreien, 22 Sekundarschulen,
drei Krankenhäuser mit Satelliten-
Posten und den zahlreichen
Frauengruppen und Ordens-
gemeinschaften. Fr. Benedikt,
mein neuer Chef, steht neben mir.

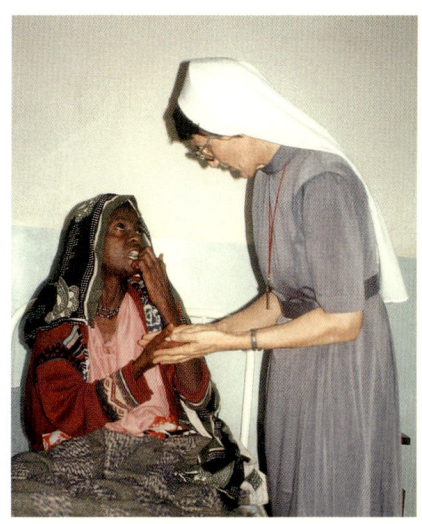

Im Gespräch mit einer HIVpositiven
Patientin im Huruma Krankenhaus;
Huruma heisst auf Swahili passend Erbarmen.

Ida Mamiso Naiso, meine Mitarbeiterin im RBC in Moshi, die nach meinem Weggang von den Partienten gebeten wurde, ihnen zu helfen. Sie gründete das Rafiki Zentrum in Mweka, ohne kirchliche Hilfe. Wir finanzieren uns ganz durch Spenden.

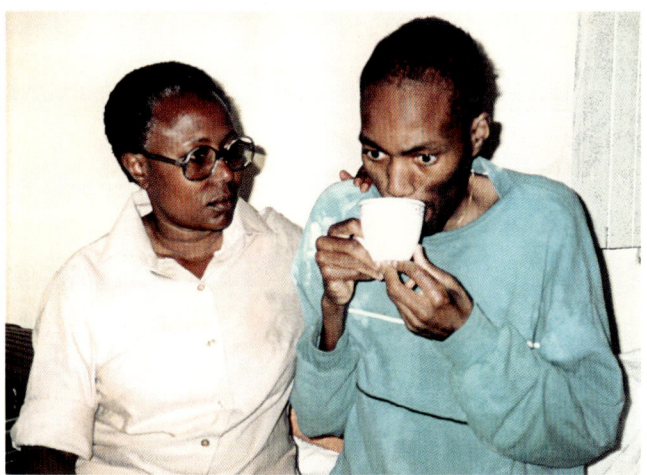

Naiso, wie sie von ihren Freunden genannt wird, mit ihrem ersten HIVpositiven Patienten, den SPs oder special persons, wie sie liebevoll sagte, ihrem Neffe Beatus.

Eine Gruppe Jugendlicher am KIA Kilimanjaro International Airport, vor den Wellblechhütten, in denen sie mit ihren Familien leben. Sie sprühen vor Lebensgeist und prophezeien den Sieg. Möge es ihnen gelingen, eine bessere Zukunft zu erleben.

Prof. Romana Herta Kapeller, eine österreicherische Mitschwester, die von Klagenfurt aus unsere Aidsarbeit – unter dem Regenbogen – tatkräftig unterstützte.

Meine Mutter, die mich mit offenen Armen Ende September
1993 empfing. Die bei meinem Austritt im Oktober 1995
voll hinter mir stand und ohne die ich den Schritt in die neue
Welt nie unbeschädigt bewältigt hätte.

gut in den Dörfern verkauft hatte. Aber das war längst nicht alles. Er gab sich als großer Medizinmann aus, was sich darin äußerte, dass er anscheinend sogar versucht hatte, selbst Spritzen zu setzen – das wurde mir jedenfalls berichtet. Zehn Tage vor dem Eintreffen von Dr. Willems war es mir aber gelungen, den frei gewordenen Wächterposten mit Anton, einem Waluguru, der schwor, nicht angetrunken zur Arbeit zu kommen, zu besetzen. Hoffentlich erlag er nicht der gleichen Versuchung.

Beim Rundgang erstaunte es unseren holländischen Arzt, dass drei unserer Patienten einen Hämoglobinwert von nur fünf Prozent aufwiesen. Für europäische Verhältnisse war das ungewöhnlich, hier aber keine Seltenheit. Um ihm das zu erklären, sagte ich, dass derart niedrige Werte oft chronisch seien. Aus diesem Grund dürfe das Blut nur langsam aufgebaut werden, um den Körper des Patienten nicht zu überfordern. Weiterhin gab ich ihm zu verstehen, dass wir gleichzeitig die verschiedenen Ursachen der Blutarmut, etwa Wurmverseuchung oder Malariainfektion, behandelten.

Bei jedem Patienten achtete Dr. Willems genau auf die von mir gestellte Diagnose, verglich diese mit den Laborwerten, untersuchte die Kranken, befragte sie persönlich und ordnete, wenn nötig, weitere Tests oder Medikamente an. Er bezog mich in seine Überlegungen ein und beurteilte den Zustand der Menschen, indem er auch ihre Lebensbedingungen, ihr Umfeld mit berücksichtigte. Die Tropenkrankheiten schienen ihm selbstverständlich. Mir kam es schon bald vor, als hätten wir immer zusammengearbeitet. Natürlich konnte er mit dem Stethoskop sicherer abhören, aber zugleich bestätigte er mich darin, dass auch eine Krankenschwester, die sich der Fünf-Sinne-Diagnostik (Sehen, Hören, Riechen, Schmecken, Fühlen) bedient, mithin also den ganzen Menschen unter Zuhilfenahme von Laborwerten beobachtet, weitgehend in ihrer Intuition richtig liegen und durch

Behandlung mit den Basismedikamenten viel erreichen kann. Gott sei Dank, unser Arzt hatte mich akzeptiert.

Interessant war es zu beobachten, wie Dr. Willems sich nach jedem Patienten die Hände wusch. Dafür musste ihm jedes Mal eigens eine Schüssel mit frischem Wasser gereicht werden. Aber nach einigen Tagen war das bereits vergessen, und die Spuren an seiner weißen Hose machten deutlich, dass es auch anders ging. Seine Frau Marike hatte zwar Mühe, die Flecken wieder zu entfernen – wir aber waren froh, dass er mit einem realistischen Maß an Sauberkeit zufrieden war.

Zehn Tage nach seiner Ankunft gab es den ersten Kaiserschnitt, leider zu spät. Die Mutter hatte bereits zu Hause Blut verloren. Das Baby starb nach wenigen Minuten (nach meiner Nottaufe – eine meiner letzten), und die Mutter folgte ihm etwas später. Wir waren niedergeschlagen und hofften, dass uns in Zukunft mehr Vertrauen geschenkt wurde. Den Beweis für sein Können zeigte Dr. Willems, indem er Bruchoperationen, Hautverpflanzungen (nach Verbrennungen oder Tropengeschwüren) und Ähnliches meisterte. Operieren konnte er bemerkenswert gut, er blieb immer ruhig und wirkte äußerst sicher. Für das Öffnen von eitrigen Geschwüren setzte er eine Kurznarkose ein. Das erwies sich als positiv, denn sie nahm den Patienten die Angst. Manche reagierten so angeheitert, dass sie uns in diesem Moment hoch und heilig versprachen, nie wieder zu trinken und auch ihr Leben zu ändern. Nachdem die Wirkung des Äthers nachgelassen hatte, wollten sie natürlich nichts mehr von ihren Schwüren wissen.

Auch unsere Geburtenrate nahm nun allmählich zu, fast täglich hatten wir eine Entbindung. Das war vielversprechend, und wir nahmen uns vor, bald durch die im Aufbau befindliche Mutter-Kind-Klinik intensivere Prävention zu leisten. Als eine Mutter mit ihrem vier Monate alten Baby zu uns kam, um sich mit einer Schale voll Reis für unsere Hilfe während ihrer Niederkunft zu bedanken, beschwingte uns diese Geste.

Bald war das erste Jahr für Dr. Willems verstrichen, das zweite folgte. Wenn er in Urlaub ging oder an Konferenzen teilnahm, vertrat ich ihn, wie gewohnt. Die Akzeptanz unseres Hospitals in der Bevölkerung verbesserte sich kontinuierlich, und kurzfristige Fehlschläge nahmen wir als unvermeidbar hin. Auch unsere Integration in das staatliche Gesundheitssystem festigte sich stetig. Wir halfen einander, wo immer möglich und nötig. Wenn ich im Auftrag von Dr. Willems ins Regionalkrankenhaus in Morogoro kam, wurde ich freundlich begrüßt. Der einheimische Chefarzt war ein in London ausgebildeter Chirurg, der so ausgezeichnet operierte, dass sein britischer Lehrmeister ihm mit den Worten: »Sie sind jünger und Ihre Hand zittert nicht; machen Sie weiter, keiner merkt einen Unterschied« das Skalpell in die Hand gedrückt hatte. Dr. Urasa hatte mir stolz erzählt, dass sein Vater noch ein echter Massai sei, bekleidet mit einer roten Decke und umschwirrt von Fliegen wie seine Vorväter. Und wie diese, so fuhr er fort, halte er selbst den Umbrüchen der modernen Kultur stand. Krank sei sein Vater noch nie gewesen, und sollte es dazu kommen, dann wüsste er, dass auf seinen Sohn Verlass sei. Hier verband sich die Moderne mit der traditionellen Kultur auf beste Weise, dachte ich. Und es erfüllte mich mit Freude, solche Fachkräfte zu kennen, ja ihnen sogar freundschaftlich verbunden sein zu dürfen. Durch die Begegnung mit ihnen wurde ich noch vorsichtiger in der Beurteilung von Menschen anderer Kulturen.

Der Alltag nahm seinen Lauf – bis das Ereignis der Weihe meines Vaters zum Diakon neue Akzente setzte. Auch wenn mir sein Wunsch nicht unbekannt war, so kam seine briefliche Nachricht überraschend für mich, vielleicht, weil sein Leben mir nicht mehr so nah war wie früher. Gemeinsam mit einem Architekten sollte er die Weihe am 5. Juli 1971 im Aachener Dom erhalten. Vorsorglich erwähnte mein Vater, dass er gegenüber dem Generalat den Wunsch geäußert habe, man möge mir doch eine Sondererlaubnis für einen Besuch geben. Diese traf auch pünktlich ein, in meiner Umgebung gab es aber erheblichen Widerstand gegen diese Reisegenehmigung. Wieder einmal wollte ich nachgeben, und es bedurfte eines weiteren außergewöhnlichen Ereignisses, das mich dann doch in meinem Entschluss bestärkte, nach Deutschland zu fliegen. Ich hatte an einer wichtigen Impfkampagne in einem abgelegenen Dorf namens Maskati, gelegen in den Uluguru-Bergen, teilgenommen. Und mir gelang es dabei, mehr als tausend Kinder an einem Tag zu impfen. Am Abend dieses Tages, in zweitausend Metern Höhe, die wir erwandert hatten, war mir klar, dass ich ein Recht auf den Sonderurlaub hatte. Als ich meiner Oberin, Schwester Majellis, dies am nächsten Tag, nach einem abenteuerlichen Abstieg, mitteilte, gab sie sofort nach. Ich stand triefend nass und verdreckt vor ihr, stellenweise waren wir den Bergabhang heruntergeschlittert. Der heftige Regen hatte den Fluss, den wir durchqueren mussten, zu einem reißenden Strom werden lassen. Zwei kräftige Männer mussten mich halten, damit ich nicht weggespült wurde. Jetzt war sie so glücklich, dass wir alle das Abenteuer unbeschadet überlebt hatten, dass sie zustimmte.

Für meinen Vater ging mit seiner Weihe ein Traum in Erfüllung. Und, wie er schrieb, sah er sich ähnlich im Dienst am Nächsten, wie er mich in der Mission in Afrika wusste. Für mich kam es nun erneut einem Ansporn gleich, denn er war mir in vielem, oft unbewusst, Vorbild. Als mein Vater dann im Aachener Dom vor den Stufen des Altars ausgestreckt lag, war das ein unvergessliches Erlebnis. So wie er seinem Bischof, als dem Stellvertreter Gottes, Gehorsam versprach, hatte ich meine Gelübde im Orden abgelegt. Auch äußerlich waren wir beide gekennzeichnet: mein Vater mit dem Priesterkragen und seine Tochter als Nonne. Leider war er so besorgt, keinen falschen Verdacht zu wecken, dass ich ihn in der Öffentlichkeit nicht an der Hand halten durfte – dabei war ich ihm wie aus dem Gesicht geschnitten.

Von nun an wurde von mir als »der Tochter des Diakons« gesprochen. Das machte mich betroffen, denn ich wollte als eigenständige Person wahrgenommen und anerkannt werden. Da es meinem Vater jedoch an erster Stelle immer um Gott ging, konnte er meine Reaktion, meine Abwehr, nicht verstehen. Im Gegenteil, er verband sein Wirken mit meinem Orden, war bemüht, ihm weiterhin zu helfen. In Gesprächen zeigte er gern Berichte und Fotos von mir, um dadurch für Missionsberufe zu werben. Ungewollt stand ich dadurch im Rampenlicht – und erntete nicht nur Wohlwollen. Ich fühlte mich immer wieder bevormundet.

Sehnsüchtig fuhr ich zurück nach Turiani, wo ich mich für andere einsetzen konnte. Dort war ich in meinem Element. Im September 1971 musste meine Oberin, Schwester Majellis, zum »Fünften Ordentlichen Generalkapitel« nach Rom fliegen. Aus diesem Kapitel ging meine frühere Provinzoberin als neue Generaloberin hervor. Da sie hauptsächlich in Ostafrika tätig war, hoffte ich auf ein besseres partnerschaftliches Miteinander zwischen den Afrikanerinnen und uns Europäerinnen im Orden. Was mich weiter freute, war der Brief von meiner Oberin, in dem sie über ihre »römischen Erfahrungen« berichtete. Es sei ihr gelungen, ehrlich das zu sagen, was sie für richtig gehalten habe. Das verdanke sie mir, sie habe es von mir gelernt! Die Vertiefung unseres geistlichen Lebens würden wir fortan gemeinsam weiterführen, denn sie hatte bei der Arbeit im Kapitel »auftanken« können und wolle es mit uns teilen. Das spornte meinen Eifer an. Es zeigte mir, dass es möglich ist, in Wahrheit miteinander zu kommunizieren. Wir waren gemeinsam auf einem guten Weg, unser Busch-krankenhaus würde sich weiterentwickeln.

Schwester Majellis sorgte auch für eine zusätzliche finanzielle Un-terstützung, indem sie nach dem Aufenthalt in Rom eine Bettelreise für Turiani unternahm. Sie sprach vor Kirchengruppen oder Turiani-Freunden, hielt wortgewandt mit den Dias, die ich von unseren Pa-tienten und Arbeiten gemacht hatte, Vorträge – und hatte Erfolg.

Zum Jahresende konnte ich im Provinzhaus in Nairobi an den Exerzitien teilnehmen. Sie waren ganz im Geiste der Reform gehalten und rüttelten mich wach. Die Vorträge wurden von einem französi-schen Geistlichen gehalten, der zur Kongregation der Weißen Väter, der Missionare Afrikas, gehörte. Er war als Psychiater an der Univer-sität in Dar es Salaam angestellt. Ich hatte ihn schon früher, während meiner Ausbildung in Nairobi, gehört und war begeistert gewesen. Jetzt kam er leger mit einer Zigarre in den Saal, dozierte im Gehen oder setzte sich in ungezwungener Haltung auf einen Tisch. Das Be-sondere dabei war, dass wir Zuhörerinnen das Gefühl hatten, er würde unsere gegenwärtigen Probleme ernst nehmen. Er predigte nicht von oben herab, sondern sprach einfach und verständlich und verdeut-lichte seine Aussagen mit praktischen Beispielen. Eine seiner Thesen war, dass es Ebbe und Flut nicht nur in der Natur gebe, sondern wir würden sie täglich im eigenen Auf und Ab erleben. Dieser Weiße Va-ter schien uns und unseren Alltag tatsächlich zu verstehen. Wenn ich später die Möglichkeit erhielt, was selten genug vorkam, am Indischen Ozean die Gezeiten zu beobachten, dann fiel mir immer seine These ein. Es beruhigte mein unruhiges Gemüt, dass sich immer wieder dem Trubel und der Hektik ausgeliefert sah. Der vor Leben sprühende Franzose erlaubte sich auch den Scherz, mit einem Loch in seinem Pullover vor uns zu stehen, um zu testen, wie lange es dauerte, bis ei-ne der »korrekten deutschen Nonnen« sich trauen würde, ihn darauf anzusprechen. Eine wagte es, und strahlend zeigte er uns am nächsten Tag das nun gestopfte Loch und erklärte uns sein »Experiment«. Wir schmunzelten erleichtert.

Weiter wünschte er sich von uns, dass wir uns entspannten. Wir sollten Gott endlich einmal die Chance geben, zu uns zu sprechen. Während des Jahres seien wir zu beschäftigt. So käme Gott nie zu seinem Recht! Eine innere Entspanntheit mache auch die Einstellung zum Gebet viel einfacher. Was auch wieder stimmte.

Während dieser Exerzitien hatte man uns in vier Diskussionseinheiten eingeteilt. Ich wurde Sprecherin unserer Gruppe und lernte dadurch, unsere Gedanken klar und präzise zusammenzufassen. Die Begeisterung, die wir während dieser Tage erlebten, blieb lange in mir. Christus wurde uns als großartiger Freiheitskämpfer und zugleich als schlimmster Planer geschildert. Die Erklärung des Missionars dazu: Christus plane nämlich überhaupt nicht, er passe sich ständig den Erfordernissen seiner Umgebung an. Man lädt ihn ein, er geht; ein Kranker bittet um Heilung, er nimmt sich Zeit für ihn. Darin stecke gleichzeitig etwas von seiner Freiheit! Die Freiheit der Kinder Gottes?!

Selbst wenn ich meinen Alltag anders erlebte, konnte ich nach diesen Einkehrtagen mit guten Vorsätzen auch einen inneren Neuanfang wagen. Denn persönliche Freiheit und die Bereitschaft, mit Christus im Herzen in ständiger Verbindung zu bleiben, hatte ich ja immer angestrebt, und das ließ ich mir auch jetzt nicht nehmen. So war ich nach dieser Woche für meinen weiteren Einsatz bereit. Dass ich dabei immer wieder an meine physischen Grenzen stieß, an Malaria erkrankte und dann froh war, einige Tage zwangsweise ausspannen zu können, steht auf einem anderen Blatt.

Ende 1973 gab es notgedrungen eine Wende in meinem Leben. Ich erkrankte an einem Ohr an Otosklerose, wie stressbedingte Verkalkung genannt wird. In kürzester Zeit war ich auf dem rechten Ohr taub geworden. Da der Eingriff kompliziert war, wurde mir aufgetragen, mich in Deutschland operieren zu lassen. Eine mögliche Weiterbildung wurde mir außerdem in Aussicht gestellt, wenn ich selbst für die nötige Finanzierung sorgen würde. Dieses Mal wurde für Ablösung gesorgt, denn so konnte ich ja nicht weiterarbeiten. Und der damalige holländische Arzt, Dr. Willem Nugteren – Dr. Willems war wieder in seine Heimat zurückgekehrt, später stieg auch die Zahl der in Turiani arbeitenden Mediziner –, übernahm zudem einen Teil meiner Aufgaben.

Schließlich war alles geregelt, mein Abschied wurde gefeiert. »Mama, vergiss mich nicht!« Oder: »Mama, bringst du mir auch etwas Schönes mit?« Wünsche, wie sie überall auf der Welt an Mütter gestellt werden. War es mir gelungen, wenigstens durch mein Da- und Sosein etwas zu vermitteln, was eine Mutter geben konnte, auch wenn ich nie selbst eine Gebärende sein würde? Ich hatte meine ganze Kraft in den Aufbau dieses Krankenhauses gegeben, mein Können und meine Ideale. Ich hatte mich für dieses eingesetzt, so wie eine Mutter sich für das Wachstum und den Erfolg ihres Kindes einsetzt und, wenn nötig, verausgabt. Das machte mich zuversichtlich, dass alles weiterhin gut werden würde, auch wenn mir das Fortgehen schwerfiel.

Der Flug führte über Rom, weil ich zuvor an einem Erneuerungskurs mit Schwestern verschiedener Ordensgemeinschaften teilnehmen sollte. Es war eine gute Erfahrung, auch wenn ich anfänglich so erschöpft war, dass ich mich in den Pausen immer wieder hinlegen musste. Was mir in Erinnerung blieb, war das offene Gespräch mit einer Schwester einer anderen Ordensgemeinschaft. Wir verstanden uns auf Anhieb und besprachen völlig unkompliziert die unterschiedlichsten Probleme, manchmal betrafen sie unser Arbeits-, manchmal aber auch unser Privatleben. Als ich jedoch merkte, dass ich die ganze Zeit mit einer Generaloberin gesprochen hatte, erschrak ich. Sie lachte nur und meinte, dass unser gegenseitiger Austausch auch für sie eine Bereicherung gewesen sei.

Die Operation wurde von einem berühmten Spezialisten im Marienhospital in Birkesdorf durchgeführt, dem damaligen Wohnsitz meiner Eltern. Ich konnte wieder normal hören, was mich sehr beruhigte. Es folgten Ferien, und mithilfe eines Misereor-Stipendiums sollte ich nun einen Studienplatz in London am Royal College of Nursing belegen. Endlich!

Elektra aus der Steckdose –
ein neues Leben in London

London; die zwei Jahre, die ich hier verbrachte, waren für eine Missionsschwester aus Afrika – genauer gesagt aus dem Busch – ein außergewöhnliches Erlebnis. Nicht, weil ich in einer solch gigantischen Metropole nie zuvor gewohnt hatte, in der stroh- oder wellblechgedeckte Hütten nicht vorkamen, wo Elektrizität, sauberes Trinkwasser und sanitäre Anlagen eine Selbstverständlichkeit waren. Diese Zeit beeinflusste meine weitere persönliche Entwicklung entscheidend. Vom Moment meiner Ankunft auf dem Flughafen Heathrow an sog ich alles, was ich sah und hörte, in mich auf. In meiner schwarzen Ordenstracht mit der leuchtend roten Kordel und dem Brustkreuz fiel ich überall auf als die, die ich war. Es kam auch vor, dass ich im Café meine Rechnung bezahlen wollte und der Kellner sagte: »Schwester, für Sie ist schon übernommen worden!« Solche Momente versetzten mich in Erstaunen. Erweckte mein Anblick die Sehnsucht nach einem Heil, das die Menschen in ihrem hektischen Alltag nicht fanden? Oder wurde die Gestalt einer Ordensfrau allmählich zum Relikt? Viele Fragen gingen mir dabei durch den Kopf. Ich selbst empfand mich eher als etwas Fremdes in dieser modernen Welt – die Ordenstracht schien schlicht altmodisch. Hätte es nicht gutgetan, im Gedränge ganz normal angerempelt zu werden, ohne überall aufzufallen? Tief in mir sehnte ich mich nach dieser Ungezwungenheit, die angeblich aber nicht mit dem Ordensleben zu vereinbaren war. Schade, damals hätte ich sie mir nicht einmal zugestanden! Heute weiß

170

ich: Freiwillig würde ich diesen äußeren Zwang nicht noch einmal erleben wollen.

London war für mich zunächst der Stadtteil Roehampton. Hier hospitierte ich im Mai 1974 erst einmal für ein Vierteljahr im Queen Mary's Hospital, um endlich die Registrierung als Krankenschwester nachzuholen, die mich auch befugte, in Großbritannien zu arbeiten. Das Gebäude, in dem wir Schwestern untergebracht waren, die Nurse Residence, war bereits 1715 erbaut worden und lag in einem großzügig angelegten Park mit uralten Zedern, deren Anblick mein Herz höherschlagen ließen. Ein wenig fühlte ich mich in dieser majestätischen Stille an Afrika erinnert, an die unglaublich schönen Landschaften dieses Kontinents. Und wenn dann abends die Sonne hinter dem »Goldenen Tor« des Parks unterging, träumte ich in das versinkende Licht hinein und wünschte dem fernen Turiani Hospital Alles Gute!

Ein Krankenhausbetrieb ist ein Krankenhausbetrieb, auch wenn das Queen Mary's ganz und gar nicht als Buschkrankenhaus bezeichnet werden konnte. Mit anderen Worten: Ich gewöhnte mich schnell ein, bald war ich völlig in den englischen Klinikalltag eingebunden. Und da ich durch Turiani bereits eine gewisse Erfahrung in der Leitung und Organisation einer Klinik hatte, war man sehr bemüht, mir Einblicke in den Arbeitsablauf eines Großstadtspitals zu ermöglichen. In der ersten Woche war ich der chirurgischen Frauenstation zugewiesen worden, alles war technisch auf einem Stand, von dem ich in Tansania nur träumen konnte. Als Nächstes kam die Ambulanz dran, wo es bereits stürmischer zuging. Ständig gab es neue Fälle, und ich konnte nur behelfsweise eingesetzt werden, weil hier alles anders und neu war. Selbstmordversuche! Da musste der Magen ausgepumpt werden – in Turiani war ich nie Menschen begegnet, die aus Verzweiflung ihrem eigenen Leben ein Ende setzen wollten. Das kam erst später mit der Aids-Epidemie. Auch eine neue Erfahrung: ein Insulinschock durch Unterzuckerung. Ich musste einen jungen Mann betreuen, dessen ganzer Körper mit Tätowierungen versehen war – sein Anblick erinnerte mich an die rituelle Bemalung der Massai. Er kam nur langsam wieder zu sich, und ich musste lernen, dass Diabetes eine Krankheitserscheinung war, die vermehrt in modernen Gesellschaften auftrat. Im Busch war das damals ein Fremdwort. Schließlich wurde ich mit einem jungen Mädchen konfrontiert, das von einem Hund gebissen worden war. Sie kippte vor mir vom Stuhl, denn mir war entgangen, dass sie im Gesicht noch »weißer« wurde. In Afrika nahmen die Menschen eine graue Farbe an und legten sich von selbst auf die Erde, bevor es zum Fall kam. Hier half mir die leitende Schwester, indem sie blitzschnell die Beine des Mädchens ergriff, anhob und mir schließlich zum Halten reichte. Auf diese Weise konnte ich beobachten, wie das Blut langsam wieder in den Kopf stieg, bis mich die kleine Patientin zaghaft anlächelte.

Nach dieser »Schock«-Woche wäre ich noch gern auf dieser Station geblieben, aber schon ging es weiter ins nächste Abenteuer, auf eine spezielle Männerabteilung, die »Burns Unit«, wo es viele tragische Verbrennungsunfälle zu betreuen gab, weil sie aus dem ganzen Umkreis hierher zur Behandlung eingeliefert wurden. Eine Pflegerin vertraute mir an, fast heimlich, als dürfte sie so etwas in einem säkularen Krankenhaus nicht sagen: »Wie gut, dass Gott uns den Humor geschenkt hat, das hilft uns, die schweren Fälle hier zu ertragen!« Immer wieder passierte es, dass ich Anspielungen auf den Glauben vernahm, und sie alle waren nicht einfach dahergesagt, sondern ernst gemeint. Dadurch fühlte ich mich, ungewollt, in meiner Ordenstracht bestätigt.

Um mit den administrativen Aufgaben einer Klinik weiter vertraut gemacht zu werden, kam mir die Teilnahme an einem Fortbildungstag sehr gelegen. Hier wurde gleichsam im Schnellverfahren das Wesentliche erläutert, das man zur Leitung eines Krankenhauses wissen musste. Zur Ergänzung nahm ich an Sitzungen des sogenannten morgendlichen Krankenhausreports teil, wo mir die jeweiligen Arbeits- oder Aufgabenfelder erklärt wurden. Gierig nahm ich alle Informationen auf – und verdrängte dabei, dass ich selbst auch einiges auf meinem »kleinen Außenposten« in Bewegung gebracht hatte. Ich verhielt mich hier wie eine Novizin, dabei brauchte ich mich mit meinen sechsunddreißig Jahren und meinen Einsätzen wahrlich nicht zu verstecken. Oder war ich mit einem gewissen Serum geimpft worden, einem Mittel, das mich zu immunisieren schien, was meine eigenen Fähigkeiten betraf?

Meine weiteren Aufgabenbereiche: das Labor, die Apotheke und die Sterilisation. Hier waren die Hightech-Möglichkeiten aber so weit entfernt von unserer Urwaldwelt, dass ich sie zwar wahrnahm, aber nicht in der Lage war, Vergleiche zu ziehen. Am Ende dieser drei Monate folgten noch ein paar Tage Nachtwache, um meinen Erfahrungsschatz abzurunden. Matron, die Krankenhausdirektorin, eine liebenswerte englische Lady, hatte schon im ersten Monat festgestellt: »Sie sind hier bei uns, als gehörten Sie fest dazu. Wenn Ihre Zeit um ist, werden wir Sie sehr vermissen!« Ich vermisste die Menschen am Queen Mary's auf jeden Fall!

Am 22. April 1974 erhielt ich die Bestätigung als »State Registered Nurse«. Für den nächsten Schritt in London – mein Studium – musste ich nun ein neues Quartier finden. Viele Möglichkeiten hatte ich unter den gegebenen Umständen nicht, traf meine Auswahl aber mit Bedacht. Misereor hatte mir ein Stipendium gegeben, und mit diesem Geld wollte ich auskommen. Eine günstige, wenn auch sehr kleine Wohnung ohne fließend Wasser fand ich in einem Konvent bei den Dominikanerinnen in Portobello. Von hier aus konnte

173

ich täglich ohne umsteigen zu müssen mit der Subway ins Stadtzentrum fahren: Das Royal College of Nursing lag direkt neben der berühmten Oxford Street. Meine Zelle, wie es in der Klostersprache heißt, half mir, in eine klösterliche Gemeinschaft eingebunden zu sein. Das wurde von meiner Ordensleitung gewünscht – das Singleleben einer normalen britischen Frau zu leben, wäre nicht erlaubt gewesen. So hatte ich jedoch die Möglichkeit, täglich an der Feier der Heiligen Messe teilzunehmen. Im Kloster, das war die allgemeingültige Vorstellung, sollte ich Halt finden. War die hohe Mauer um den Klosterkomplex in Portobello dafür ein Sinnbild? Einmal schien es fast so, als ein blond gelockter junger Mann, einem Hippie nicht unähnlich, versuchte, mich vor dem Klostertor zu küssen. Er tat dies, weil er so glücklich war, mich getroffen zu haben. Ich war heilfroh, dass ich ihn von seinem Tun abhalten konnte, indem ich ein kleines Kreuz auf seine Stirn malte, das er als mein Segenszeichen auch akzeptierte. Noch benommen von dem ungewöhnlichen Erlebnis, flüchtete ich durch das Klostertor, wissend, dass er mir nicht folgen konnte. Auf solch stürmische Umgangsformen war ich nicht gefasst. Da boten die Mauern tatsächlich Schutz.

Ich hatte das Glück, in der Priorin des Klosters eine lebensbejahende, kluge und spirituelle Frau zu erleben. Ihre Eltern waren Juden und hatten rechtzeitig aus Berlin fliehen können, deshalb sprach sie auch Deutsch, obgleich sie keinen Gebrauch davon machte. Sie nahm mich herzlich auf und tat ihr Bestes, dass ich mich wohlfühlte. Mein Zimmer war vor meinem Einzug frisch gestrichen worden, man hatte es mit Blumen geschmückt, sogar einen neuen Heizkörper hatte ich bekommen, damit der Londoner Winter mich an afrikanische Wärme Gewöhnte nicht zu sehr strapazierte. Ja, in der ersten Nacht fand ich sogar eine Wärmflasche unter der Steppdecke. Trotz dieses guten Willens zeigte sich schnell, dass ich zum Austausch in der Kommunität

kaum Gelegenheit bekam, weil die Mahlzeiten, an denen ich teilnahm, Frühstück und Abendessen, auch hier schweigend eingenommen wurden. Und zum geselligen Beisammensein danach fehlte mir
die Zeit, weil ich studieren musste. Die Priorin, Schwester Nicholas,
wusste das. Deshalb suchte sie vermehrt nach Gründen, diese Regel
aufzuheben. So erlaubte sie zum Beispiel, dass beim sonntäglichen
Frühstück geredet werden durfte.

Zu meiner Überraschung sprach mich eines Tages die durchrei-
sende Generaloberin der Dominikanerinnen nach einer abendlichen
Anbetungsstunde freundlich an. Sie stelle fest, dass ich gut zu ihnen
passe, und meinte, ich könne gern in ihr Kloster überwechseln, wenn
ich vielleicht nicht mehr in die Mission zurückwolle. Sie würden junge Leute wie mich suchen! (Betrachtet man den üblichen Altersdurch-
schnitt in einem Nonnenorden, konnte man mich noch als jung
bezeichnen.) Ich empfand das als Auszeichnung, auch wenn ich nie
Gebrauch davon machte. Schon der Gedanke an einen Wechsel schien
mir als Verrat an meinem eigenen Orden. Mir war jedoch aufgefallen, dass die Dominikanerinnen den Beruf ergreifen durften, der zu
ihnen passte. Zum Beispiel studierte eine Musik, eine andere Psychologie und spirituelle Beratung, das imponierte mir. Es gab demnach
Unterschiede innerhalb der Orden. Warum waren wir in unserem
nicht dazu fähig, mehr auf die Bedürfnisse der Einzelnen einzuge-
hen? Der Vergleich rüttelte mich wach, ich wollte noch mehr neue
Eindrücke aufnehmen.

Mit der Integration im Portobello-Konvent war eine weitere Hürde in der Megastadt London genommen. Nun galt es, das Studium
zu meistern: Hospital Management. Die Fächer, in denen wir nach
einem Jahr das Examen ablegen sollten, waren Management, Soziologie, Psychologie, Ethik und Krankenhausorganisation. Anfänglich
schien mir das eine fast unlösbare Aufgabe, weil dieser Unterrichts-

stoff für mich vollkommen neu war. Insgesamt waren wir zweiundzwanzig weibliche und zwei männliche Kursteilnehmer, zusammengesetzt aus vielen Nationalitäten. Ich war die einzige Nonne. Alle hatten bereits führende Positionen inne, sprachen ausgezeichnet Englisch und gaben sich selbstbewusst. Als eine Kollegin spitz bemerkte, dass ich wahrscheinlich meine Notizen erst in Deutsch machen würde, kränkte mich das. Ich ließ mich so schnell verunsichern.

Einen Platz in der ersten Reihe bekam ich zugewiesen, da ich gerade meine Operation zur Behebung der Otosklerose am rechten Ohr hinter mir hatte. Freiwillig hätte ich diesen exponierten Platz nie gewählt. Ann, die in meiner Nähe saß, ließ sich aber durch diese Sonderbehandlung nicht davon abhalten, mich nach wenigen Tagen zu fragen, wie denn mein richtiger Name sei. Sie wollte mich bei meinem Taufnamen ansprechen. Das freute mich, denn das hatte etwas sehr Persönliches; so wurde ich nur in den Ferien, zu Hause, genannt. Von ihr fühlte ich mich angenommen.

Ann schenkte auch mir Vertrauen, ließ mich an ihrem Leben teilhaben, und ich fühlte mich bereichert. Wenn die Zeit es erlaubte, besuchte ich sie an freien Wochenenden in ihrem Appartement in einem modernen Londoner Außenbezirk. Einmal in der Woche war sie stets in Bereitschaft für den Besuch ihres Freundes, eines verheirateten Mannes. Sie war so talentiert und lebensbejahend – ich konnte erst nicht verstehen, dass ihr das genügte. Aber für sie war die gegenseitige Liebe, die sie und der gebundene Mann füreinander empfanden, zum damaligen Zeitpunkt ausreichend. Vielleicht würde die kranke Frau ihres Geliebten ja doch sterben, dann wäre sie nach dem Studium frei für eine feste Bindung, so ihr Wunsch. Weil wir beide uns gegenseitig schätzten, konnte ich diese neue Wahrnehmung als Bereicherung akzeptieren, ohne sie nach alten, mir vermittelten Prinzipien zu beurteilen. So erfuhr ich mehr von der Lebensweise außerhalb des Klosters und sah, wie jeder Einzelne bemüht war, sein Leben individuell zu gestalten.

Neben Ann gab es Mildred, eine verheiratete Engländerin, sowie eine emigrierte Schweizerin. Alle drei waren bemüht, mich bei den Anforderungen des Colleges zu unterstützen. Größere Seminararbeiten wurden gemeinsam besprochen, und anfänglich war das für mich auch notwendig, denn ich war diese Form des Lernens nicht gewohnt. Einmal fragte ich im Psychologieseminar ahnungslos den jungen Dozenten, warum er von Elektrizität spräche? Ich verstand ihn einfach nicht. Schließlich wurde ich feuerrot, als ich begriff, dass er uns den Elektra-Komplex erklären wollte. Die griechische Mythologie war für mich Neuland, und so kam es, dass ich Iphigenies Schwester in der englischen Sprache mit dem verwechselte, was aus der Steckdose kam. Der Dozent hatte leider wenig Verständnis für meinen Fehler und Humor schon gar nicht. Er glaubte sogar, ich hätte ihn mit meiner Frage auf den Arm nehmen wollen. Für ihn war es unfassbar, dass eine erwachsene Studentin seines Kurses noch nie von jener Dame gehört hatte, obgleich Ann erklärend für mich einsprang. Das also war mein Einstieg in das Fach Psychologie. Heute kann ich es nicht mehr aus meinem Leben wegdenken. Diese Wissenschaft gab mir viele Hinweise, um die Kommunikation (oder Nicht-Kommunikation) im Orden besser zu verstehen.

Die anderen Fächer waren nicht einfacher. Dabei war ich voller Erwartung nach London gekommen, hatte mich so gefreut und war hoch motiviert. Zeitweise kam es mir vor, als schien es fast zu spät zu sein, mein Mühen vergeblich. Dennoch: Ich wollte und musste es schaffen. »Disziplin sind Sie ja gewöhnt«, ermutigte mich unsere Kursleiterin. Damit hatte sie recht.

Spannend war für mich die Geschichte der Florence Nightingale, jener Pionierin der modernen Krankenpflege. Sie tat sich im viktorianischen England durch den Einsatz mit ihren Krankenschwestern im Krimkrieg (1853–1856) hervor. Die Direktorin des bedeutendsten Lehrkrankenhauses in London trug uns ihre Geschichte als Gastrednerin wortgewandt vor und entfachte in uns den Ehrgeiz, dem Beispiel dieser hervorragenden Persönlichkeit zu folgen – was bei mir bestens gelang. Florence Nightingale revolutionierte das Gesundheitssystem, indem sie zum einen auf eine vorbildliche Ausbildung der Krankenschwestern pochte, zum anderen erkannte sie durch ihre große mathematische Begabung den Wert der statistischen Dokumentation und führte diese auch ein. Sie besaß die Fähigkeit, Missstände in der damaligen Gesellschaft wahrzunehmen, sie anzuprangern und sich dafür einzusetzen, dass sich die Lage änderte. Manchmal überlegte ich – im Vergleich zu der mutigen »Dame mit der Lampe« und ihrer Art, den Verwundeten im Lazarett zu begegnen –, ob ich im fernen Afrika nicht auch eine Art Erneuerung versucht hatte? Sehnte ich mich nicht ebenfalls nach einer Gleichstellung der afrikanischen Mitarbeiter und vornehmlich der einheimischen Mitschwestern? Suchte ich nicht eine berechtigte Autonomie in unseren jeweiligen Aufgabenbereichen? Aber war ich damit nicht gescheitert? Meine Ansätze, dies zur Sprache zu bringen, waren in der einen oder anderen Form immer im Sande verlaufen. Woran aber lag das? Glaubte ich genug an mich? Fehlte es mir an Durchsetzungsvermögen? Aber: Wie konnte ich mich behaupten, wenn das Gehorsamssystem des Klosters jede Weiterentwicklung fast im Keim erstickte?

Bei vielen Gesprächen mit Dozenten und Mitstudenten erlebte ich eine erstaunliche Offenheit, zugleich war ich berührt von den Lebenslinien der jeweiligen Menschen und ihrem Streben nach dem Guten. Im Kloster hatten wir ganz sicher nicht die »Exklusivrechte« für das Vollkommene und Bessere, wie es uns im Noviziat gelehrt wurde. Wir konnten keine Elitegruppe sein oder uns dafür halten, wenn wir uns um das persönliche Wohl der Einzelnen so wenig kümmerten. Wie lange hatte ich geradezu betteln müssen, um endlich etwas studieren zu dürfen, das mich befähigen würde, die Aufgaben in Turiani besser zu meistern! Und dann hieß es auch noch, dass kein Geld dafür da sei. Das konnten nur Ausreden sein. Immerhin wurde ich hier durch diese Begegnungen für meinen eigenen Weg gestärkt.

Im Fach Soziologie, ebenfalls ein Novum für mich, lag der Schwerpunkt auf dem Aufbau der gesellschaftlichen Strukturen, beginnend mit der Familie als »Keimzelle« unserer Gesellschaft. Daraus folgte die Entwicklung politischer und kultureller Gremien. Es war faszinierend, jetzt bekam »der Staat« für mich ein ganz neues Gesicht – und die Werteordnungen oder Maximen einer Gemeinschaft, über die eine andere Dozentin in der Ethikstunde mit uns sprach, erlebte ich als spannende Herausforderung für mein bis dahin einseitig christlich geprägtes Gesellschaftsbild. Plötzlich taten sich mir neue Welten auf: etwa die Philosophie eines Sokrates, der bereits von der warnenden inneren Stimme gesprochen hatte, die unser sittliches Handeln beeinflusst. Oder Immanuel Kant, der den Kategorischen Imperativ formulierte und mit diesem Begriff mahnte, sich seines eigenen Verstandes ohne Anleitung durch andere zu bedienen. Schon in der Lüneburger Heide hatte ich Menschen anderer Glaubensgemeinschaften erlebt und schätzen gelernt, dennoch war das Gehörte in dieser Klarheit neu für mich. Hier zeigten mir meine »säkularen« Mitstudenten, dass auch sie die Würde des Menschen für das Wichtigste hielten. Dass das Gute in vielen Formen auftreten kann und auch nicht unbedingt Gesetze brauchte, lernte ich während der Begegnungen mit ihnen.

Für unsere Soziologiedozentin, die sich als aktive Katholikin bekannte, war es selbstverständlich, die Hauptströmungen der jeweiligen Epochen aufzuzeichnen. So schilderte sie das Leben des heiligen

Franz von Assisi, der sich nicht den Zwängen der Gesellschaft des 13. Jahrhunderts unterwerfen wollte und durch die Gründung seines Bettelordens eine Herausforderung für seine Zeit war. War nicht auch er mir Vorbild? Was für eine wunderbare Gelegenheit, aus der Geschichte und aus dem Leben zu lernen. In jeder Stunde hörte ich begeistert zu und ahnte, wie wichtig es ist, sich in seiner familiären Keimzelle, seiner individuellen Heimatzelle, aufgehoben und dazugehörig zu fühlen, um daraus die Kraft zur eigenen Individualität zu schöpfen, anstatt in der Gruppe unterzugehen.

Die Studientage waren eingebettet in praktische Erfahrungswochen, in denen wir verschiedene Institutionen des Gesundheitswesens aufsuchten. Das Erlebte mussten wir anschließend ausführlich dokumentieren. Manchmal wurden die Resultate gemeinsam in der Gruppe diskutiert, sodass wir uns gegenseitig beurteilen konnten. Das fiel mir schwer, aber wir lernten dabei. Und es half mir, bei öffentlichen Auftritten mehr Gelassenheit zu entwickeln. Eine Woche lang hospitierte ich mit drei anderen aus meinem College in einer psychiatrischen Anstalt mit 1300 Patienten im Norden Londons. Die Gebäude waren von großartigen Parkanlagen umgeben, die eine angenehm beruhigende Wirkung hatten. Wir vier kamen aus den unterschiedlichsten Ländern: John war stellvertretender Direktor eines New Yorker Krankenhauses, Grace, eine Mutter von vier Kindern, stammte aus Nigeria, Tom kam aus Sierra Leone, und ich war die Deutsche, die Erfahrungen im ostafrikanischen Busch gesammelt hatte. Als John diese Woche in der Psychiatrie später als ein therapeutisches Erlebnis bezeichnete, sprach er uns allen aus dem Herzen. Wir erlebten das kollegiale Miteinander der Belegschaft und ihren ausgesprochen sympathischen Umgang mit den Patienten, die als individuelle Persönlichkeiten behandelt wurden. Allmorgendlich fand ein Austausch zwischen dem Pflegepersonal und den Patienten statt. Dieser Dialog beeindruckte mich, besonders da auch wir miteinbezogen wurden. Als ich dabei die Gelegenheit erhielt, von meinen Erfahrungen in Turiani zu sprechen, und erlebte, wie ich regelrecht bewundert wurde, wuchs ich über mich hinaus. Dadurch wurde mein Selbstbewusstsein so gestärkt, dass ich von diesem Zeitpunkt an das Studium besser bewältigte.

Mit jeder neuen Erfahrung wurde es leichter, ein zusammenhängendes Bild von den Grundzügen eines Gesundheitssystems zu bekommen. Als einer unserer Dozenten detaillierte Organisationsabläufe erklärte, wurde ich hellhörig. Ja, ich konnte es kaum glauben, denn hier wurde dargestellt, was ich bereits in Turiani in der Praxis versucht hatte. Dabei ging es um Bewegungsabläufe: Wie gelangt der Patient auf dem kürzesten Weg vom Wartesaal zum Arzt und von dort zu den verschiedenen Behandlungsplätzen wie dem Labor, der Röntgenabteilung oder der Aufnahme – und zwar reibungslos, ohne den nächsten »Fall« aufzuhalten? Damit das möglich wurde, hatten wir bei der Neuorganisation unserer Ambulanz in Turiani im Arztzimmer eine Tür als Eingang und eine als Ausgang eingeplant. Und bei der Aufteilung der Räume funktionierende Einheiten geschaffen, in denen entweder nur Wunden versorgt, Injektionen gesetzt oder Medikamente ausgegeben wurden. Und nun erklärte man uns am College, dass diese Arbeitsweise perfekt sei. Intuitiv hatte ich das Richtige während unserer Umorganisation und Planung vorgenommen. Auch dieses Wissen gab mir weitere Sicherheit.

Nach jedem Semester gab es einen Kurzurlaub, den ich bei meinen Eltern verbringen durfte. Da sich meine Beobachtungsgabe als Studentin geschärft hatte, erlebte ich meine Umwelt mit prüfenden, suchenden Augen. Als mein Vater während eines solchen Aufenthalts plötzlich wegen einer Hodenkrebserkrankung operiert werden musste, konnte ich noch zwei weitere Wochen bei meinen Eltern bleiben. Statt mein nächstes Praktikum in einem Londoner Krankenhaus zu absolvieren, durfte ich es dort leisten, wo mein Vater behandelt wurde, nämlich in Eschweiler. Da mir die betreffende Krankenhausleitung Verständnis entgegenbrachte, konnte ich täglich bei ihm sein und außerdem noch eine gründliche schriftliche Arbeit abliefern. Ich verglich den Krankenhausbetrieb in Deutschland mit dem in England anhand meiner bisher gemachten Erfahrungen. Die Arbeit gelang.

Die Nähe zu meinen Eltern, noch dazu in dieser schwierigen Lage – mein Vater schwebte für Stunden in Todesgefahr –, half mir, mich auch als Tochter neu wahrzunehmen. Mein Entwicklungsprozess war in vollem Gange.

Ich versuchte in der Studienzeit so viel aufzunehmen wie mir möglich war. Der Film *Die Möwe Jonathan* lief 1975 in den Kinos an, und obgleich ich den Text des Buches begeistert verschlungen hatte, konnte ich mich nicht dazu durchringen, mir den Film anzusehen. Hatte ich Angst vor dem versteckten Wunsch, es der Möwe gleichzutun? Erahnte ich die innere Kraft der Veränderung? Die Möwe Jonathan war unermüdlich ihrem Traum vom Fliegen gefolgt. Sie hatte sich hervorgetan und sich gegen die Traditionen der Möwensippe gestellt. Aber sie war auch von ihren Artgenossen verstoßen worden. Das Ideal der Umwandlung schien für die anderen Möwen zu hoch. Jonathan wurde zum Außenseiter, von den anderen geächtet. War es das, wovor ich Angst hatte? Aber nur durch seinen Weg fand er Zugang zu seinem Himmel.

Ich entdeckte die Bücher des österreichischen Psychiaters Victor E. Frankl. *Man's Search of Meaning* übersetzte ich für mich persönlich mit »Meine Suche nach der Wahrheit«, im Deutschen hat es den Titel: *... trotzdem Ja zum Leben sagen*. Er schrieb darin über seine Erfahrungen im Konzentrationslager und was ihn als beratenden Arzt unter Mithäftlingen während dieser menschenverachtenden, grauenhaften Zeit am Leben erhielt. Denn als Grundeinstellung besaß er die Fähigkeit, in jeder noch so furchtbaren Situation einen fast unscheinbaren positiven Kern zu finden. Ich betete, etwas von dieser Lebenskunst für mich umsetzen zu können.

Hin und wieder konnte ich im Schwesternkonvent in Portobello abends eine Fernsehdokumentation über den Zweiten Weltkrieg sehen. Besonders erinnere ich mich an einen Bericht über die Invasion der Alliierten in der Normandie, den D-Day. Den Krieg hatte ich als Kind noch erlebt, doch das Geschehen auf dem Bildschirm führte bei mir zu einer neuen Wahrnehmung. Jetzt sah ich, wie die Bomben aus der Luft auf ungeschützte Häuser, Menschen und die Landschaft niederprasselten und alles zerstörten. Ich war froh, alleine vor dem Fernseher zu sitzen und in ungläubigem Erschrecken die »Last des deutschen Erbes« zu erleben. In dieselbe Zeit fiel ein britischer Beitrag über das Leben von Idi Amin. Uganda war unser Nachbarland und gehörte zu Ostafrika, also war ich interessiert, ihn zu sehen. Schon damals war bekannt, wie brutal der Präsident als Machthaber mit Mensch und Besitz umging. Ich war dennoch entsetzt bei diesen Bildern seiner großen Grausamkeit.

Am 17. Juli 1975 erhielten wir unser Diplom in Hospital Management, danach verschlug es unsere bunt gemischte Gruppe wieder in alle Welt, zum Dienst an unseren Mitmenschen. Ich machte noch einen zertifizierten Kurs in Tropenmedizin, anschließend begannen die Vorbereitungen zur Rückkehr nach Tansania. Es war Zeit, letzte Besorgungen für Turiani zu machen. Immerhin: In London hatte ich manchmal in einer Woche sechzehn Briefe empfangen. Das zeigte, wie ich auch oberhalb des Äquators die einzelnen Fäden für »mein« afrikanisches Krankenhaus weiterhin zu ziehen vermochte.

Ein Abschiedsbesuch in meinem früheren Ausbildungskloster war als Höhepunkt eingeplant, auf den ich mich freute. Meine Mitschwestern dort waren liebenswürdig, gratulierten mir zu den bestandenen Examen und freuten sich mit mir über meine Rückkehr in die Mission. In einem Dia-Vortrag hatte ich sie an unserer Missionsarbeit im Turiani Hospital und bei den Menschen im Busch teilnehmen lassen. Ich zeigte Aufnahmen, die die Härte des Alltags mit Armut und Krankheit dokumentierten, aber ebenso Fotos von der herrlichen Tropenlandschaft und der Herzlichkeit der Menschen. Afrika war mir zur neuen Heimat geworden, ich konnte es nicht leugnen.

Dann passierte es, dass mich während der Busfahrt in die Stadt ein plötzliches Unbehagen überkam. Es war so heftig, dass ich am nächsten Tag das drängende Bedürfnis verspürte, mit der Provinzoberin in Neuenbeken darüber zu sprechen. Sie schaute mich ungläubig an, als ich ihr erzählte, dass die Sitze im Bus mich an die eines Flugzeugs erinnert hätten. Mir sei dabei unbehaglich und unwohl geworden. Das konnte sie nur schwer verstehen. Sie sei sicher, dass ich gern wieder zurück nach Turiani ginge, wo ich doch bereits so viel geleistet hatte, außerdem erwarte man mich dort mit großer Freude – so oder ähnlich waren ihre Beteuerungen. All das wusste ich, aber diese unbekannte Angst, diese Panik, die ich nicht zu benennen wusste, blieb. Als ich nach diesem wohlgemeinten Gespräch wieder in meiner kleinen Zelle war, brach ich, am ganzen Körper zitternd, auf meinem Bett zusammen. Ich hatte mich buchstäblich nicht mehr im Griff. Mit Honig, der als Geschenk auf dem Nachttisch stand, führte ich mir im Erste-Hilfe-Verfahren einen Kalorienschub zu. Doch gleichzeitig war mir klar, dass es damit nicht getan war und ich so, in dieser Verfassung, nicht zurückkonnte. Noch nicht!

Es folgte ein längerer »Ausnahmezustand«, wie ich es selbst nannte. Frau Ahlers, eine fähige Heilpraktikerin und Psychologin, arbeitete intensiv mehrere Wochen mit mir. Gott sei Dank war es mir möglich, ja ein Bedürfnis, mich ihr anzuvertrauen. Bei den ersten Besuchen in ihrer Praxis tigerte ich so lange durch das leere Wartezimmer, bis ich an der Reihe war. Sie hatte mich bewusst als letzte Patientin eingeplant, damit genügend Zeit für unser Gespräch blieb. Eine ihrer ersten Beobachtungen war, dass ich wie »ein eingeschlossenes Tier im Käfig« auf sie wirkte. Nach Laborbefunden des Blutes setzte sie gezielt homöopathische Medikamente ein, die meine entzündete Bauchspeicheldrüse sowie meine angegriffene Leber wieder ins Gleichgewicht bringen sollten. Der ebenfalls angeschlagene Kreislauf erholte sich allmählich, und es ging mir von Woche zu Woche besser. Meine Therapeutin ordnete an, mich im Kloster von den Gemeinschaftsübungen zu entbinden, und ich erhielt die Erlaubnis, mich nach ihren Weisungen zu richten. Da sie bereits mehreren Mitschwestern und selbst Vorgesetzten geholfen hatte, vertraute man ihr. So konnte ich lange Waldspaziergänge unternehmen, die frische Luft tief einatmen und mein Butterbrot draußen auf einem Baumstamm essen. Ich genoss es, mich nicht rechtfertigen zu müssen. Täglich versuchte ich, wieder festen Boden unter meinen Füßen zu finden. Ich schrieb ausführlich Tagebuch, malte ganze Mappen ausdrucksvoller Zeichnungen nach erlebter Natur und empfundenen Gefühlen, reflektierte, meditierte und führte lange Gespräche – mit Gott, meiner Therapeutin, später mit Vorgesetzten und meinen Eltern.

Einmal war ich zu einem hochrangigen Geistlichen zur Aussprache geschickt worden, wahrscheinlich um zu prüfen, ob ich Zweifel an meiner Berufung als Ordensfrau hätte. Da war ich jedoch wieder so weit genesen, dass ich mich weder fürchtete noch scheute, meine eigenen Feststellungen und Argumente vorzubringen und über unsere Realität im fernen Turiani ehrlich zu sprechen. Bei meinem Abschied hatte dieser Mann sich aus der Reserve locken lassen und seine anfängliche Ablehnung revidiert. Auf einmal war er äußerst zuvorkommend, ja bot sogar seine Unterstützung an. Was hatte ihn umgestimmt? Hatte ich ihn überzeugen können? Fand er unser Bemühen, uns an vorderster Front für benachteiligte Menschen einzusetzen, bewunderungswürdig? Ich fragte nicht. Es genügte mir, dass ich kontinuierlich zu mir selbst zurückgefunden hatte.

Erst jetzt konnte ich auch zu meinen früheren Selbstmordgedanken stehen, die ich in der letzten Phase in Turiani, zwar unterschwellig, aber dennoch heftig durchlebt hatte. Einige Male hatte ich mit dem Gedanken gespielt, das Steuer loszulassen, wenn mein Geist sich während einer Autofahrt zu heftig in scheinbar unlösbare Probleme verstrickt sah. Aber das war nicht mehr nötig. Bei Frau Ahlers fühlte ich mich verstanden, und es war dieses gegenseitige Vertrauen, das mir half, voll zu mir zu stehen und mich auch in dieser Phase der inneren Auswegslosigkeit zu akzeptieren.

London hatte mir eine Fülle von neuen Eindrücken, Erkenntnissen und Bestätigungen beschert. Ein faszinierendes Bündel an bislang unbekannten Lebensinitiativen. Als der Abreisetermin nach Tansania vor der Tür stand, wurde gleichzeitig das harte Dasein von Turiani Wirklichkeit vor meinem inneren Auge. Wie konnte ich beides, das Alte und das Neue, in mir zum Einklang bringen?

Sicher war, dass sich die Lage in Turiani während meiner Abwesenheit nicht verändert haben würde. Aber tief in mir spürte ich auch, dass ich nicht mehr die Gleiche war. Die unsichere, überforderte, alleingelassene Schwester Maria Lauda existierte nicht mehr. Zurückkehren würde eine diplomierte Krankenhausleiterin, mit neuem Wissen und vertiefter Erfahrung, größerem Selbstvertrauen und doppeltem Vertrauen in Gottes Hilfe. Die tiefe Einsamkeit in Turiani, die Überforderung im Beruf – als Ordensfrau, als Managerin, ärztliche Beraterin, Organisatorin –, all das gehörte der Vergangenheit an. Wo auch immer ich als aufmerksame und empathische Chefin gefordert wurde, ob am Krankenbett oder bei den Mitschwestern, meine Rolle als perfekt funktionierende Allround-Instanz wollte ich nicht mehr erfüllen. Jetzt gab es einen neuen Ansatz, denn ich hatte begonnen, mich weiterzuentwickeln. Das allein zählte. Ich glaubte an mich. Und Frau Ahlers hatte versprochen, mich in Turiani zu besuchen, was sie im Jahr darauf auch tat. Die Zukunft konnte nur gut werden.

Der nächste Flug wurde für Dezember gebucht, und zu Weihnachten war ich wieder vor Ort: »*Yesu alisaliwa*«, sangen wir auf Swahili während der Christmette in der Krankenhauskapelle von Turiani: »Christus wurde als Mensch geboren«. Ich war daheim. Und Christus als Mensch, das hieß, dass ich mit Ihm meine eigene Menschwerdung feiern durfte. Das schloss jedoch weitere Geburtswehen nicht aus!

Cholera und andere Katastrophen

»Mama, umepotea wapi?« Wörtlich übersetzt heißt das: »Mama, wo bist du verloren gegangen?« Als ich das hörte, wusste ich, dass ich zu Hause angekommen war. Es bewegte mich, als ein älterer Herr, in gebückter Haltung, das Gesicht durchfurcht von Falten, mit strahlenden Augen ausrief: »Mama, dass ich dich noch einmal sehen kann!« Unsere mehr als hundert Angestellten wollten meine Rückkehr gebührend feiern, und wir erlebten ein frohes festtägliches Treiben im Innenhof des Hospitals, bei süßem Tee, Cola, in Öl gebratenen Küchlein (Mandazi), Lobreden und Sketches. Ich bekam ein bunt gemustertes Khanga geschenkt, mit dem ich mich, unter dem Jubel der Anwesenden, schmückte. Unsere Mitarbeiter suchten aus den aus Europa mitgebrachten Kleiderpaketen etwas Passendes für sich oder ihre Familien aus, sodass wir alle beschenkt waren. Diese ungezwungenen Stunden, die ich so vermisst hatte, ließen uns wieder zu einer Großfamilie zusammenwachsen.

Meine Mitschwestern hatten mich, ohne zu klagen, während meiner zweijährigen Abwesenheit ersetzt, nun mussten auch sie die Gelegenheit bekommen, auszuspannen, deshalb fuhren sie zu Exerzitien und in die Ferien. Ich ging sofort meinen Aufgaben nach, es war ein harter Einstieg, denn die Wintermonate sind in Tansania die heißesten. Da zum Jahresende immer zusätzliche Arbeiten anfielen, wie etwa die Berichte über unsere Aktivitäten während des vergangenen Jahres, die

Krankheitsstatistiken und die neu aufzunehmende Korrespondenz mit dem tansanischen Gesundheitsministerium und unseren Geberorganisationen, war ich von einem Tag auf den anderen wieder voll präsent. Und im Nu schien alles »beim Alten« zu sein. »Alle wirken gelöster und zufriedener. Gut, dass Sie wieder da sind!«, meinte unsere Oberin Schwester Majellis. Selbst die Krankenhausbetten waren schnell wieder belegt. Alle schienen den Neuanfang zu begrüßen. Es tat mir gut, mein frisch erworbenes Managementwissen in die Tat umzusetzen.

Ich begann gezielt, Aufgaben zu delegieren – und freute mich, dass unser Personal sofort darauf einging. Unsere afrikanischen Mitarbeiter besaßen mehr Fähigkeiten, als ihnen allgemein zugetraut wurde. Wenn ich ihnen die Chance gab, konnten wir es beweisen. Mit Bewunderung stellte ich fest, dass besonders die gelernte Grade-B-Nurse Theresia – alle riefen sie liebevoll Tesha – organisatorisches Talent besaß. Scheinbar mühelos stellte sie einen perfekten Arbeitsplan für alle diplomierten Nurses für den ganzen Monat zusammen. Tesha war klein, von eher schmächtiger Gestalt, aber ein hervorragender Teamleader. Sie übte durch ihr Beispiel und nicht durch große Worte Einfluss aus. Es gab keinerlei Beschwerden, alle hatten verstanden, dass es uns nur gemeinsam gelingen konnte, das Krankenhaus weiterzuentwickeln. Diese Erfahrungen beflügelten mich. Als Nächstes versuchte ich, für jeden weiteren Arbeitsbereich verantwortliche Personen zu berufen. Patientenregistration, Krankheitsstatistik, Röntgenbetrieb, Labor, Apotheke, Kinderfürsorge: Für all diese Abteilungen wollte ich entsprechend ausbilden lassen. Es war Zeit, afrikanische Mitarbeiter an unsere Seite zu stellen. Das machte sie stolz; Turiani wurde zu ihrem Hospital, dafür standen sie ein. Dieser Gemeinschaftssinn war so stark, dass ich sogar durch ein Gewerkschaftsbüro im Ambulanzgebäude weitere Unterstützung erhielt.

Während meiner Londoner Jahre hatte sich vieles in Turiani verändert. So war zu beiden Seiten des Hospitals je eines der neuen Ujamaa-Dörfer angesiedelt worden – eine lange Reihe strohgedeckter Lehmhäuser, an denen unser Weg jetzt vorbeiführte. Die neuen Nachbarn sorgten für reges Leben in unserer Nähe, und besonders abends, wenn es stiller wurde, hörte ich ihre lauten Gesprächsrunden, wenn sie an der offenen Feuerstelle palaverten, wobei das batteriebetriebene Radio voll aufgedreht war, oder wenn bei Festveranstaltungen ihr rhythmisches Trommeln sie bis zur Trance tief in die Nacht hinein begleitete. Einige unserer Mitarbeiter hatten sich ebenfalls in der Nähe des Krankenhauses angesiedelt, und unser afrikanischer Assistenzarzt stellte einen Verwandten an, der für ihn eine Duka, einen kleinen Laden, führen sollte. Dadurch war unser ehemals isolierter Gebäudekomplex, obgleich er sich wesentlich erweitert hatte, jetzt mitten ins dörfliche Geschehen eingebunden. Eine weitere positive Entwicklung war, dass der Bus, der aus der Stadt Morogoro kam, jetzt direkt vor dem Hospital hielt. Dadurch vergrößerte sich der Radius unseres Einzugsgebietes erheblich, bis ins Hinterland von Morogoro.

Eine große Veränderung entstand durch die Zuckerfabrik Mtibwa Sugar Estate (MSE), denn sie hatte angefangen, ein eigenes kleines Hospital auf dem Firmengelände zu bauen, um sich selbstständig zu machen. Es gelang ihnen sogar, einen unserer Assistenzärzte abzuwerben, und das, nachdem wir ihn gerade zur Fortbildung geschickt hatten. Dennoch wollte ich ihn nicht festhalten. Seine Einstellung war eher materialistisch, aber er war tüchtig, und seine Diagnosen stimmten. Es war seine Aufgabe, im neuen MSE-Betriebshospital die Krankheiten der einfachen Plantagenarbeiter zu behandeln. Das sei preisgünstiger, wurde behauptet. Nur bei schweren Fällen sollte er sie zu uns überweisen. Trotz des eigenen Krankenhauses zog das Personal in den Leitungspositionen von MSE es weiter vor, sich von unseren Ärzten

190

behandeln und von uns Schwestern eine Spritze setzen zu lassen. Sie kannten uns über Jahre, das war unser Glück. So blieben wir weiter für MSE aktiv und hatten dadurch eine gesicherte Einnahmequelle.

Das erste Jahr nach meiner Rückkehr verging wie im Flug. Meinem Rundbrief an die Freunde Turianis, in dem ich einen Rückblick auf das Jahr 1976 gab, fügte ich die schönen Worte von Dag Hammarskjöld, dem einstigen UN-Generalsekretär, hinzu: »Für das vergangene – Dank; für das Kommende – Ja!« Genauso fühlte ich mich, denn wie in London gelernt, führte ich das Drei-Säulen-Konzept ein, sodass medizinische, pflegerische und administrative Leitung getrennt von einem Arzt, einer Krankenschwester und mir übernommen wurden. Wir drei bildeten das Management-Team, aber die Gesamtleitung und letzte Verantwortung blieb bei mir als Administratorin. Das war ein gewaltiger Schritt vorwärts. Außerdem zeichneten sich weitere richtungsweisende Entwicklungen ab. Zum ersten Mal besuchte uns ein staatlicher Gesundheitsminister, Dr. Leader Stirling. Er erkundete das gesamte Krankenhausgelände, inspizierte alle Einrichtungen und zeigte sich am Ende seines Rundgangs sehr zufrieden. In seinen Augen ersetzten wir ein Distriktkrankenhaus, deshalb wollte er den Regierungszuschuss für unsere Personalgehälter auf unsere volle Bettenzahl, also von jetzt 105 Betten auf 170 Betten, erhöhen. Das war großartig, weitere ausgebildete Kräfte würden uns allen zugute kommen – den Patienten und den Mitarbeitern. Zudem ließ er mich unser Leitungskonzept in Dar es Salaam bei der Ärzteversammlung vorstellen und unterstützte meine Aufnahme in den landesweiten Ärzteverband als erste Krankenhausmanagerin.

Damit nicht genug, war es jetzt gelungen, eine Misereor-Delegation aus Aachen bei uns zu begrüßen. Das führte dazu, dass ein landeskundiger und fähiger Architekt, Mr Almeida, ein Goanese aus Dar es Salaam, angestellt wurde, um ein vollkommen neues Konzept, ei-

nen Masterplan für die Entwicklung des Turiani Hospitals, auszuarbeiten. Bei den weiteren Verhandlungen wurde eine Gesamtsumme
von über einer Million bewilligt, die später noch einmal verdoppelt
wurde. Das war fantastisch; damit war die Zukunft Turianis gesichert.
In der ersten Umbauphase, für die ich verantwortlich war, bis ein ver-
trauenswürdiger Bauunternehmer gefunden wurde, war viel »afrikanische Geduld« erforderlich. Aber wir wussten uns auf dem richtigen
Weg. Der Anschluss an das staatliche Elektrizitätswerk war das erste
sichtbare Zeichen für den Fortschritt.

Das Weihnachtsfest 1977 leitete eine Reihe zusätzlicher Belastungen
ein, die unseren Pioniergeist ernsthaft herausfordern sollten. Doch
ein kenianisches Sprichwort ermunterte: »Tausendmal gescheitert,
aber niemals die Hoffnung aufgegeben.«
    Der erste Cholerapatient wurde eingeliefert, und schlagartig ver-
änderte sich das Leben in Turiani; niemand von uns hatte so etwas je
erlebt. Der frühere Tuberkulose-Bereich wurde in eine Cholera-Station umgewandelt, und in kürzester Zeit waren die siebenundzwan-
zig Betten belegt. Männer, Frauen, Kinder, alle lagen sie nebeneinan-
der, in der Reihenfolge, in der sie eingeliefert worden waren. Meistens
komatös, mit tief liegenden, glanzlosen Augen und eingefallenen Zü-
gen, die Haut ausgetrocknet und faltig. Sie warfen sich unruhig hin
und her und stöhnten, als würden sie in Wehen liegen. Sie litten an
Durchfall und Erbrechen, und zwar in einem kaum zu beschreiben-
den Ausmaß. Sie »schwammen« förmlich im eigenen Wasser, ohne
dass sie es wahrnahmen. Das Swahili-Wort für diese Krankheit ist
kipindupindu. Es beschreibt genau, was mit dem infizierten Menschen passiert: Sich hin- und herbeugen, oben Erbrechen und unten
Durchfall. Die einzige und sofortige Hilfe lag in der Stabilisierung des
Kreislaufs sowie des Wasser- und Elektrolythaushaltes. Denn der mas-

sive Flüssigkeitsverlust führte zum Kollaps, dem schnell der Tod folgte. Wir mussten blitzschnell handeln, die Venen frei- und Infusionen an Armen und Beinen anlegen, oftmals pumpten wir den ersten Liter mit unseren Händen innerhalb von dreißig Minuten in die Körper der Kollabierten. Jede Minute zählte. Je länger die Infusionen liefen, umso ruhiger wurden die Patienten. Ganz allmählich folgte nach der großen Erschöpfung ein tiefer Schlaf und dann das Erwachen zu neuer Kraft. Eine Patientin drückte es so aus: »Es war, als sei ich gestorben – und dann schlug ich die Augen auf und lebte!« Auferstehung zu Weihnachten.

Unser Glück war, dass wir am Tag zuvor tausend Liter Infusionen von der Ordensgemeinschaft der Salvatorianer aus den USA als Geschenk erhalten hatten; dieser Orden unterstützte uns regelmäßig mit Hilfsgütern. Im Hospital konnten wir höchstens vierzig Liter am Tag selbst produzieren. Ohne diese lebensrettende Flüssigkeit hätten wir unsere Patienten nicht versorgen können. Im Durchschnitt genügten zwanzig Liter, um die Infizierten ins Leben zurückzuholen. Aber bei einhundertzwanzig Patienten in einem Monat war der Bedarf enorm. Und ein Patient benötigte fünfundsechzig Liter, bis er endgültig genesen war. Tetracyclin war das Standardantibiotikum, mit dem wir nicht nur die Patienten, sondern auch deren Angehörige und unser Personal (Letztere prophylaktisch) behandelten, bis wir eines Besseren belehrt wurden.

Aus Morogoro reiste ein Gesundheitsteam an, um zu überprüfen, ob wir mit der bedrohlichen Lage umgehen konnten. Die zuständige Ärztin ließ all unsere Angestellten zusammenkommen und erklärte, dass es keine Gefahr einer Ansteckung gäbe, wenn wir die notwendigen Reinlichkeitsregeln befolgten. Ja sie verlangte zu meinem Erstaunen, dass ich denjenigen entlassen müsse, der sich im Hospital anstecke. Um das Gesagte zu bekräftigen, schenkte sie jedem ein Stück Seife. Hände waschen war das Gebot der Stunde, und es funktionierte. Die verschmutzte Wäsche musste gründlich desinfiziert und ausgekocht werden. Um die enormen Mengen zu bewältigen, richteten wir drei zusätzliche Feuerstellen ein und beschäftigten weitere Frauen. Denn wir hatten keine Waschmaschinen, und die gesamte Wäsche wurde noch in Bottichen gekocht. Zum Glück blieben wir alle verschont.

Einige der Angehörigen steckten sich aber trotz der Tetracyclin-Prophylaxe an. Unsere Ärzte schickten Proben zur Untersuchung in ein holländisches Labor. Dieses bestätigte, was wir schon vermutet hatten: eine Resistenz. Gleichzeitig bekamen wir Pakete mit anderen Antibiotika, sodass wir weiter effektiv helfen konnten.

Cholera, diese hochinfektiöse bakterielle Krankheit, am häufigsten durch verunreinigtes Trinkwasser, insbesondere durch Fäkalien verursacht, brach in wellenförmigen Stößen während des ganzen Jahres aus. Wir behandelten insgesamt 297 Patienten, sechs davon verloren wir. Während der drei Hauptperioden wurde der übliche Krankenhausbetrieb lahmgelegt, da wir unter Quarantäne standen. Die Polizei bewachte unseren Krankenhauseingang, und außerhalb unseres Geländes konnten wir uns nur mit einer Spezialerlaubnis aufhalten. Wenn ich mit dem Landrover nach Morogoro wollte, um Nachschub an Lebensmitteln, Medikamenten oder Bargeld zu besorgen, genügte es nicht, dass unser Auto als Eigentum des Turiani Hospital gekennzeichnet war. Wir mussten uns jedes Mal eine Bescheinigung für den Tag der Reise beschaffen, auf dem unsere Namen und der Grund unserer Ausfahrt stehen mussten, alles mit einem offiziellen Regierungsstempel versehen. Dieses Papier hatten wir dann an unzähligen Straßensperren vorzuzeigen. Peinlich wurde es, als wir merkten, dass manche Kontrolleure nicht lesen konnten und den Zettel verkehrt herum begutachteten. Aber ihre Karabiner waren geladen, also war es klüger, mitzuspielen und Ruhe zu bewahren.

Obgleich wir im Krankenhaus gemeinsam mit den Dorfältesten eine Beratungsstelle eingerichtet hatten, in der sich Angehörige, Ärzte und Polizisten wenigstens dreimal wöchentlich trafen, war die Erfolgsrate bei der Aufklärung über die Epidemie gering. Der örtliche Medizinmann betupfte die Rat Suchenden weiter mit weißer Bemalung, um sie vor dem Cholera-Geist zu schützen, anstatt mit uns gegen das unreine und verseuchte Gerstenbier, das sogar in Särgen von Dorf zu Dorf geschmuggelt wurde, und die polizeilich verbotenen Trinkgelage vorzugehen.

Doch wir hatten noch weitere Prüfungen zu bestehen. Ende 1978 traf uns völlig unvorbereitet der Einmarsch von Idi Amins Armee. Der ugandische Diktator erkannte die Grenze zwischen unseren beiden Ländern nicht mehr an und drang im Nordwesten Tansanias bis zum Kagera-Fluss vor, einem Sumpfgebiet, in dem damals 50 000 Menschen wohnten. Tansanias Präsident Julius Nyerere verurteilte den völkerrechtswidrigen Einmarsch – und erklärte Idi Amin den Krieg. Am Victoriasee hatte dieser bereits die Städte Bukoba und Musoma bombardiert, und seine Truppen zogen plündernd und brandschatzend umher. Während man die Tansania People's Defence Force mobilmachte, mussten zusätzlich Freiwillige rekrutiert werden. Das Land wurde in Alarmbereitschaft versetzt. Ich befürchtete das Schlimmste. Zudem erinnerten mich die Flugzeuggeräusche an die Bombenangriffe, die ich als Kind erlebt hatte. Ich überlegte, wie ich meine Mitschwestern und unsere Patienten schützen könnte. Deshalb war ich froh, als mich der District Medical Officer (D.M.O.) in Morogoro zu sich rief. Behutsam versuchte er mir die staatliche Schutzstrategie zu erklären, bemerkte aber erstaunt, dass ich nicht aus der Fassung zu bringen war – selbst als er mir mitteilte, Schutzgräben seien um unser Krankenhaus auszuheben. Im Gegenteil, ich wollte genau erfahren, welche Maßnahmen der Staat plante. Der Arzt brachte mich zu den Schächten, die gerade um das offizielle Distriktkrankenhaus gezogen wurden. Zum Teil waren sie so tief, dass ich spontan fragte: »Und wie kommt man da wieder raus?« – »Eigentlich sollten sie als unterirdisches Lazarett dienen. Aber …«, verlegen schaute er mich an. Meine Antwort zu dieser Maßnahme kam prompt: »Nein, danke!« Ich hatte verstanden und würde niemals einen Graben ausheben lassen, der dann auch als Massengrab verwendet werden könnte.

Aber ich nahm die Gefahr ernst und erkundete bei meiner Rückkehr das umliegende Gelände unseres Krankenhauses genau. Konnte man eventuell in den Büschen und im Unterholz ein Versteck finden? Oder war ein aufgemaltes rotes Kreuz auf dem Dach des OP-Trakts von Vorteil? Doch hatte ich auch gehört, dass dieses Zeichen gerade dazu reizte, auf das betreffende Gebäude zu schießen. Die Menschen, die sich darin versammelt hatten, waren ja wehrlos.

Wir lagen in einer Flugschneise, die den Weg nach Moshi und weiter nach Arusha und Nairobi abkürzte. All dies besprach ich mit meiner Kommunität, aber sie überließen letztlich mir die Entscheidung. Unseren D.M.O. konnte ich immerhin von meiner Vorsicht überzeugen; leichtsinnig wollte ich keineswegs sein. Er versicherte uns, mich ständig auf dem Laufenden zu halten. Neben meinem Zimmer versteckte ich in einer Nische zwei große Kanister mit Benzin, um für eine Flucht mit dem Auto gerüstet zu sein. Zudem bat ich jede Schwester, eine Reisetasche mit dem Notwendigsten zu packen. Um im Falle einer Vergewaltigung vor einer Schwangerschaft »geschützt« zu sein, organisierte ich Antibabypillen. Als Nonnen durften wir, sollten wir schwanger werden, das Kind nach der Geburt auf keinen Fall behalten. Sollte eine Schwester zu ihrem Kind stehen, musste sie austreten. Ich wusste, dass einige unserer Schwestern im Kongo eine solche

Kriegs-Vergewaltigung erlebt hatten, auch wenn diese Tatsache verheimlicht wurde. Gott sei Dank blieben wir von Idi Amins Truppen verschont, weil es der tansanischen Armee erstaunlicherweise gelang, den eigentlich weitaus überlegenen Angreifer zu besiegen. Die TPDF drang bis ins Zentrum Ugandas vor und sorgte nach dem Sturz Idi Amins für Recht und Ordnung im Land. Erst 1981 konnten sich die tansanischen Truppen von dort wieder zurückziehen. Da war die Staatskasse aber bereits bankrott. Die westliche Welt lobte zwar den Einsatz, aber finanzielle Unterstützung blieb weitgehend aus. Was jedoch noch schlimmer war und zu weit schwerwiegenderen Folgen führte, war das mit dem Krieg hereinbrechende HIV-Problem. Die Kagera-Region im Nordwesten Tansanias galt bei dem späteren Bekanntwerden von Aids als die am schlimmsten betroffene. Man sprach von einer wahren Entvölkerung, denn nur Greise und Kleinkinder blieben in den Dörfern übrig. Uganda war das Land mit der höchsten Aids-Rate, und weil die ugandischen Soldaten systematisch die Frauen ihres Gegners vergewaltigt hatten, um diesen zu demütigen, breitete sich das Virus rasant aus. So nahm die Aids-Epidemie in Tansania ihren Anfang.

Ab Oktober 1978 wurde aus der üblichen Regenzeit, bekannt als *Masika,* eine gewaltige Überschwemmung, wie sie in der Morogoro-Region seit Menschengedenken nicht erlebt worden war. Zunächst entwickelte sich ein Wirbelsturm, der eine solche Gewalt hatte, dass er das Dach der einstigen Cholera-Station, die jetzt wieder für Tuberkulose-Kranke reserviert war, größtenteils abdeckte und zwanzig Bäume entwurzelte. Obgleich einer der Bäume auf die Wohnung eines Mitarbeiters fiel, ein dichter Blätterregen die Sicht nahm und gefährlich herumwirbelnde Wellblechstücke alles verwüsteten, wurde kein Mensch verletzt. Ich befand mich zu diesem Zeitpunkt gerade in Morogoro, doch als ich nach Turiani zurückkam, sah ich, was der Orkan angerichtet hatte: Dreißig Deckenplatten der TB-Station waren abgesackt, zwölf Wellbleche des äußeren Dachs mussten komplett erneuert werden, und ein vollständig neuer Außenanstrich der Station war nötig. Das war ein Schlag – nicht nur wegen der finanziellen Belastung, sondern weil alles mühsam aus der Stadt heranzuschaffen war. Dazu musste ein Transporter beauftragt, die Ware eingekauft und verladen werden.

Durch die Epidemie, die Rationierung des Benzins als Folge des Uganda-Krieges und die nicht enden wollende Regenzeit war meine Arbeitsbelastung enorm gewachsen. So kam ich trotz der neuen, besseren Strukturen erneut an meine körperlichen Grenzen. Zudem wurde ich vom Orden mit weiteren Aufgaben bedacht.

Unter das Abenteuer Regenzeit konnten wir selbst im Frühjahr noch keinen Schlussstrich ziehen. Kurz nach Ostern ereilte uns die nächste Hiobsbotschaft. Über Nacht hatte es in den zweitausend Meter hohen Nguru-Bergen, die ich so gern im Glanz der untergehenden Sonne betrachtete, derart stark geregnet, dass die Schwestern am frühen Morgen durch Wasserrauschen geweckt worden waren. Das Regenwasser hatte sich zu einem wilden Strom formiert, der sich oberhalb des Krankenhauses einen Weg durch unseren Missionskomplex bahnte, direkt durch den Schweinestall hindurch, an der Patientenküche und dem Hospitalgarten vorbei, weiter am Konvent und den gegenüberliegenden Krankenstationen entlang. Die vier Feuerstellen waren überschwemmt, Eimer, Kessel und Brennholz fortgespült worden. Zum Erstaunen aller schauten die Rüssel unserer sechs Schweine noch aus dem Wasser, und die Tiere konnten in Sicherheit gebracht werden. Schweinefleisch gab es hin und wieder zum täglichen Maisbrei, selbst muslimische Patienten machten bei diesen Mahlzeiten eine Ausnahme und erlaubten sich das Fleisch als »stärkende Medizin«.

Die Dorfbewohner von Turiani traf diese Katastrophe noch viel härter als uns. Ihre Häuser, weniger stabil, stürzten ein, wurden hinweggespült oder standen unter Wasser, sodass nur das Bettgestell herausragte und die Schemel und Schüsseln darin schwammen. Hühner und anderes Kleinvieh ertrank, was das Los der ohnehin karg lebenden Bevölkerung noch verschlimmerte. Frauen und Kinder wurden in die höher gelegene Schule evakuiert, unsere Angestellten wateten durchs Wasser, um zur Arbeit zu kommen. Besonders tragisch war, dass die Zementbrücke, die uns mit dem nächstgrößeren Dorf, dem dortigen Markt und der Post verband, unterspült worden war und nun frei im Fluss stand. Wiederum war es ein Segen, dass wir so nah an der Zuckerfabrik in Mtibwa lagen und dieser Betrieb genauso auf die Brücke angewiesen war wie wir. Innerhalb von drei Tagen brachten sie es fertig, mittels langer Rohre wieder eine Verbindung herzustellen. Erst provisorisch, damit wenigstens Menschen sie passieren konnten, später war sie auch für Autos befahrbar.

Das genügte jedoch nicht, um uns mit lebenswichtigem Nachschub aus der Stadt Morogoro zu versorgen. Bis unser District Medical Officer mit dem Helikopter landete und sich unserer Situation annahm. Während er arbeitete, schickte er mich auf meinen ersten Flug. Es war, als schwebten wir über die Baumwipfel; unter uns nichts als überschwemmtes Land, so weit ich blicken konnte. Entleerte Dörfer ragten aus dem Schlamm; Flüsse waren zu breiten Strömen herangewachsen und die kleinen Boote auf ihnen überfüllt mit Menschen – auf einer Strecke von sechzig Kilometern. Dann erst war die Asphaltstraße mit der Busverbindung zu erkennen. Durch den Einsatz des Helikopterpiloten, der unser Freund wurde, waren wir gerettet, weil er für ständigen Nachschub sorgte, um den Hospitalbetrieb aufrechtzuerhalten.

In dieser Zeit hörte ich auch von meinem neuen Namen: Mama Twiga, was mit »Mama Giraffe« zu übersetzen ist. Die Giraffe mit ihrem zwei Meter langen Hals, dem gefleckten Fell und den gespitzten Ohren ist das Wahrzeichen Tansanias. Der Vergleich war sicherlich meiner Körpergröße geschuldet, weil ich meistens die Gruppe der Schwestern überragte. Aber er stand auch dafür, dass ich gleichsam von oben auf alles schaute und den Überblick behielt. Mein Vater hatte mir einmal eine Postkarte geschickt: »Große Bäume sind dazu da, den kleineren Schatten zu spenden.« Da war sie wieder, die große Verantwortung für mich im Dienste Gottes.

Keine Furcht vor Tränen

Trotz aller Katastrophen sollte die Erneuerung keineswegs auf der Strecke bleiben. Anfang des Jahres 1979 erlebten wir ein frohes schwesterliches Miteinander beim Silberfest zweier Mitschwestern, eine von ihnen kam aus Turiani. Fünfundzwanzig Jahre Ordensleben und der damit verbundene selbstlose Einsatz wurden durch die Präsenz des Bischofs von Morogoro, vieler Mitschwestern, die aus über zehn Stationen in Tansania kamen, und unseren einheimischen Chor gewürdigt und zelebriert.

Fünf Monate später, im Juni 1979, trafen wir uns wieder zu einem zehntägigen Provinzkapitel in Kifungilo, gelegen in den Usambara-Bergen – ja, genau dort, wo die Usambara-Veilchen herstammen – zur Vorbereitung auf das Generalkapitel in Rom. Wir wollten über die Erneuerung und über das für mich so wichtige Thema der Weiterentwicklung unseres Missionslebens reflektieren. Sonst hätten wir unseren Dienst ja auch als Entwicklungs- oder Laienhelferin versehen können und nicht als Ordenschristen. Eine fachliche und geistliche Ausbildung war wichtig, aber inneres Wachstum forderte weit mehr. Jetzt hatten wir die Chance, unsere persönliche Sichtweise und unsere Probleme, wie wir sie vor Ort und im täglichen Arbeitsalltag des »*Ora et labora*« erlebten, mitzuteilen. Aus diesem Grund erarbeiteten wir Eingaben für das im November stattfindende Generalkapitel.

Wenn vieles auch bloße Theorie blieb, so setzten wir uns doch eifrig mit verschiedenen Inhalten auseinander. Alte Pionierinnen, denen im Leben viel abverlangt worden war und zu denen wir Jüngeren mit Bewunderung aufschauten, tauschten sich mit uns aus. Wenn ich um Rat gefragt wurde, konnte ich oft aus meiner Sicht als Krankenschwester Hilfestellungen geben und manchmal die Scheu nehmen, wenn es zum Beispiel um eigene Krankheiten und typische Frauenprobleme ging.

An einem dieser Tage traf es mich sehr hart, dass ich in aller Öffentlichkeit beschuldigt wurde, absichtlich den Schwestern etwas Wichtiges verschwiegen zu haben. An Einzelheiten kann ich mich nicht erinnern, aber der Schock war, dass ungeprüft eine Vermutung in den Raum gestellt wurde, und zwar von höchster Stelle aus lanciert. Weil diese Praxis des Anschwärzens generell nie unterbunden wurde – von manchen wurde sie als Möglichkeit der Begünstigung angesehen –, mangelte es an Vertrauen untereinander. Obgleich die Anklage nicht stimmte, fand ich keine Möglichkeit, mich zu verteidigen, ja in diesem Moment wollte ich es auch nicht. Es schmerzte mich, so hinterhältig angegriffen zu werden. Zu meinem Erstaunen wurde die Anschuldigung tags darauf ebenso plötzlich zurückgenommen, wie sie ausgesprochen worden war. Da ich jetzt darauf vorbereitet war, begann ich augenblicklich eine Diskussion, um den Grund solch unfairer Unterstellungen offenzulegen. Und in der Folge wählten mich die Mitschwestern als Delegatin für Tansania zum Generalkapitel Ende 1979. Dort wurde ich in eine Sonderkommission berufen, zur Erarbeitung einer Neufassung unserer Konstitutionen.

In dieser Zeit fand noch ein weiteres Ereignis statt, das für mich nicht ohne Bedeutung war. Für den 1. Dezember 1979 hatten wir ein zehntägiges Tertiat für die in Tansania stationierten Schwestern geplant. Solch ein Tertiat gehörte zu den Neuerungen des Zweiten Vatikanischen Konzils; es war gedacht als eine Bestandsaufnahme, um uns bei unserer spirituellen Selbstfindung zu helfen. Wir waren eine Gruppe von sechzehn Schwestern, deren ursprüngliche Heimat Deutschland, Österreich und Indien war, die Teilnehmerinnen waren zwischen einundzwanzig und fünfzig Jahre alt. Unsere Tagung fand im Exerzitienzentrum Maua oberhalb von Moshi statt. Es gehörte Schweizer Franziskanerinnen, die hier einen afrikanischen Ordenszweig gegründet hatten. Wir wohnten in kleinen Rundbauten oder dem größeren Exerzitienhaus, und jede von uns hatte ein Einzelzimmer. Ein großer Blumengarten, sogar mit Rosen, versetzte uns in Staunen – das gemäßigtere Klima am Abhang des Kilimandscharo machte das möglich. Dazu rauschten tropische Bäume über uns im Wind, und das klare Wasser des Baches sprudelte unten im Tal. Alles atmete Ruhe, Leben – und verstärkte unsere Bereitschaft, Neues aufzunehmen.

Der Leiter der Tagung war ein amerikanischer Geistlicher, Father Jim, der sich mit der »Gattung Ordensfrau« auskannte. Wir waren dankbare Zuhörerinnen, die alles in sich aufsogen, gleich ausgetrockneten Schwämmen. Er war spirituell, methodisch gut geschult und angenehm im Umgang. Das Großartige war, dass Father Jim uns ermunterte, das Gehörte auch gleich zu praktizieren. Er kannte sich in Gruppendynamik aus und machte Übungen mit uns, die uns halfen, Zielsetzungen zu artikulieren. Wir erprobten neue Methoden der Betrachtung, einzeln, aber auch in der Gemeinschaft. Das setzte jedoch Vertrauen und Offenheit voraus. Konnten wir die Schwester, unsere Mitschwester, in ihrer Individualität überhaupt akzeptieren? Hatten wir nicht gelernt, ja waren geradezu darauf getrimmt, so zu sein, wie es die Regel vorschrieb? Wo gab es da Freiraum? Und plötzlich sprach Father Jim von der unterschiedlichen Entwicklung jeder einzelnen Nonne, von abweichenden Perspektiven durch und bei der Berufsausübung. Er wies uns darauf hin, dass eine Lehrerin andere Probleme wahrnimmt als eine Krankenschwester. So banal es für manche erscheinen mag, für uns, die wir »gleichgeschaltet« waren, war diese Feststellung geradezu großartig, ja, revolutionär.

Kein Wunder, dass es zu einem Eklat kam, und zwar an einem Sonntagmorgen, als Father Jim uns allein ließ. Wir sollten uns mit aktuellen Themen, die uns bedrängten, befassen. Dabei kamen besonders zwei Aspekte zur Sprache. Die Kommunität von Turiani zeigte sich mit manchen Entwicklungen nicht mehr zufrieden. Da ich für uns verantwortlich war, musste ich mich auf einen Stuhl in der Mitte setzen – und die einzelnen Schwestern konnten ihre Vorwürfe aussprechen. Das war eine harte Probe, die mich unvorbereitet traf. Es ging um meine häufige Abwesenheit, darum, dass ich in ihren Augen eine Vorrangstellung hatte, dass ich scheinbar der »Liebling« unserer Hausoberin war, dass ich gelegentlich zu viel an Arbeit forderte, etwa zehn Briefe auf einmal zum Tippen brachte und dann mehrere Tage lang nichts. Zum Teil ging es um peinliche und kleinliche Einzelheiten, die ich sofort wieder vergaß, weil sie nicht wirklich wichtig waren.

Ich fühlte mich auf dem Stuhl, als würden Kübel voll übel riechendem Wasser über mich gegossen, und bemühte mich, diesem Bad der Vorwürfe standzuhalten. Als endlich eine der Mitschwestern etwas Positives sagte, war das der Moment, meine Verteidigung zu übernehmen. Ich wollte nichts beschönigen, verstand auch, dass ich es meiner Kommunität nicht gerade leicht machte. Doch war mir ebenso klar, dass die meisten Klagen von denen kamen, die nicht von Anfang an bei uns im Turiani Hospital dabei waren, die das allmähliche Anwachsen der Aufgaben nicht miterlebt hatten, zu den Engstirnigen gehörten und zudem keine professionelle Ausbildung besaßen. Eine dieser Schwestern war so temperamentvoll, dass sie mir eine Ohrfeige verpassen wollte. Da ich aber nicht zurückwich, hielt sie inne. Wir konnten das Dilemma lösen, fingen uns und versöhnten uns, sie unter Tränen.

Doch war das nur ein Aspekt – es ging um Wichtigeres. Die Mehrzahl der Schwestern wünschte, ja forderte eine häufigere Präsenz ihrer Ratsschwestern. Sie wollten über ihre Probleme vor Ort sprechen können und sich begleitet und angenommen fühlen. Da die Grenze zu Kenia jedoch durch die kriegerischen Unruhen mit Uganda geschlossen wurde, war die Provinzoberin in Nairobi von uns abgeschnitten. Somit fiel das Los einstimmig auf mich, da ich als erste Ratsschwester in Tansania für unsere Schwestern verantwortlich war, ernannt von der Generaloberin. Als Nächstes beschlossen wir, dass ich einen Bericht über die Erfahrungen aus dem Tertiat schreiben sollte, als eine Art Protokoll, um die Provinzleitung zu informieren.

Father Jim erörterte das Erlebte noch einmal mit uns und verdeutlichte dabei die Auswirkungen unseres individuellen Handelns und die Zugehörigkeit zur Gemeinschaft. Zusammenfassend bestätigten wir in einem *mission statement*, dass wir gemeinsam »vom Berg in das Tal hinabsteigen und bereit für unseren Dienst am Nächsten, für Gott« sein wollten. Das besiegelte unseren Neuanfang. Bei der Abschlussfeier forderte er mich auf, den Friedensgruß als Wunsch nach gegenseitiger Annahme an jede einzelne Mitschwester persönlich weiterzugeben. Dadurch war ich gleichermaßen ein weiteres Mal ausgesandt, nicht wie damals in die Afrikamission, sondern zu jeder Mitschwester persönlich.

Als Erinnerung an das Tertiat bekam jede Schwester eine Mappe mit dem versprochenen Erfahrungsbericht und einigen Fotos. Allmählich lernten wir durch diese und weitere Kurse wie die Personality-and-Human-Relations-Seminare (PHR) unsere Gefühle und Beziehungsstrukturen zu erkennen und Probleme zu formulieren. Aber nicht nur: Wir erlaubten uns auch, sie zu zeigen. Auf einmal fürchteten wir uns nicht mehr vor Tränen. Denn wir brauchten uns nicht mehr voreinander zu verstecken oder zu schämen. Diese Erfahrungen – so selbstverständlich sie anderen erscheinen mögen – beflügelten uns, wir hatten tatsächlich zu einem neuen Miteinander gefunden.

Durch diese Übung wuchs in mir die innere Überzeugung, dass ich um meiner Selbst willen einen Wert besaß und dass die Liebe Gottes bedingungslos ist. Es ging für mich als Missionsschwester nicht darum, eine perfekte und regeltreue Ordensfrau zu sein, um Erfüllung im Leben und in der Gemeinschaft zu finden. Anerkennung musste auch nicht mehr aus meinen Leistungen erwachsen. Meine Präsenz allein reichte sowie mein Wunsch, andere mit dieser von mir erfahrenen Überzeugung zu stärken. Ich bekam eine neue Vorstellung von Gott, der mit uns in menschlicher Weise fühlen möchte. Der uns akzeptiert, wo und wie wir sind, der uns zu größerer Freiheit berufen hat und uns vergibt, wenn wir schuldig werden. Dieser Gott sagt: »So wie ich euch liebe, sollt auch ihr einander lieben!«

Die Schwestern der näheren Stationen, die nicht an dem Tertiat teilnehmen konnten, hatten mich gebeten, die Ergebnisse dieser Tage mit ihnen durchzugehen. Einmal monatlich befassten wir uns mit der tiefgreifend neuen Sichtweise des *NT Way of Life* (aus dem Neuen Testament übernommen) auf Gott und die Welt – es tat uns allen gut.

In einem Folgekurs erhielten wir praktische Hinweise zur Entspannung. Ein älterer Geistlicher zeigte uns den perfekten Kopfstand, der ihm half, frisch zu bleiben. Das reizte mich, denn auch ich wollte fit bleiben. Besonders morgens, bei der Betrachtung, hatte ich mit Müdigkeit zu kämpfen. Also besorgte ich mir aus einem Kleiderpaket einen Trainingsanzug und übte den Kopfstand, erst allein, schließlich in unserer Gruppe, und zwar so lange, bis ich ihn konnte, wenigstens an einer Wand. Ich war glücklich, als ich mein Gleichgewicht auch in diesem Zustand halten konnte. Aber ich hatte vergessen, dass nicht alle im Tertiat gewesen waren: Sie fassten mein Benehmen als »unanständig« auf, immerhin war im Übungsraum ein Mann, eben jener ältere Geistliche. Prompt wurde mein unsittliches Betragen ins Provinzhaus nach Nairobi gemeldet, was zu einem Verweis führte. Und zwar nach dem üblichen Verfahren – ohne vorher zu prüfen, was eigentlich Gegenstand der Anklage war. Schade, doch das war ja nicht das erste Mal. Mein gekonnter Kopfstand entschädigte mich jedoch.

Weiter ging es darum, die im Tertiat gefassten Pläne umzusetzen. Nicht nur die Schwestern aus meiner Umgebung, sondern auch jene, die auf den weiter entfernt liegenden Außenstationen ihre Arbeit verrichteten, sollten in die neue Art der Kommunikation eingeführt werden. Ich begann mit diesem Unterfangen ohne offizielle Erlaubnis meiner Vorgesetzten, der Provinzoberin. Ihre fehlende Rückmeldung hatte sicher mit der Grenzschließung zu tun, so sagte ich mir. Ohne zu ahnen, dass hier schon wieder »Unterstellungen« im Spiel waren.

Trotz meines guten Vorsatzes, mehr auf meine körperlichen Kräfte zu achten, setzten mir die unterschwelligen Unterstellungen mehr zu, als ich wahrhaben wollte. Während eines Gesundheitskongresses, an dem ich in Dar es Salaam teilnahm, fühlte ich mich so miserabel, dass mich einer der Missionsärzte krankschrieb. Befreundete irische Missionarinnen, die ein Krankenhaus in Dareda leiteten, waren bereit, mich in den Nordosten Tansanias mitzunehmen, damit ich gründlich untersucht und behandelt werden konnte. Es ging alles sehr schnell. Ich rief im Provinzhaus an, wo ich aber erfuhr, dass die Oberin gerade nicht anwesend sei. Deshalb ließ ich ihr mitteilen, dass ich meine Lage schriftlich erklären würde. Dass ich nochmals einen Burnout erlebte, wie man das heute ausdrücken würde, konnte bei den ständigen Belastungen im Hospital und den zusätzlichen Anforderungen als Ordensfrau und Ratsschwester kaum ausbleiben.

Meine Eltern hatten durch unseren Briefverkehr sicher etwas von meinen inneren Spannungen ahnen können. Ich schrieb ihnen im März

1982: »Nie hätte ich mir vorgestellt, einmal solch eine Erschütterung zu erleben. Diese ständige innere Unruhe, das Suchen und das Fast-Berühren der Grenze der Hoffnungslosigkeit – all das macht mich mürbe.« Ich verschwieg, dass ich ein Gespräch mit meiner Provinzoberin hatte, die ich auf der Rückreise aus Dareda in Moshi traf, und dass dieses leider keine Klärung gebracht hatte. Ich sagte auch nicht, dass mich die Doppelbelastung schlichtweg überforderte. Immerhin wurden meine Aufgaben als Krankenhausleiterin später von drei Personen übernommen. Zuvor wurde nur gemunkelt, alles sei einfach zu viel für mich – was man mir negativ anrechnete, statt den Mangel an Hilfestellungen zu kritisieren. Für mich war das gleichbedeutend mit einem Vertrauensverlust – und der setzte mir am meisten zu.

Meine Mutter antwortete auf meinen Brief mit der Frage: »Hast du vergessen, dass der Mensch aus Leib und Seele besteht?« Sie nannte es »Zweigespann«, und diesen Ausdruck fand ich trefflich. Umso trauriger war ich, dass in meinem Umfeld dieser Gedanke wenig beachtet wurde. Andererseits begannen wir untereinander endlich wie richtige Mitschwestern zu kommunizieren; das waren mir die Strapazen wert. So glaubte ich wenigstens.

Zurück in Turiani, nach meinem Aufenthalt bei den irischen Schwestern, folgten bald unerwartet heftige Auseinandersetzungen. So wurde mir eine Versetzung angedroht. Was war nur los? Aus welchem Grund sollte ich ans äußerste Ende Kenias? Was sollte ich da tun? Ich begann mich zu wehren, da ich die Welt nicht mehr verstand. Vor Arbeit hatte ich nie zurückgeschreckt, aber die Übernahme einer kleinen Ambulanz ohne ärztliche Begleitung irgendwo in einer Einöde, das empfand ich als Verbannung. Eine solche Ausnahmesituation und die damit verbundene Einsamkeit hatte ich in den Anfängen Turianis, in der arztlosen Zeit, zur Genüge durchgemacht. Wozu hatte ich dann

Hospital Management studiert? Warum dieser Angriff – denn nur als solchen konnte ich dieses Ansinnen meines Ordens empfinden.

Lange überlegte ich, was ich falsch gemacht hatte. Einmal schrieb ich an meine Eltern, man würde mir vorhalten, ich hätte mich zu sehr mit Turiani identifiziert, ja Turiani mit meinem Einsatz zu meinem Vorzeigeobjekt gemacht. Diese Haltung würde dem Ordensleben schaden. Und Ordensleben hieß ja, sich in der Tugend der Demut zu üben. Das tat ich demnach nicht. Der beginnende Erfolg Turianis war offensichtlich. War es dem Orden nicht möglich, eine solche Entwicklung zu begrüßen? Stattdessen wurde ich wie ein Sündenbock behandelt. Oder gab es Neider? Und war Mobbing bereits ins Kloster eingezogen? Ich hielt es jedenfalls für unklug, gerade jetzt, da Turiani dabei war, sich einen Namen zu machen, das Erreichte aufzugeben.

Meine Verteidigung startete ich schriftlich, eine Kopie meines Briefwechsels mit der Provinzialin schickte ich an meine Generaloberin, Mutter Adelberta, die zu meinem Erstaunen antwortete und ein Treffen mit ihr in Simbabwe vorschlug. Die offenen Gespräche mit ihr in Bulawayo, im Februar 1982, bauten mich auf und ließen meinen Idealismus wieder erblühen. Sie schien meine Vision eines menschlicheren und ganzheitlicheren Ordenslebens, so wie wir begonnen hatten, es in Tansania bereits umzusetzen, zu verstehen und zu akzeptieren. Und sie hatte eine neue Aufgabe für mich. Das Dilemma war nur, dass ich gehalten war, mit niemandem über Einzelheiten der Unterredung zu sprechen. Selbst nach Düren berichtete ich nur, dass ich in Simbabwe war und dass eine Versetzung wahrscheinlich im Herbst folge, damit ich noch ein weiteres Arbeitsfeld kennenlernte. Was damit gemeint war, durfte ich nicht erwähnen.

Meine Zukunft war nur den Vorgesetzten bekannt – und mir. Ein zweiter Besuch in Simbabwe folgte um Ostern, im Juli war ich bereits für das Treffen der Provinzoberinnen im südafrikanischen Mariannhill gebucht, an jenem Ort, an dem unser Orden gegründet worden war. Jetzt war kaum mehr zu verheimlichen, dass ich in Simbabwe das Amt der nächsten Provinzoberin übernehmen würde. Endlich konnte ich offen darüber reden.

Aber bevor ich mein neues Amt antrat, galt es eine weitere Herausforderung zu bestehen. Angefeuert durch meinen Wandlungsprozess und bemüht um eine innere persönliche Reifung, schrieb ich einen weiteren Brief, diesmal an meinen Vater. Ich bat ihn, wie es in den von mir besuchten Kursen vorgeschlagen wurde, zuzulassen, dass ich mich symbolisch von ihm als Kind verabschiede, um von ihm als verantwortungsvolle Erwachsene anerkannt zu werden. Das hatte er nicht erwartet, und es war schwer, dies brieflich zu erklären. Zunächst verletzte ihn deshalb mein Wunsch. Doch schließlich siegte seine Liebe. Als junger Mann hatte er zwei Apfelbaumsetzlinge begossen, jetzt musste er sich damit auseinandersetzen, dass daraus Bäume geworden waren, die eigene Früchte hervorbrachten. Ja, er wolle mich freigeben, antwortete er schließlich, doch sei ich in seinem Herzen immer seine geliebte Tochter! Das war mir selbstverständlich, an seiner Liebe hatte ich nie gezweifelt.

Dieser Brief war einer seiner letzten an mich. Einmal wachte ich nachts auf. Deutlich spürte ich, dass es um meinen Vater gesundheitlich nicht gut stand. Mir schossen Tränen in die Augen, weil ich mich danach sehnte, ihm nah zu sein. Wegen seiner vielen Krankheiten hatte er mich nie in Afrika besuchen können. Er hätte so gern aktiv an meiner Missionsarbeit teilgenommen.

Am 5. September 1982 starb mein Vater. Und im Oktober begann mein Einsatz in Simbabwe. Hatte er mich dafür freigegeben? War ich jetzt bereit? Ich wünschte es mir von Herzen.

Aufpasser in Simbabwe

Der Abschied von Turiani fiel schwer, meine Mitschwestern waren schockiert, als sie hörten, dass eine Nachfolgerin bereits ernannt war. Ich rang nach den richtigen Worten, als ich Schwester Majellis, Schwester Joan und Schwester Magdalenis, die mit mir die meiste Zeit der vergangenen achtzehn Jahre in Turiani durchgestanden hatten, sagen musste, dass meine Versetzung jetzt offiziell sei. »Aber Sie gehören zu uns, Sie verstehen uns, Sie haben Turiani aufgebaut; die Leute fragen nach Ihnen.« So oder ähnlich waren die spontanen Äußerungen meiner Mitschwestern. Meine Oberin, Schwester Majellis, brach in Tränen aus. Sie hatte am deutlichsten gemerkt, dass ich »erwachsen« geworden war, und sie hing an mir wie eine Mutter an ihrem Kind. Schwester Joan, eine Goanesin, die sich bemüht hatte, mir das Tanzen beizubringen, lenkte am Ende humorvoll ein: »Ich kann Sie ja besuchen, um auch anderen solch beschwingte Nachhilfestunden zu geben.«

Im Kontrast zu dem Versuch aus Kenia, mich »kaltzustellen«, taten mir diese Anerkennungen der Kerntruppe Turianis unendlich gut. Wir alle wussten, dass im Orden der Gehorsam an erster Stelle steht. Gegen diese neue Versetzung konnte und wollte ich mich nicht wehren. Doch die gegenseitige Wertschätzung unter uns Schwestern konnte uns keiner nehmen, auch wenn wir bald getrennt sein würden. Zudem bedeutete die neue Aufgabe eine Auszeichnung, denn es gab bei weltweit rund 1100 Schwestern nur zwölf Provinzen. So sagte auch Schwester Majellis mutig: »Ich würde Sie nie gehen lassen, wenn es nicht eine Ehre für uns wäre, dass Sie dieses wichtige Amt bekleiden!«

Und dann waren meine Sachen auch schon gepackt, und ich flog am 22. Oktober 1982 nach Harare und weiter nach Bulawayo, um dort mein neues Amt als Provinzoberin anzutreten. Gemäß der Ordenssatzung war sie (also nun ich) »die bevollmächtigte und verantwortliche Oberin der Provinz. Sie sorgt für das geistliche und leibliche Wohl der Schwestern. Sie handelt nach den Konstitutionen und in Übereinstimmung mit der Generaloberin, sowie mit ihrem Rat.« Ich selbst glaubte, in der Ausführung dieses Amtes meine neu erfahrene Spiritualität, wie ich sie während des Tertiats begonnen hatte, verwirklichen zu können, und zwar nach dem Motto des heiligen Irenäus: »Die größte Ehre für Gott ist die Person, die ganzheitlich Mensch ist!« »The greatest honour of God is a human being fully alive!« Anders gesagt: Je reifer der Einzelne in der Gemeinschaft lebt, umso mehr Gefallen hat Gott an ihm!

Simbabwe, das frühere Süd-Rhodesien, hatte zwei Jahre vor meiner Ernennung zur Provinzoberin seine Unabhängigkeit erhalten. Nach neunzigjähriger Herrschaft durch weiße Siedler war das Land dabei, zu seiner Eigenständigkeit zurückzufinden. Vor meiner Abreise aus Turiani erschreckte mich noch die gut gemeinte Warnung eines Massai: »Der Mensch dort im ehemaligen Rhodesien wird schlimmer behandelt als ein Hund.« Eigene Erfahrungen hatten ihn zu dieser Überzeugung gebracht. Ich dagegen hatte zwar von der immer noch lebendigen Apartheid gehört, aber vorstellen konnte ich es mir nicht. Sollte ich solch einer menschenverachtenden Einstellung begegnen, würde ich das nicht akzeptieren – das war mir klar. Für mich waren alle Menschen »als Gottes Ebenbild« in gleicher Würde und Einzigartigkeit erschaffen. In welch schweren Kampf die katholische Kirche wegen dieser Haltung schließlich verwickelt wurde, konnte ich damals nicht einmal ahnen.

Fünf Jahre konnte ich als Provinzoberin in diesem einzigartigen Land im südlichen Afrika tätig sein. Jahre, die mich, trotz aller Schwierigkeiten, zutiefst bereicherten. Die dortigen Schwestern hatten mich nicht ausdrücklich gewählt, sondern wünschten sich nur mit großer Mehrheit eine Oberin, die Afrika-Erfahrungen besaß, aber nicht durch die belastenden Geschehnisse im früheren Rhodesien geprägt war – so wurde es mir jedenfalls erzählt. Wer auch immer meine Konkurrentinnen waren, am Ende entschied man sich für mich, für eine Schwester, die aus einer anderen Provinz kam. Ich wollte in dieser verantwortungsvollen Position auf die Kraft meiner inneren Überzeugung setzen und nicht auf irgendwelche Qualifikationen, die ich vorzuweisen hatte – oder eben nicht. Noch immer kämpfte ich mit dieser Unsicherheit, was meine Fähigkeiten betraf – aber welche von uns Oberinnen wurde damals schon auf ihr Amt vorbereitet? Dennoch war ich blauäugig genug zu glauben, dass es uns im Orden vornehmlich um die Vertiefung des »inneren Geistes« ankommt und dass wir uns von dem inspirieren lassen, was gelebtes Christentum fordert. Einer buchstabengetreuen Einhaltung von Ordensregeln war ich ja bereits entwachsen. Als ich mich Mutter Adelberta erklärt hatte, war sie diesen Selbstzweifeln nüchtern mit den Worten begegnet: Sie kenne meine geistige Ausrichtung und wisse um meinen erfolgreichen Einsatz in Turiani und in Ostafrika. Außerdem habe sie meinen Vater als tiefgläubigen Diakon kennengelernt. Das sei Grund genug, mich für diesen wichtigen Posten vorzuschlagen.

In der Praxis erhielt ich auch keine weitere Unterstützung von ihr. Noch als ich in Turiani war, hatte sie mich nach Moshi zu sich gerufen, um »letzte Anweisungen« zu erteilen. Es folgte eine Beschreibung jeder einzelnen Schwester, mit der ich in Simbabwe zu tun haben würde, mit Beurteilungen und Vorschlägen für deren nächste mögliche Versetzung. Meine Notizen füllten eine ganze Kladde. Aber als ich dann im Land war, achtete ich nicht mehr auf diese Vorschriften, ja ich schaute kein einziges Mal mehr in dieses Heft. Musste ich mir nicht selbst ein Bild machen? Musste nicht jede Schwester persönlich zu Wort kommen können? Das gehörte zum neuen Konzilsverständnis, aber in unserem Orden konnte es passieren, dass der Wille der Oberen mit dem Willen Gottes gleichgestellt wurde. Diese Praxis konnte ich nach meinen bisherigen Erfahrungen nicht befürworten. Auch wenn ich meine Karriere dadurch von Anfang an aufs Spiel setzte – ich war bemüht, meiner inneren Ausrichtung treu zu bleiben.

Mein Beichtvater in Dar es Salaam, der selbst viermal das Amt des Provinzobern bekleidet hatte – in Kanada sowie in Tansania –, warnte mich eindringlich. »Du bist verrückt, Lauda, du findest keine Unterstützung, deine Vision ist eine Utopie!« Ich war jedoch so glücklich, endlich etwas von dem verwirklichen zu können, was ich mir erträumte, dass ich die Einwände nicht wahrhaben wollte. Simbabwe hatte die Unabhängigkeit errungen, das Land war in Aufbruchstimmung, die Mehrzahl der Mitschwestern einheimisch und jung – das waren beste Voraussetzungen, um gemeinsam einen Neuanfang zu wagen. Dazu war ich bereit. Einst hatte mir ein Missionar gesagt: *»Let go – and let God!«*, was so viel heißt wie alles hinter sich zu lassen, loszulassen und auf Gott zu vertrauen. Das war meine Chance!

Die ersten Schwestern waren bereits 1910 aus der Gründungszentrale Mariannhill ins nördliche Nachbarland Rhodesien gekommen, um dort zu missionieren. Eine der älteren Pionierinnen erzählte mir, dass sie versucht hätte, anhand des einheimischen traditionellen Dreifußhockers das Geheimnis der Dreifaltigkeit Gottes verständlicher zu machen. Ihre Worte: »So wie der Hocker mit drei Beinen eine Einheit bildet, so gehören auch die drei göttlichen Personen zu dem einen Gott!« Die Missionierung muss erfolgreich gewesen sein, denn zu Beginn meiner Amtszeit wirkten unsere Schwestern auf fünfzehn Stationen. Von den 117 Schwestern in der Ordensprovinz waren fünfundsechzig einheimisch. Das beeindruckte mich, denn bis jetzt waren die meisten meiner Mitschwestern weiße Europäerinnen gewesen. Und dass wir europäischen Missionarinnen immer älter wurden und der Nachwuchs aus der Heimat ausblieb, war nicht von der Hand zu weisen. Allein zwanzig unserer zweiundfünfzig weißen Mitschwestern waren siebzig oder älter. Die Integration von Schwarz und Weiß musste also gelingen. Nur so würde unser Missionsauftrag Zukunft haben. Das wagte ich jedenfalls zu hoffen.

In Simbabwe, eineinhalbmal so groß wie die Bundesrepublik, waren 1982 von den achteinhalb Millionen Einwohnern (davon zirka zweihunderttausend Weiße) rund dreieinhalb Millionen Christen – also eine ganze Menge. Monte Cassino war eine unserer ersten Missionsstationen. Hier unterhält der Orden auch jetzt noch ein Internat, das zu den besten Schulen des Landes gehört. Natürlich in der Erwartung, dass von den Schülerinnen einige bei uns Schwestern des Kostbaren Bluts eintreten.

Bulawayo, wo sich unsere Ordenszentrale befand, ist nach Harare die zweitgrößte Stadt Simbabwes. Zwischen Bulawayo und der Hauptstadt liegen 460 Kilometer, jedoch gut asphaltiert. Dass die Straßen hier viel besser waren als in Tansania, fiel mir sofort auf, und ich genoss es, diese Entfernungen zügig zu bewältigen, ohne Schlaglöchern ausweichen zu müssen. Der Nachteil: Die schnurgeraden, monotonen Strecken machten mich bei der Hitze schnell schläfrig, selbst wenn ich beschwingte Musik auf meinem mitgenommenen Kassettenrekorder hörte. So passierte es mir einmal, dass ich auf einer der gepflegten Raststätten am Straßenrand einnickte. Erst durch ein Klopfen an die Fensterscheibe wurde ich in die Gegenwart zurückgeholt. Ein freundlicher weißer Simbabwer meinte: »Schwester, ist alles in Ordnung?« Ich kurbelte das Fenster herunter und bedankte mich. Jetzt war ich hellwach und staunte über diese Fürsorge. Hier schienen sich die Einwohner umeinander zu kümmern.

Im Vergleich zu Tansania schien mir das junge Simbabwe wie ein Schlaraffenland. Besonders im 1300 Meter hoch gelegenen Bulawayo war der Einfluss der Europäer stark zu spüren und der allgemeine Lebensstandard hoch. Die Auslagen in den Läden waren üppig, die Supermärkte randvoll mit Waren, es gab alles zu kaufen. Ich traute meinen Augen kaum, denn zur selben Zeit gab es in Tansania keine Schulhefte, Toilettenpapier war Mangelware, es war sogar kaum möglich, Grundnahrungsmittel ausreichend zum Verkauf anzubieten. Bulawayo war außerdem beindruckend sauber, und die großzügig angelegten Straßen aus der Gründerzeit wurden von prächtigen Bäumen wie den violettblühenden Jacarandas gesäumt. Ich bewunderte den zentralen Springbrunnen, Anniversary Fountain genannt, der 1968, zum fünfundsiebzigsten Geburtstag der Stadt, gebaut worden war. Abends leuchteten seine farbenfrohen Fontänen und erinnerten an europäische Großstädte. Auf dem Weg zum modernen Krankenhaus der irischen Franziskanerinnen führte die Straße an einer stadtbekannten Eisdiele vorbei. Die Qualität der Eiskugeln und ihre vielfältigen Geschmacksrichtungen waren unübertrefflich, und das nicht nur, weil ich im Busch von so etwas nur hätte träumen können. Als ich bei einem Besuch des Krankenhauses von der Küchenschwester gefragt wurde, ob ich ein besonderes Gericht bevorzuge, verriet ich ihr meine Schwäche für diese süße Versuchung. Damit schien ich nicht allein zu sein, und jedes Mal, wenn ich eine Außenstation besuchte, war das für die jeweiligen Schwestern ein Grund, Eis zu servieren.

Die meisten von ihnen waren in der Diözese Bulawayo tätig. Obgleich die Mariannhiller bereits 1895 von Südafrika heraufgekommen waren, hatten sie Bulawayo erst 1930 von den Jesuiten übernommen und mit viel Eifer weiterentwickelt. Neben dem Bischofssitz hatten die Mariannhiller Missionare (CMM) auch eine eigene Ordensprovinz mit ihrem Provinzobern etabliert. Wir Schwestern – so auch ich – lebten im Kloster in Queenspark, einem Ortsteil von Bulawayo, und warteten auf die Fertigstellung des Erweiterungsbaus, mit zusätzlichen Zimmern für Besucher oder studierende Schwestern. Ich hatte den Vorschlag gemacht, einen Teil des alten Provinzhauses so umzugestalten, dass dabei die Bedürfnisse der Seniorinnen berücksichtigt würden. Leider fand diese Idee kein Gehör – wie auch viele andere Vorschläge von mir. Es fiel mir nicht leicht, das zu akzeptieren. Ich wurde immer wieder blockiert – bis meine Ideen später unter meiner Nachfolgerin umgesetzt wurden. Auch so etwas ist nicht unüblich im Kloster.

Meine Vorgängerin war durch die Wirren der Unabhängigkeitskriege länger im Amt geblieben als die üblichen »zweimal fünf Jahre«. Nun fand ich eine Atmosphäre des allgemeinen Misstrauens vor, sodass es mir an der Zeit schien, dass wir lernten, uns gegenseitig zu akzeptieren. Das war alles andere als leicht, vor allem, da ich eine wesentlich jüngere Oberin war. Außerdem war ich gewohnt, eigenverantwortlich zu handeln, wenn es etwa um die Belange unseres Krankenhauses ging. In Simbabwe hielt man es dagegen für völlig normal, das Wesentliche stets in Absprache mit dem Bischof zu planen, aber in einer eher ihm unterstellten Position. Dass wir zudem in finanzieller Abhängigkeit von den männlichen Missionaren standen, wurde mir erst allmählich klar. Wir erhielten freie Kost und Logis, doch ging die Hälfte aller Gehälter jener Schwestern, die im staatlichen Schul- oder Krankendienst tätig waren, sofort an den Bischof. Das führte unweigerlich zur Unselbstständigkeit. Die Küchenschwestern, die unter einem Pfarrer arbeiteten, bekamen in der Regel sogar vorgeschrieben, was sie kochen sollten, wurden aber kaum zum Einkauf der Haushaltswaren mitgenommen. Der Obere besorgte die Lebensmittel nach Wunschliste oder Gutdünken – und bezahlte. Selbst für Toilettenartikel hatte die Oberin kein eigenes Geld. Ich war sprachlos und konnte das kaum glauben. Davon hatte ich noch nie gehört, da waren wir in Tansania geradezu fortschrittlich.

Gewöhnungsbedürftig war weiterhin, dass ich von zwei Generationen von Provinzoberinnen, die im gleichen Konvent lebten, argwöhnisch beobachtet wurde. Ich war die Fremde, eine, die in ihren Augen mit dreiundvierzig zu jung für diesen Posten war und, da in Simbabwe unerfahren, kontrolliert werden musste. Der Haken jedoch war, dass sie die bis jetzt ausgeübte Macht überhaupt nicht loslassen wollten. Ich staunte nicht schlecht, als ich merkte, dass ich beim Telefonieren abgehört wurde. Aus Versehen beantwortete eine »Spionin« einmal eine Frage, die an mich gerichtet war, von dem Telefon aus, an dem sie mithörte. Auf diese Weise hatte sie sich selbst verraten.

Auch meine Anfrage nach einem eigenen Scheckbuch stieß auf Ablehnung. Auf der Bank musste ich zwar meine Unterschrift geben, weil ich als Provinzialin rechtlich die Zeichnungsbefugnis besaß, aber das schien reine Formsache zu sein. Als ich um Erklärung für diese Bevormundung bat, hieß es, dass ich auch nicht über persönliches Geld zu verfügen hätte. Die Prokuratorin, verantwortlich für die Finanzen in der Provinz, würde mir schon geben, was ich benötige, ich solle nur fragen. Dabei trug ich als Provinzoberin die Hauptverantwortung in allen Bereichen, wenn auch in Absprache mit meinen vier Rätinnen. Das aber stand anscheinend nur auf dem Papier, die Praxis sah anders aus. Wenn mich meine Erinnerung nicht täuscht, hatte diese Prokuratorin zusätzlich das Amt der Hausoberin inne; diese Doppelfunktion verstärkte ihre Machtposition. Kein Wunder, dass viele der einheimischen Schwestern Angst vor ihr hatten, auch wenn sie dies nur hinter vorgehaltener Hand äußerten. Doch ich setzte mich, wo immer es möglich war, durch. Ich bestand auf ein separates Postfach, einen eigenen Telefonanschluss und auf Zugang zum Geld, um mich unabhängig meinen eigentlichen Aufgaben widmen zu können.

Bei meiner Einführung erlaubte ich mir – unaufgefordert – den Wunsch auszusprechen, als Provinzialin mit »Schwester« angeredet zu werden und nicht mit »*Mother*«. Ich war mir dieser Gepflogenheit zwar bewusst, hatte aber festgestellt, dass bei der englischen Anrede die Funktion hervorgehoben wurde. Wenn eine Bitte mit »*Mother, please ...*« eingeleitet wurde, geschah das, um mir zu schmeicheln, um dann die gewünschte Erlaubnis zu erhalten. Zudem kam mir der Titel »Mutter« bei vielen älteren Schwestern ohnehin unpassend vor. Die einheimischen Schwestern wirkten erleichtert, während die älteren Unverständnis zeigten. Die Generaloberin, Mutter Adelberta, raunte mir empört zu: »Das kann nicht gut gehen, dadurch haben Sie sofort verloren!«

Wenn ich mir später den Spaß erlaubte, etwas mit dem Satz anzukündigen: »Schwester Lauda möchte der Provinzoberin etwas sagen«, dann erntete ich entweder skeptische Blicke oder helles Lachen, abhängig davon, ob die Schwestern den Unterschied von Person und Funktion erkannten.

Ein anderes Wortspiel entstand aus der lateinischen Kennzeichnung unseres Ordens, denn jede von uns, die durch die Ewige Profess vollwertiges Mitglied geworden war, fügte ihrem Namen die Initialen C.P.S. hinzu. Die einen sahen darin einen Hinweis auf die »Colossal Practical Sisters«, denn als Schwestern waren wir kolossal praktische Arbeitshilfen, wo immer wir eingesetzt wurden. Doch aus den eigenen Reihen wuchs die weniger schmeichelhafte Deutung als »Zentrale Polizei Station«: (Central Police Station). Denn diese Buchstaben, also C.P.S., prangten weit sichtbar über der Haupteinfahrt unseres Konvents in Bulawayo.

Während einer Feierlichkeit im Bischofshaus erlebte ich eine etwas andere Art der Einführung. Dort arbeiteten drei unserer weißen Schwestern. Eine war als Pfortenschwester und Sekretärin tätig, eine weitere arbeitete in der Küche und die dritte und älteste war für das Haus zuständig. An diesem Abend hatte die Küchenschwester ihr Können mit gelungenen Speisen unter Beweis gestellt und war glücklich, als der Bischof, wie auch ich, das zu würdigen wussten. Selbstbedienung war angesagt, somit war weniger Personal nötig, gleichzeitig wurde dadurch aber auch ein ungezwungenes Beisammensein gefördert. Da ich mich nicht ganz wohl zwischen den vielen mir noch unbekannten Missionaren fühlte, begann ich mich nützlich zu machen. Getränke mussten aufgestockt, gebrauchtes Geschirr weggeräumt und gespült werden; es gab reichlich Arbeit, und ich war guter Dinge. Ich war präsent, ohne aufzufallen, und rettete geschickt eine Situation, als ein Glas zerbrach und den Bischof beinahe beschmutzt hätte. Plötzlich hörte ich hinter mir in der kleinen Abstellkammer eine Männerstimme: »Sind Sie nicht die neue Provinzoberin? Ich möchte mich gern vorstellen.« Es war der neue Sekretär des Nuntius, des Vertreters des Heiligen Stuhls in Harare, direkt aus Rom eingeflogen. Er schien so jung, dass es seine erste Stelle als Diplomat sein musste. Er lachte mich an und hielt mir einen Stapel benutzter Teller entgegen. Er war meinem Beispiel gefolgt, und wir beide amüsierten uns über diese Art der Bekanntmachung. Sie hätte eigentlich offiziell stattfinden sollen, aber durch diese unkonventionelle Art glaubte ich in diesem Vertreter des Vatikans einen Verbündeten zu haben. Was wusste ich schon von Diplomatie? Wenig, wie sich später herausstellte.

220

Ich wäre froh gewesen, wenn die Generaloberin mich stärker unterstützt hätte. Das hätte geholfen, die unliebsame Bevormundung durch die einstigen Oberinnen in Queenspark zu bremsen. Als ich eines Morgens während ihres Besuchs erlebte, dass sie eingeschlossen war (natürlich aus Versehen) und laut rufen musste, um zum Gottesdienst zu kommen, regte sich bei mir Schadenfreude. Vielleicht verstand sie jetzt, warum das Klima in diesem Haus so angespannt war? Das Regime der Alteingesessenen ließ sich jedoch nicht davon abbringen, die Situation weiterhin zu verschärfen. Allein darum ging es: Kontrolle, Beobachtung und einseitige Beurteilung.

Ein Paket mit meinen persönlichen Unterlagen, das ich auf Anraten der Generaloberin bei einem früheren Besuchstermin in Bulawayo in Verwahrung gegeben hatte, war angeblich spurlos verschwunden. Das machte mich sehr betroffen. Ich konnte einfach nicht verstehen, wie das möglich war, bis ich von jungen Schwestern hörte, dass sie oft Ähnliches erlebt hätten, etwa nach längerer Abwesenheit durch ein Studium. Sie hatten vorher ihre privaten Sachen, gut beschriftet und verpackt, zur Aufbewahrung abgegeben. Bei der Rückkehr war nichts mehr davon aufzufinden. Solche Erlebnisse erzeugten böses Blut. Um das in Zukunft zu verhindern, planten wir im neuen Provinzhaus einen eigenen Abstellraum, zu dem nur eine befugte Schwester Zutritt erhalten sollte. Jede Schwester konnte einen verschließbaren Koffer oder Karton in Verwahrung geben und versah ihn mit einer genauen Inhaltsangabe, Unterschrift und Datum. Später, als dieser Raum eingerichtet war, klappte das hervorragend. Es war nicht korrekt, den Schwestern in ihrer Abwesenheit etwas zu nehmen, auf das sie ein Recht hatten, auch wenn das Armutsgelübde Besitzlosigkeit verlangt, wie die Hardliner ihre Aktion zu verteidigen suchten.

Weiter befremdete mich, dass kein Auto für mich vorgesehen war, obgleich große Strecken zwischen den einzelnen Stationen überwunden werden mussten. Schließlich erfuhr ich, dass die frühere Oberin keinen Führerschein hatte. Deshalb hätte sich die Pfarrschwester mit ihrem VW-Kombi für notwendige Reisen zur Verfügung gestellt. Diese konnte dadurch wiederum überall mitmischen. Bei den einheimischen Schwestern war ihr eifriges Mundwerk bereits gefürchtet. Auch mir bot sie ihr »Taxi« an. Ich bemerkte jedoch rechtzeitig, dass ich auf diese Weise weiterer Kontrolle ausgeliefert sein würde. Deshalb fühlte ich mich erleichtert, als mir schließlich vom Sekretär des Bischofs ein altes reparaturbedürftiges Auto zur Verfügung gestellt wurde. Da Freunde in der Heimat, die mir auch in Turiani eine große Hilfe waren, bereits einen VW-Diesel gekauft und verschifft hatten, diente mir der alte Wagen ohnehin nur als Zwischenlösung.

Nach zehn Monaten – im Juli 1983 – konnte ich die Ankunft des beigefarbenen Volkswagens feiern. Nach weiteren fünf Monaten hatten wir gemeinsam bereits über fünfzehntausend Kilometer zurückgelegt. Es gab viel für uns beide zu tun, und er war mir ein unerlässlicher Begleiter.

Die gleichen Freunde sorgten auch dafür, dass ich einen Anrufbeantworter, ein Faxgerät und einen Fotokopierer zur Unterstützung für meine neue Tätigkeit bekam. Durch diese Hilfsmittel schaffte ich mir mehr Freiraum und war weniger kontrollierbar. Doch schmerzte es, dass meine »Aufpasser« das Gerücht verbreiteten: »Die hat den Anrufbeantworter nur, weil sie nie zu Hause ist!« Es brauchte eine geraume Zeit, bis alle zugeben mussten, dass ich immer schnellstens zurückrief, ja sogar persönlich vor Ort erschien, wenn es ratsam war. Während dieser Durststrecke sagte ich mir oft: »Rom wurde auch nicht an einem Tag erbaut!« Als eine meiner Ratsschwestern versehentlich erwähnte, dass sie über meine Vorgängerin regelmäßig ins Generalat nach Rom berichtet hatte, schoss es aus mir heraus: »Und wer von euch ist auf mich angesetzt?« Stille!

Dessen ungeachtet tat ich meine Arbeit und nahm jede Gelegenheit wahr, mehr über dieses landschaftlich so faszinierende Binnenland und seine Menschen, über unsere Schwestern und über die uns gestellten Aufgaben zu erfahren. Laut Ordenssatzung sollte ich die einzelnen Stationen, auf denen wir tätig waren, zweimal während meiner fünfjährigen Amtszeit besuchen – beziehungsweise visitieren, wie es genannt wurde. Dieser Besuch hatte das Ziel, jede einzelne Schwester besser kennenzulernen, herauszufinden, ob sie sich wohlfühlt mit ihrer Aufgabe, in ihrer Gemeinschaft, im geistlichen Leben. Um objektiv zu sein, wollte ich mich nicht unter Druck setzen lassen; der obligatorische Bericht ins Generalat, in unsere Ordenszentrale nach Rom, sollte meine eigene Erfahrung widerspiegeln.

Schwarz-weiße Schieflage

Mein Besuch auf dem Friedhof von Bulawayo brachte mich zu den Gräbern der ermordeten Missionare aus der Zeit der Freiheitskämpfe. Unter den Verstorbenen war auch eine Rheinländerin, die auf der Missionsschule eine Klasse über mir gewesen war. Die Generaloberin hatte mir anvertraut, dass Schwester Francis eigentlich als nächste Provinzoberin vorgesehen war. Weil ein Mord das verhindert hatte, fiel die Wahl dann auf mich. War das der Grund für die Vorbehalte meiner Person gegenüber, die ich spürte? Die Frage blieb unbeantwortet. Dennoch: Durch ihren Tod hatte ich diese Position bekommen.

Sie, Schwester Francis, war am 6. Dezember 1976 bei einem Überfall auf das Auto des Altbischofs gemeinsam mit diesem und einem Mariannhiller Missionar erschossen worden. Eine weitere Mitschwester konnte sich, verletzt, unter das Fahrzeug flüchten. Im Jahr darauf gab es erneut Übergriffe und Tötungen: Vier Dominikanerinnen und drei Jesuiten kamen in der Nähe von Harare ums Leben, außerdem die Missionsärztin sowie eine österreichische Mitschwester in einem Missionshospital, das in der Nähe von Bulawayo lag. Auf einer benachbarten Missionsstation hatten plündernde Banditen die Parole ausgegeben, afrikanische Schwestern sollten sich nicht versklaven lassen, denn die deutschen Missionare würden sich auf die Seite der verhassten weißen Führungsschicht schlagen. Diese Taktik war raffiniert – es war der Versuch, unsere Gemeinschaft zu entzweien und die Schwestern als Schwarze und Weiße gegeneinander aufzuwiegeln.

Ein andermal wurde die Mädchenschule einer Mission nachts überfallen, die jungen Frauen wurden vergewaltigt. Um zu verhindern, dass
Schwestern die Konsequenzen von Vergewaltigungen zu tragen hatten,
wurde den jüngeren unter ihnen einer Impfung gleich eine Spritze
verabreicht. Sie hatten keine Ahnung, dass ihnen ein empfängnisver-
hütendes Mittel injiziert wurde. Mir wurde später zugetragen, dass die
zuständige Ärztin wie auch der Bischof diese heimliche Art der Vorbeugung für gerechtfertigt gehalten hatten. Diejenigen, die die Wahrheit kannten, waren jedoch empört. Warum wurden sie nicht in die
Überlegungen miteinbezogen? Was rechtfertigte eine Bevormundung,
durch die »Schlimmeres« verhindert werden sollte? War das nicht auch
eine Form der Freiheitsberaubung?

In den Jahren des Unabhängigkeitskampfes war Unvorstellbares passiert. Darunter litten besonders die Missionare, die geglaubt hatten, sie
wären als »Boten des Heils« nicht angreifbar. Insgesamt brachte man
einundzwanzig weiße Missionare um, Frauen wie auch Männer. Wer
einem solchen Angriff ausgesetzt und mit dem Leben davongekom-
men war, versuchte lieber zu vergessen. Leider war dieses blutige Kapitel in der Geschichte Simbabwes zu meiner Zeit noch nicht abgeschlossen. Ich erhielt reichlich Gelegenheit, eigene Erfahrungen zu
machen. Für das Land wäre es besser gewesen, wenn endlich Frieden
eingezogen wäre. Doch wie konnten Wunden heilen, wenn immer
neue geschlagen wurden? Und nicht nur zwischen den Hauptrivalen,
den Stämmen der Shona und der Ndebele, sondern auch in den kirchlichen Gemeinschaften, in denen eine Gleichstellung von Schwarz
und Weiß noch lange keine Realität war. Gab es deshalb so viel Arg-
wohn und Bespitzelung unter den Schwestern? Traute man den einheimischen Schwestern nicht genügend Eigenverantwortung zu?

Ganz sicher hatte man nicht vergessen, dass während des Befrei-
ungskrieges meistens die europäischen Schwestern von den Außensta-

tionen nach Bulawayo zurückbeordert worden waren mit der Begründung, auf diesen Außenposten sei es für Weiße zu gefährlich. Auch wenn das stimmte, sahen die einheimischen Schwestern darin eine schwarz-weiße Schieflage, die beträchtliches Konfliktpotenzial barg. Um eine neutrale Stellung zu beziehen, machte ich es mir zur Pflicht, immer beide Seiten zu hören – eigentlich eine Selbstverständlichkeit. Ganz allmählich führte das zu mehr Dialogbereitschaft.

Bevor eine Aufarbeitung der vergangenen Jahre möglich wurde, loderten 1983 erneut blutige Auseinandersetzungen auf, insbesondere im Südwesten des Landes, wo die Ndebele ansässig waren. Dieser Bantu-Stamm, verwandt mit den kriegerischen Zulus in Südafrika und unter der Führung von Joshua Nkomo, umfasste damals achtzehn Prozent der Bevölkerung. Zwischen den Ndebeles und den Shonas, die ungefähr siebenundsiebzig Prozent ausmachten und zu denen der noch heute amtierende Präsident Robert Mugabe zählt, herrschten immer wieder tödliche Rivalitäten.

Damit unsere Schwestern, die überwiegend auf den Außenstationen im Ndebele-Gebiet ihren Dienst taten, sich nicht alleingelassen fühlten, versuchte ich schnellstens vor Ort zu sein, wann immer neues Unheil drohte. Obgleich Missionsfahrzeuge erneut zur Zielscheibe von Überfällen geworden waren, reiste ich allein. Was nützte es, wenn einem eventuellen Angriff noch andere zum Opfer fielen? Um nicht leichtsinnig zu erscheinen, rief ich die Schwestern, die ich aufsuchen wollte, an, bevor ich losfuhr. Dadurch wussten sie, dass ich unterwegs war. So hätten sie die örtliche Polizei informieren können, wenn ich zur festgelegten Zeit nicht angekommen wäre. Ich fühlte mich jedoch immer in Begleitung meines Schutzengels, dadurch konnte ich meine innere Ruhe bewahren. Auch als ich einmal von einem schwer bewaffneten Soldaten angehalten wurde. Er war aus dem Nichts aufgetaucht und forderte mich auf, auszusteigen. Danach überprüfte er das Auto, durchsuchte meine Tasche und fragte mit undurchdringlichem Gesicht nach dem Grund meiner Reise. Jetzt hatte es mich tatsächlich erwischt! Nur keine Furcht zeigen, schoss es mir durch den Kopf. Lauda, du bist in Gottes Hand, auch wenn noch mehr Soldaten in den umliegenden Gebüschen versteckt sein sollten, alles wird gut!

Endlich war die Inspektion abgeschlossen. Wir beide maßen einander. Schließlich fragte er forsch: »*Sister, are you not afraid?*« Und ob ich in diesem Moment Angst hatte! Seinem Blick hielt ich jedoch stand und erwiderte beherzt: »Ich hoffe, nur Menschen wie Ihnen zu begegnen!« Wir hatten Achtung voreinander – und ich konnte aufatmen.

Als am 10. November 1983 ein weiterer Mord an einem Missionsbruder bekannt wurde, musste ich unseren Bischof und den damaligen Provinzial erst mit Bitten bedrängen, bis sie mich schließlich nach Embakwe, der Station, auf der das Verbrechen geschehen war, mitnahmen. Auf diese Weise konnte ich das schockierende Erlebnis mit unseren Schwestern teilen. Dass hatten die Herren wahrscheinlich außer Acht gelassen – es gab ja auch weibliche Ordensmitglieder. Als wir jedoch aufgefordert wurden, den Leichnam zu identifizieren, kam mir meine Vergangenheit als Krankenschwester zugute. Spätestens jetzt war es den beiden Herren recht, dass sie mich mitgenommen hatten. Wie selbstverständlich zog ich dem Toten den Ring vom Finger, um diesen seiner leiblichen Verwandten – eine unserer Schwestern – als Andenken zu übergeben. Der Verstorbene war von seinen Mördern in einen Ameisenhaufen gesteckt worden. Das war grauenvoll. Zuvor hatten sie ihm das Genick gebrochen. Er wollte einen Staudamm errichten lassen; von der Bevölkerung war das fälschlicherweise als Gefährdung angesehen worden. Durch den Damm sollte Wasser für alle gesichert werden, während die Menschen befürchteten, die Mission wolle es ihnen wegnehmen, obgleich sie es dringend für ihr Vieh benötigten. Was für ein tragisches Missverständnis – wie nötig wäre wieder einmal ein Dialog gewesen.

Der Auslöser für die erneuten Feindseligkeiten war das angebliche Waffenlager der ZAPU, das man bei den Ndebele im Süden des Landes gefunden haben wollte. Joshua Nkomo, der Anführer der ZAPU, der Zimbabwe African Patriotic Union, musste sich daraufhin vorübergehend in Sicherheit bringen. Seine Anhänger wurden von der ZANU, der regierenden Afrikanischen Nationalunion, als Dissidenten gebrandmarkt. Abends, nach Einbruch der Dunkelheit, wie auch frühmorgens durfte niemand mehr seine Hütte verlassen, sonst drohte die gnadenlose Freigabe zum »Abschuss«. Diese Ausgangssperre beschränkte zusätzlich die lebensnotwendige Feldarbeit. Außerdem lagen die Toiletten immer außerhalb der Hütten, was für die Bewohner eine große Gefährdung bedeutete.

Zudem gab es nachts zahlreiche Überfälle von Soldaten oder Guerillas, die regelrechte Massaker verübten. Schwangeren Ndebele-Müttern wurde bei vollem Bewusstsein das werdende Leben aus dem Leib geschnitten, damit sie und ihr Baby verbluteten; ihre Männer wurden halb totgeprügelt. Der Angreifer setzte dazu den Fuß auf den Nacken des auf dem Boden liegenden Opfers, schlug ihm mit einem Holzprügel auf die Oberarme, bis sie brachen, anschließend über das Gesäß, bis der Muskel platzte. Bei überlebenden Gefolterten hätte ich meine Faust in ihre Wunden legen können. Was hatte ich im Turiani Hospital nicht schon alles erlebt – aber das hier waren keine Krankheiten, das war brutaler, menschenverachtender Hass. Tausende müssen damals umgekommen sein. Eine Mitschwester berichtete, dass sie beobachtet hätte, wie mehrere Lastwagen voll verwesender Leichen am Regierungshospital abgeladen wurden.

228

Noch schwieg die Weltpresse, und mein eigener Versuch, auf die furchtbare Situation aufmerksam zu machen, indem ich am Telefon das Schlagwort »Biafra« einwarf, misslang. Weiterhin versuchte ich zusammen mit anderen Einfluss und Druck auf Regierungskreise auszuüben. Das gängige Gegenargument lautete, man dürfe sich nicht einmischen! Erst Monate später begann sich die Lage etwas zu entspannen. Doch die Angst vor weiteren Übergriffen blieb. Ich ahnte, dass es beinahe übermenschlicher Kraft bedurfte, um wahre Aussöhnung zu bewirken, wie es die Kommission für Gerechtigkeit und Frieden, seit 1971 von der Bischofskonferenz eingesetzt, anstrebte. Ihr Ziel war eine Versöhnung zwischen den beiden Stämmen, den Shona und den Ndebele, sowie zwischen Schwarz und Weiß, sowohl in der Regierung als auch in der Kirche. Für mich kaum zu glauben: Es dauerte Jahre, bis die Regierung Stellung zu den Gräueltaten nahm. Sie versuchte noch immer, sie zu leugnen. Währenddessen ging der Alltag, auch unser Klosteralltag, weiter; mit den bekannten Reibereien zwischen Jung und Alt, Schwarz und Weiß, den Gebildeten und den weniger Privilegierten.

Ein hierarchisches Gefälle gab es leider auch unter uns Schwestern. Der Maßstab: Wer konnte eine abgeschlossene Schulbildung vorweisen und wer nicht? Das Ungleichgewicht musste durch Bildungsmaßnahmen ausbalanciert werden. Als die Zeiten wieder ruhiger wurden, war es so weit, eine solche Korrektur vorzunehmen. Es war erstaunlich, wie bemüht jede Schwester in ihrer Weiterbildung war, wie eifrig, das Versäumte nachzuholen, auch wenn es Opfer forderte. Die Arbeit auf den Missionsstationen musste reibungslos weitergehen. Es konnte passieren, dass eine Schwester sich in die Klasse der Schüler einreihen musste, deren Eltern unter ihr arbeiteten. Das verlangte Mut, und ich hatte Hochachtung vor ihrem Eifer. Dass schließlich alle erfolgreich waren und ihr Zeugnis bekamen, war Anlass zu einem Fest.

Für mich war es wichtig, genügend Fachkräfte unter den Mitschwestern zu haben, um unseren Aufgaben im medizinischen, schulischen, sozialen und pastoralen Bereich nachzukommen. Deshalb war ich positiv überrascht, als der Leiter einer Schule auf einer Tagung vor den anwesenden Bischöfen und kirchlichen Verantwortlichen das Wort ergriff und herausfordernd sagte: »Wir erwarten, dass die Ordensfrauen zum Vorbild für unsere eigenen Frauen werden, ein Vorbild für die Stellung der Frau in der Gesellschaft. Den Haushalt führen und das Feld bearbeiten, das können alle. Heute fordern wir mehr!« Das Gleiche empfanden die einheimischen Mitschwestern: »Zum Putzen von Toiletten bin ich nicht ins Kloster gegangen«, wagte es eine provokativ auszudrücken.

Wie diese Aufwertung bei uns im Orden erlebt wurde, nahm ich deutlich wahr, als ich zum ersten Mal in meiner Funktion als Provinzoberin im Januar 1983 in unserem Noviziatshaus in Macheke aktiv wurde. Vier Postulantinnen wurden eingekleidet, das hieß, sie erhielten unser Ordenskleid, und vier Novizinnen legten die ersten Gelübde ab. Ich erlebte den Eifer dieser jungen Frauen, die sich Gott hingeben wollten, genauso wie wir das einmal im fernen Europa versprochen hatten. Das berührte mich, und ich versprach mir selbst, dafür zu sorgen, dass sie nicht enttäuscht wurden.

Der Festtagsgottesdienst wurde jeweils von dem Bischof zelebriert, in dessen Diözese die Feier stattfand. Bei dieser Gelegenheit lernte ich den einheimischen Erzbischof von Harare kennen. Er liebte die afrikanischen Gesänge und das Trommelspiel der Schwestern; es war ihm wichtig, dass traditionelle Bräuche in die Zeremonien eingeflochten wurden. Rituelle Tänze zur Gabendarbringung und die farbenfrohen Tücher als Schmuck boten eine großartige Kulisse für diese Festlichkeiten, die auch die Angehörigen beeindruckte. Sie erlebten, dass ihre Töchter als vollwertige Mitglieder in einer internationalen

Gemeinschaft aufgenommen wurden. Sie sahen den Ausdruck der Freude, nahmen an der kirchlichen Feier und dem anschließenden Mahl teil und waren stolz auf ihre weiblichen Nachkommen. Das half ein wenig, den Verlust des »Brautpreises«, der üblicherweise vom Bräutigam an die Eltern entrichtet werden musste, zu verschmerzen. Wenn ihre Töchter jedoch einen anerkannten Beruf erlernten und dadurch demonstrieren konnten, dass sie ab jetzt in gewisser Weise eine gehobene Stellung in der Gesellschaft einnahmen, schienen alle getröstet und zufrieden.

Leichter wurde es für mich jedoch nicht. Die Einführung des neuen Kirchenrechts von 1983 war wichtig, aber mit großen Schwierigkeiten verbunden. Durch den Vertrag wurden die einzelnen Ordensgemeinschaften selbstständiger und finanziell unabhängig von der Diözese, in der sie tätig waren. Für die Mariannhiller Patres in Bulawayo ging es bei dieser späten Emanzipation jedoch um viel Geld. Laut des neuen Vertrags bekam unser Bischof nicht mehr automatisch einen Teil der Schwesterngehälter, sondern wir hatten umgekehrt das Recht auf eine angemessene Bezahlung für unsere Dienste. Dadurch bekamen unsere Schwestern zum ersten Mal die Möglichkeit, eine längst überfällige Selbstständigkeit und Eigenverantwortung zu erleben. Auf jeder Station wurde ihnen ihr eigenes Budget für Haushalt, Transport, Schulungen und anderes eingerichtet, das sie zu verwalten hatten. Besonders die Jüngeren setzten ihren Ehrgeiz daran, diese Herausforderung zu meistern. Sie wollten sich von der bisherigen Bevormundung durch die Missionsoberen befreien. Und da ich gerade zur Vorsitzenden der Vereinigung aller Frauenorden Simbabwes gewählt worden war, erschien es als ein Leichtes, mir die ganze Schuld an den zwar notwendigen, aber nicht gern gesehenen Veränderungen zuzuschreiben.

Richtig beklemmend wurde es aber erst, als unsere Generaloberin plötzlich in Harare ankam, »um nach dem Rechten zu sehen«. Ich war erstaunt und gänzlich unvorbereitet, als sie ohne Vorwarnung in der Hauptstadt landete. Als wir auf dem Flughafengelände Oberinnen anderer Gemeinschaften trafen, stellte ich meine Generaloberin unbefangen vor, nicht ahnend, dass diese Schwestern mich und meinen Einsatz für die Kirche in Simbabwe loben würden. »Sie könne stolz auf mich sein«, wurde ihr gesagt. Das schien sie nicht sonderlich zu freuen, ihre Reaktion war kühl. In ihren Augen konnte das so nicht stimmen; warum hatte sie nur negative Rückmeldungen der Kirchenoberhäupter erhalten?

Die Stimmung blieb frostig, zumal ich ihr großes Gepäck nicht im Kofferraum verstauen konnte und deshalb auf die Hinterbank meines VW-Golfs verfrachten musste. Am gleichen Nachmittag trafen wir mit dem Erzbischof zusammen, wie von der Oberin gewünscht. Hier wurde ich nicht gerade sanft zurechtgewiesen, weil ich es seiner Meinung nach gewagt hatte, »den Aufstand zu proben«. Wie konnte ich es auch wagen, ältere Schwestern von niederen Diensten zu befreien – mir, ja der ganzen Oberinnenkonferenz Simbabwes, war das ein wichtiges Anliegen gewesen –, ich solle das gefälligst wieder rückgängig machen. Die Generaloberin entzog mir sogar die Befugnis, weitere Beschlüsse zu fassen. Eine ungewöhnliche Bevormundung für eine Provinzoberin, aber der kirchlichen Situation in Harare angepasst. Mein Entsetzen über diese Bestrafung rief in mir die Frage wach, warum ich dann überhaupt noch das Amt bekleiden sollte. Doch musste dieses Erlebnis erst größere Klarheit in mir gewinnen, bevor ich damit umgehen konnte.

Bei einer weiteren Besprechung, die am Tag darauf beim päpstlichen Nuntius in dessen Residenz erfolgte, durfte ich erst gar nicht anwesend sein. Einzig als Chauffeurin war ich gefragt, und geduldig musste ich das Ende des Gesprächs abwarten. Eigentlich sollte es nicht möglich sein, eine Provinzoberin auf derart demütigende Weise einfach »auszuschalten«. Aber wie konnte ich mich wehren, wenn meine Argumente gar nicht angehört wurden? Zu einem Dialog, wie ich ihn anstrebte, kam es während des ganzen Besuchs nicht.

Ich bemühte mich, diese Zurechtweisungen – es war Karwoche – zu ertragen. Auf einer der Autofahrten, auf der ständig kritisch auf mich eingeredet wurde, hatte ich plötzlich das Gefühl, als würde mein Kopf mit einer Axt gespalten. Das war ein furchtbares Gefühl. »Wenn Sie jetzt nicht aufhören, muss ich mich übergeben, mein Schädel platzt gleich. Wenn Sie heil ankommen wollen, lassen Sie mich gefälligst in Ruhe!«, stieß ich mühsam hervor. Augenblicklich war Stille. Erst wenn der Leidensdruck unerträglich wurde, gebot ich Einhalt.

Hatte ich zu oft erfolglos versucht, mich durchzusetzen? Oder war das System, in das wir durch Gehorsam und Ordensregeln eingebunden waren, so mächtig, dass wir ihm ausgeliefert waren, auch wenn das Herz sich nach mehr Erfüllung sehnte? In meiner Position wollte ich weiter so handeln, wie ich es für richtig hielt. Auch wenn ich alles immer in Absprache mit meinen Ratsschwestern tat, waren sie nie Zeugen solcher Konfrontationen. Selbst wenn sie mich verteidigt hätten, hätten sie damit nur ihre eigene Karriere aufs Spiel gesetzt. Als ich einen eingeladenen amerikanischen Jesuiten während eines Kurses bat, uns, nach Absprache mit den Schwestern, bei einer Ratssitzung zu begleiten, weil ich wissen wollte, was ich falsch machte, sagte er danach: »*Sister, you have no chance!* – Schwester, Sie haben keine Chance!« Schon die Körpersprache verriet, wie viel Abwehr da bei einigen zutage trat. Deshalb behielt ich meinen Schmerz auch lieber für mich, um niemanden zu gefährden. Was im Stillen über mich geredet wurde, das konnte ich höchstens ahnen. Leider hatten wir nie Begleitung durch Mediatoren. Sie wäre so wichtig gewesen, um unsere gegenseitigen Positionen auszuloten, uns verstehen zu lernen und eine gemeinsame Vision zu entwickeln.

Um uns in unserer Persönlichkeitsentwicklung zu unterstützen, führte ich auch in Simbabwe PHR-Kurse ein, denn in Tansania hatten sie unseren Selbstfindungsprozess gefördert. Jetzt war der PHR-Lehrer ein Missionar aus dem Nachbarland Sambia, Father P. Fitzgerald, der meiner Einladung folgte.

Bei seinem ersten Besuch wollten wir ihn vom Flughafen abholen, als Erkennungszeichen gab er uns folgenden Satz: »*Watch out for a white hat*« – wir sollten nach einem weißen Sonnenhut Ausschau halten. Dieser englische Gentleman besaß eine natürliche Offenheit und half uns geradezu spielend zu erproben, was wir uns tief im Herzen wünschten, nämlich einander anzunehmen und zu respektieren. Die einheimischen Schwestern waren darüber noch begeisterter, als ich zu hoffen gewagt hatte. Daheim, in ihren Dörfern, hatten sie Familiengemeinschaften erlebt, jetzt kam eine lebendigere Gemeinschaft im Kloster zustande. Der Samen war gesät, mehr konnte ich nach den schmerzhaften Erlebnissen der Vergangenheit nicht erwarten.

Bei einem seiner Vorträge sprach der »Missionar mit dem Sonnenhut« über Selbstverwirklichung. Ein »erzwungener, getrimmter Charakter« sei nicht das Ziel, sondern unsere Entwicklung zu einem freien, liebenswerten Menschen. Als Beispiel erzählte Father P. Fitzgerald von einer Nonne, die in einem Schulorden alle körperlichen Arbeiten wie Putzen und Abwaschen übernommen hatte und diese Aufgaben als »dienende Magd« auch gern ausführte – bis sie erkrankte. In diesem Moment merkte sie, dass sie ihren Selbstwert mit diesen Tätigkeiten gleichgestellt hatte. Sie wurde unzufrieden, trat mit seiner Hilfe aus dem Orden aus und ließ sich als Altenpflegerin ausbilden. Trotz der gewaltigen Umstellung spürte sie, dass sie sich zum ersten Mal als selbstbestimmter Mensch den Pflegebedürftigen zuwenden konnte. Später heiratete sie einen Patienten, den sie eine Zeit lang betreut hatte, und war dadurch auch finanziell abgesichert. Father Fitzgerald:

234

»Diese Nonne dabei zu unterstützen, nach jahrzehntelanger Arbeitsqual zu sich selbst zu finden, das war das Beste, was ich in meinem Leben als Missionar getan habe.« Damals glaubte ich, mich verhört zu haben, erst sehr viel später sollte ich seine richtig Aussage verstehen.

Dieser Missionar ermutigte mich, auch auf anderen Gebieten Neuland zu betreten. So bat er mich zum Beispiel, ihn doch ins Kino zu begleiten, in Sambia hätte er dazu keine Gelegenheit. Sein Tipp war, dass Filme, die einen Oscar bekommen hätten, meist sehenswert seien. Jetzt lief aber gerade keiner – und wir gingen in einen James-Bond-Film, den er als »ungefährlich« bezeichnete. Es war mein erster, ich amüsierte mich köstlich, und als sich die schöne Blonde in der letzten Szene hinter dem Duschvorhang versteckte, musste ich sogar herzhaft lachen. Danach sorgte ich dafür, dass unsere Schwestern Zugang zu Filmen wie *Born Free* (über die Löwin Lisa), *Die Farbe Lila* (über Apartheid) oder Richard Attenboroughs *Mahatma Gandhis Leben* hatten. Gandhis Worte: »Sei du selbst die Veränderung, die du dir wünschst, für diese Welt«, sie trafen mich.

Auf Bitten der jüngeren Schwestern wagte ich weitere Änderungen. Sie wünschten sich selbst eine kleine Gebetsecke im Zimmer einzurichten. Dies taten sie dann auch mit großer Kreativität, mit Kerzen, Tüchern und selbstgemalten Bildern. Dort wollten sie ungezwungen ihre Meditation halten – ohne, wie bisher, dafür gemeinschaftlich in die Kapelle gehen zu müssen. Als ich zusätzlich vorschlug, dass wir das morgendliche Chorgebet nicht zuerst, sondern nach der Betrachtung, singen könnten, erntete es massiven Protest von den Veteraninnen. Wie sollte das gut gehen? Dann würden viele länger schlafen und nicht beten, glaubten sie.

Um gegen all diese Anfeindungen gewappnet zu sein, flüchtete ich manchmal regelrecht zu unseren Außenstationen mit den sandigen, ausgetrockneten Böden. Dort, weit weg vom Lärm und Dunst der

Städte, war mir, als sei ich dem Himmel viel näher. Nachts schien das Firmament direkt über dem Laub der Bäume zu hängen; es war übersät von Unmengen strahlender Sterne. Einmal legte ich mich spontan auf die Erde und staunte in den nächtlichen Sternenhimmel. Der Mensch, dieses Wesen zwischen Himmel und Erde – gehalten, beschenkt, gesandt! Mein Herz schlug zuversichtlich, denn es lag in meiner Hand, mich dem zuöffnen, was Gott mit mir vorhatte.

Mit der Sexualität hatte die Kirche
schon immer Probleme

Aufgeben wollte ich nicht, dafür hatte ich zu hart gekämpft. Als Provinzoberin schien ich die Möglichkeit zu haben, etwas in Bewegung zu bringen. Und ganz ohne Erfolg war meine Anstrengung nicht geblieben, wir hatten bereits Fortschritte gemacht. Wenn auch nicht immer: Als etwa ein junger Geistlicher versuchte, einer unserer einheimischen Schwestern zu nahe zu treten, meldete sie sich bei mir – sie hatte von ihrer Gegenwehr noch Kratzer im Gesicht. Umgehend beschwerte ich mich beim Bischof. Er war zwar bereit, uns anzuhören – und hatte deshalb den Priester, der die Schwester gewaltsam nötigen wollte, mit seinem zuständigen Pfarrer rufen lassen. Aber zu meinem Erstaunen ließ er zu, dass der Angeklagte damit begann, mich zu beschimpfen: »Sie haben Zwiespalt in die Provinz gebracht. Kümmern Sie sich gefälligst erst um Ihre eigenen Angelegenheiten.« Offensichtlich versuchte er dadurch von sich abzulenken – eine Unverschämtheit. Es dauerte viel zu lange, bis der Bischof Einhalt gebot und beschwichtigend feststellte, dass solch ein Vorfall früher zwar zur Suspendierung geführt hätte, jetzt aber lediglich eine Verwarnung ausgesprochen würde. Welche Ironie, dass hier die Vorschriften des Konzils griffen, aber die wirklich notwendigen Reformen nicht umgesetzt wurden. War dieser Priester so von den patriarchalen Strukturen seiner Kultur gefangen, dass er kein Empfinden für den Wert und die Würde einer Frau hatte? Sein Benehmen zeigte, dass dem weiblichen

Geschlecht in seinen Augen immer eine untergeordnete Stellung zukam. Dass sich der Täter bei der angegriffenen Schwester entschuldigen musste, kam einer Farce gleich. Es heißt, dass er Jahre später ein Opfer der Aids-Epidemie wurde.

So wie ich in Tansania versucht hatte, die Eigenverantwortung der einzelnen Schwestern im Arbeitsbereich durch sogenannte Jobbeschreibungen zu fordern und zu fördern, so half dieses Vorgehen auch in Simbabwe, Macht- und Konkurrenzprobleme zu lösen. Als ich im Missionshospital die Arbeitspläne einsehen wollte, war ich erstaunt über die detaillierten Ausführungen. Lobend sprach ich mich darüber aus, doch zugleich wurde ich stutzig – sie kamen mir bekannt vor. Auf meine Frage, woher diese Pläne kämen, sagte man mir, dass die Generaloberin sie bei ihrem letzten Besuch mitgebracht hätte. Jetzt wurde mir alles klar. Die Generaloberin hatte mich bei ihrer Visite in Turiani nach einer Kopie meiner Arbeitsergebnisse – ein Organigramm mit Aufgabenverteilung – für das Hospital gefragt. Selbstverständlich hatte ich sie ihr ausgehändigt. Ohne Angabe seines Ursprungs war es nun hier im Einsatz, hatte sich also bewährt. Schade fand ich nur diese Geheimnistuerei!

Als ich kurz darauf die Krankenhausärztin nach ihrem Arbeitsvertrag fragte, war sie empört über meine »Anmaßung«. Bereits am nächsten Tag musste ich mich in Anwesenheit des Bischofs für meine Frage verantworten. Dass ich etwas von solchen Verträgen verstand, hatte der Bischof wohl nicht erwartet. Fakt war, dass sich jene Ärztin sehr gewissenhaft und unermüdlich für ihre Patienten einsetzte. Doch übersah sie dabei, dass sie unsere Schwestern ständig überforderte und einen 24-Stunden-Service verlangte, der einfach nicht zu bewältigen war. Ich wusste ja selbst, was es hieß, permanent überfordert zu sein. Endlich konnte ich dieses Thema ansprechen, es sollte nicht mehr länger ein Tabu sein.

Sich ständig am eigenen Limit zu befinden, ist im Kloster besonders oft der Fall, weil hier der Leistungsdrang so groß ist: Eine arbeitsame Schwester ist auch eine gottgefällige, so die Annahme! Da wiegen »Sternenblicke« kaum die tragischen Vorkommnisse auf. Eines Nachts, bei Vollmond, ging eine verzweifelte Mitschwester einer nahe gelegenen Außenstation immer tiefer in das Wasser eines kleinen Stausees, bis der couragierte holländische Hausgeistliche – einer inneren Ahnung folgend – sie in letzter Minute erreichte und hinausführen konnte. Über ihren Selbstmordversuch wurde nicht geredet, wenigstens nicht öffentlich. Das machte es auch so schwer, die Schwester zu einer Therapie zu überreden. Andere kämpften mit Alkoholproblemen. Aber warum sollten wir im Kloster von solchen Schwierigkeiten verschont sein? Wir waren auch nur eine Gemeinschaft von Menschen, dazu kamen der ungeheure Druck durch die unverarbeiteten schicksalhaften Kriegserlebnisse und das enorme Generationenproblem.

In diesem Zusammenhang fällt mir eine Episode ein, die ich am Flughafen in Harare erlebte. Eine attraktive Stewardess sprach mich an und fragte: »Kennen Sie mich nicht mehr? Sie mussten mich aus dem Kloster entlassen, weil ich mich dort nicht wohlfühlte …!« Als ich sie genauer ansah, erkannte ich sie. Sie strahlte mich an, und es war nicht zu übersehen: Hier war ein Austritt gelungen, weil sie selbst gemerkt hatte, dass sie sich so ihr zukünftiges Leben nicht vorgestellt hatte. In einem anderen Fall war es schwieriger. Ich war von der Berufung einer jungen Frau überzeugt, doch in ihrer lokalen Kommunität existierten andere Meinungen. Auch hier glaubte ich Rivalitäten zu erkennen. Ich kannte das aus meinem Leben, und aus diesem Grund wollte ich ihr Mut machen. Doch am Ende gab sie dem Druck nach und verließ uns. Ich war betreten, aber nicht nur über den Verlust, sondern auch darüber, wie unsozial und unchristlich wir in solchen

Situationen handelten, auch wenn dies der Ordenssatzung entsprach. Sie erhielt vom Kloster nur wenig Übergangsgeld, obgleich sie bereits erfolgreich für uns gearbeitet hatte. Regelrecht schockiert war ich, als ich später hörte, dass sie am Straßenrand stand und den Vorbeifahrenden Bettwäsche zum Kauf anbot. Sie hatte diese billig eingekauft und hoffte, durch einen kleinen Aufpreis etwas für ihren Lebensunterhalt zu verdienen. Ich fühlte mich, als hätte ich sie verraten! Warum mich das auch heute noch berührt? Mit all diesen Fragen und Problemen sollte ich mich in nicht zu großer Ferne selbst beschäftigen. Zudem entsprachen solche Regeln nicht meinem empfindsam wachen Sinn für Gerechtigkeit.

Eine andere Schwester, eine Afrikanerin, erkrankte an einem tödlichen Leiden, wurde aber als hysterisch abgestempelt, weil die plötzlich auftretenden Symptome nicht verstanden wurden, etwa Fieberschübe, die auch ohne Behandlung wieder verschwanden. Da sie eine platonische Freundschaft zu einem amerikanischen Missionar unterhielt, wurde viel geargwöhnt, ja manche sahen ihre Krankheit als Strafe Gottes. Als sie schließlich in unserem Krankenhaus starb, waren alle erschrocken. Ihr Verlust traf mich ebenso hart wie unsere leichtfertige Be- und Verurteilung. Später sollte es bei Aids nicht anders sein.

Der graue Alltag nahm weiter seinen Lauf, bis im November 1985 das siebte Generalkapitel in Rom tagte. Als Provinzoberin gehörte ich zu den Teilnehmerinnen und musste einen ausführlichen Bericht über die Lage unseres Ordens in Simbabwe geben. Es fiel mir nicht schwer, einen solchen auszuarbeiten – die Herausforderung lag in der Auswertung der Fakten. Hatte ich den Mut, die Wahrheit, so wie ich sie wahrnahm, auszusprechen? Meine unterschwellige Angst konnte ich dadurch beschwichtigen, dass ich mir vor Augen hielt, bereits so oft gemaßregelt worden zu sein, dass es eigentlich nicht mehr schlimmer werden konnte. Zudem wusste ich mich gut gewappnet durch meine ausreichenden Einblicke in die Lage des Landes, der Kirche sowie unseres Ordens. Ich musste gegen den eigenen Orden »ankämpfen« – allein dieses Wort verursachte mir schon Unbehagen –, aber meine persönliche Einstellung ließ mir keine andere Wahl.

Meinen Bericht gab ich in zwei Sprachen ab, sodass die Übersetzerin es leichter hatte. Nach meinem Vortrag gab sie mir die Unterlagen mit der Bemerkung: »Ich gratuliere Ihnen« zurück. Sie blieb die Einzige, die mich zu meiner Ehrlichkeit und meinem Mut beglückwünschte. Ansonsten wurde ich geschnitten. Wenn ich mich in einer Diskussion meldete, um meine Meinung zu einem Thema zu sagen, kamen erst alle anderen zu Wort, selbst wenn sie erst nach mir die Hand gehoben hatten. Die Generaloberin verteidigte selbstverständlich die Situation in Simbabwe und führte sämtliche Missstände auf den Krieg zurück, auch wenn es ganz offensichtlich nicht so war. Ich störte nur den Frieden »der guten alten Zeit«!

Während des Kapitels wurde auch die neue Generaloberin gewählt, die bisherige Assistentin der Vorgängerin. Meine erste »Audienz« bei Schwester Manuela, unter vier Augen, war demütigend und verbunden mit einer Reihe lächerlicher Zurechtweisungen. Sie schien mich in den letzten Tagen genauestens beobachtet zu haben und versuchte mir auf pseudopsychologische Art und Weise zu erklären, wie falsch ich »von Jugend an gepolt sei«. Schon das Überkreuzen meiner Arme zeige, dass ich mich an mir selbst festhalte. Mit anderen Worten: Sie war nicht gewillt, mir zuzuhören. Damit war mein Abstieg besiegelt, auch wenn weitere Jahre verstreichen sollten, bis ich das endgültig verstanden hatte.

Es kam schließlich, wie es kommen musste: Nach Ablauf meiner fünf Jahre als Provinzoberin wurde ich abgewählt. Und auch faktisch kaltgestellt. Denn alle meine Vorschläge, etwa, mich in der gerade begonnenen Koreamission einzusetzen, wurden kategorisch abgewiesen. Nicht einmal eine Auszeit für längere Exerzitien wurde mir gestattet. Ich sah keinen anderen Ausweg und wählte den »freiwilligen« Schritt in die Exklaustration, die kirchliche Bezeichnung für eine Beurlaubung. Mir war jedoch bewusst, dass ich während der vergangenen Jahre mein Amt mit voller Überzeugung und all meiner Kraft ausgeübt hatte. Wenn ich dafür nun verurteilt wurde, dann hatte ich eine Pause nötig, in der ich mich wieder fangen konnte. An das Ordensleben glaubte ich nach wie vor. Dass mich eine Exklaustration weiter brandmarken würde, ahnte ich nicht.

Das Jahr der Beurlaubung verbrachte ich größtenteils bei und mit meiner Mutter. Sie genoss es, mich jetzt um sich zu haben. Diese Zeit tat uns beiden gut, denn sie akzeptierte meine innere Unruhe, mein fortwährendes weiteres Suchen. Danach wurde ich im holländischen Mutterhaus eingesetzt, als »Mädchen für alles«. Am besten konnte ich noch damit umgehen, wenn man mich als Chauffeurin brauchte.

Als ich während dieser Zeit einmal im langen schwarzen Ordensgewand durch den Kölner Hauptbahnhof ging, begegnete ich vielen Karnevalskostümierten, und manche sahen mir nicht unähnlich. Im Stillen musste ich schmunzeln. Das war die freie Welt. Wollten sie ausprobieren, wie es sich anfühlt, solch ein Kleid zu tragen? Doch als eine Reporterin mit Mikrofon schnurstracks auf mich zueilte, wurde mir unbehaglich, und mit einem schwachen Lächeln winkte ich ab. »Ich bin echt!«, war meine Begründung, und ich bat sie, mich in Ruhe zu lassen. War ich das wirklich, war ich echt?

Eine weitere Mutprobe zum Echtsein musste ich bestehen, als ich zu einem Aids-Kongress nach Rom in unser Generalat gerufen wurde. Ich war stark verunsichert, ahnte ich doch, dass Schwester Manuela eine neue »Überraschung« für mich bereithielt. In Rom wurde ich am Flughafen von unserem italienischen Klosterfahrer abgeholt, der sich an mich erinnerte und spaßeshalber den Kotflügel untersuchte, um sicher zu sein, dass meine Füße nicht irgendwo herauslugten. Er selbst war eindeutig kleiner von Gestalt. Im Generalat angekommen, war Stillschweigen geboten, denn dieser erste Sonntag des Monats war ein sogenannter Retreat-Sonntag. Später fand ich einen Zettel, den die Generaloberin unter meine Zimmertür geschoben hatte: Nach dem Abendessen bat sie mich zu einem Gespräch.

In dieser Unterredung ging es um meine nächste Versetzung – dass es eine endgültige sein würde, konnte ich nicht ahnen. Sie gab mir zu verstehen, dass ich zurück in das mir bekannte Tansania solle, dieses Mal aber in die Diözese Moshi. Es gab eine neue Aufgabe für mich. Dabei ging es um HIV und Aids. Ich wusste, dass zu dieser Zeit noch keine meiner Mitschwestern in diesem Bereich tätig war. Dabei war es in meinen Augen höchste Zeit, dass wir uns dieser wahrhaft wichtigen Aufgabe stellten. Deshalb war ich sofort dazu bereit. Aids war vergleichbar mit Pest und Lepra früherer Zeiten – nicht nur wegen seines pandemischen Charakters. Für mich bedeutete die Epidemie eine Aufforderung zum Dienst an diesen gezeichneten und sterbenden Menschen. Im Mittelalter hatten sich mutige Menschen in echter Nächstenliebe solchen Aufgaben gestellt; jetzt bekam ich diese Chance.

Noch eine weitere Überraschung folgte: Ich durfte an dem Aids-Kongress teilnehmen, der vom Päpstlichen Rat im Vatikan ausgerichtet wurde und gerade stattfand. Beabsichtigt war das ursprünglich nicht, denn eigentlich hätte ein mir bekannter Priester aus Bulawayo an dieser Tagung teilnehmen sollen. Sein Bischof hatte es ihm aber verboten. So fiel mir der frei gewordene Platz zu. Eine bessere Vorbereitung für meine spätere Tätigkeit hätte ich nicht bekommen können. Einer der Redner war Professor August Wilhelm von Eiff, damaliger Direktor der medizinischen Universitätsklinik Bonn. Sein Thema war Prävention, und er scheute sich nicht, Kondome als ein Mittel des Schutzes klar zu benennen. Das war für uns Zuhörer eine Herausforderung, denn Kondome waren in der Kirche verpönt. Schon allein das Wort hatte etwas Anrüchiges, ja wenn man es verwendete, wurde man beinahe mit dem Akt selbst in Verbindung gebracht. Mit Sexualität hatte die Kirche schon immer Probleme.

Während dieses Seminars nahm neben mir im Saal ein Geistlicher Platz, den ich nicht kannte. Als ich seine innere Anspannung bemerkte und die Schweißperlen auf seinen Handflächen, schaute ich ihn an. Er erwiderte meinen Blick, reichte mir seine Kongressmappe und sagte: »*Sister, please pray for me!*« Für ihn beten? Gern, aber was war sein Problem? Da sprang er schon auf, rannte nach vorne ans Pult und sagte laut und vernehmlich: »Ich lebe mit der Krankheit.« Weiter outete er sich als schwuler HIV-positiver Priester. Augenblicklich wurde es totenstill im Raum, da hatte jemand gewagt, etwas zu sagen, was eigentlich undenkbar war. Niemand durfte nach Maßgabe der Kirche homosexuell sein, erst recht nicht ein Priester. Und schon tauchten wie aus dem Nichts Sicherheitsbeamte auf, um ihn festzunehmen. Wir sprangen ebenfalls auf und klatschten Beifall. Dieser Geistliche sollte merken, dass wir zu ihm standen. Innerlich war ich schockiert und berührt zugleich. Trug diese Krankheit ein solches Stigma? Es sah so aus. Dieser englische Priester hatte den Mut, zu sich zu stehen. Zu dieser Wahrheit hatte Aids ihn befähigt – ich spürte, dass einiges auf mich zukommen würde.

Während ich all diese Erlebnisse zu verarbeiten versuchte, folgte ein weiteres Treffen mit meiner höchsten Vorgesetzten, es war eine schmerzhafte Begegnung. Die Generaloberin wirkte freundlich und entspannt und machte den Anschein, als interessiere sie die Aids-Tagung. Das verwunderte mich, doch gab ich gern Auskunft. »Wissen Sie, warum ich Sie nach Moshi versetze?«, meinte sie schließlich mit leichter Herausforderung in der Stimme. Da ich nicht antwortete, folgte ihr eigentliches Geschütz: »Ich will verhindern, dass Sie wieder eine Niederlage erfahren, wie Sie es bereits in Turiani und in Simbabwe erlebt haben!« Ich glaubte mich verhört zu haben. Was sollte das jetzt bitte heißen? »Sie kannten Turiani zu meiner Zeit doch gar nicht«, erwiderte ich. »Wer hat denn das gesagt? Und von Simbabwe können Sie das auch nicht behaupten, dafür wurde zu viel Zukunftweisendes bewegt.« Sie lächelte schwach, aber nicht entmutigt, sondern mit leichter Ironie. Leider konnte ich nicht verbergen, wie mich ihre Worte trafen. Ich war innerlich aufgewühlt. Von ihrer Seite gab es nichts mehr dazu zu sagen.

Mein Leben eine Niederlage! Mental wollte ich mich durch meinen Dienst mit allen in und von Kirche oder Gesellschaft Ausgegrenzten solidarisieren. Dazu passte die klösterliche Beurteilung – oder besser gesagt – Verurteilung. Mein bisheriger beruflicher Erfolg, den ich in vielen Bereichen sogar belegen konnte, musste jedoch nicht geleugnet werden. Warum nur war diese Generaloberin so bemüht, mich, wie es schien, zu zerstören, meine Verdienste für den Orden mit den Füßen zu treten? Gehörte solch eine Verleumdung auch zum Ordensleben? Noch war ich fähig, es zu ertragen, lag doch eine sinnvolle Tätigkeit vor mir. Aber wie lange noch?

Moshi, Stadt des Rauches

»Schwester, Sie arbeiten tatsächlich in Moshi? Wenn ich nur den Namen höre, bekomme ich schon Heimweh!« In Moshi war er aufgewachsen, hier war sein Zuhause, und bewegt erzählte er, dass seine Eltern noch zum Kilimandscharo gebetet hätten wie zu einem Gott. »Wissen Sie, jeden Morgen sah ich meine Mutter zum Berg aufblicken und Segen für den Tag erflehen. Die Macht und Güte Gottes war für sie gleichsam in der Majestät und Schönheit des Berges verkörpert. Sie spuckte dabei erst in Richtung des Gipfels und dann auf uns, unsere Hütte und unsere Umgebung.« Im Nacherleben dieser Morgenstunde ahmte er leise den Laut nach. Schließlich besann er sich und schaute mit Verständnis suchenden Augen zu mir auf. »Dabei bin ich getauft.«

»Ist unser Gott nicht der Herr der Berge?«, entgegnete ich.

Er lachte befreit auf. »Aber ja, und singt der Psalmist nicht von den Bergen, von denen uns Gottes Hilfe kommt? Er nennt Gott seinen Fels, seine Zuflucht, und erhebt seine Augen zur heiligen Stadt auf dem Berge Zion.«

Wir verstanden uns: er, der Leiter einer modernen Datenbank – wie ein Labor auch bezeichnet werden könnte, das grundlegendes Wissen zur Heilung von Krankheiten liefert –, und ich, die Nonne, ebenfalls im Gesundheitsdienst für sein Volk eingesetzt. Gleichzeitig war ihm aber auch die tiefe Verwurzelung in der Tradition seines Volkes und seiner Eltern als Kraftquelle bewusst. Ähnlich versuchte ich die Natur und die alltäglichen Geschehnisse aus der Sicht meines Glaubens heraus zu verstehen und zu leben. Deshalb erinnerte ich mich an diese frühere Begegnung in Dar es Salaam. Könnte es eine schönere Einführung in mein neues Aufgabenfeld geben, um die Menschen am Kilimandscharo in ihrer Ganzheit – mit Leib und Seele – zu verstehen?

Meine neue Mission hatte begonnen. Wie schon damals war ich vom Anblick des schneebedeckten Berges mit seinen sanft abfallenden Hängen fasziniert. Ich wurde nie müde, zu ihm aufzublicken, ganz gleich, ob die Eismassen der Kuppe im Licht der Tropensonne aufleuchteten oder von Wolken eingehüllt, nur hin und wieder, wie durch Zufall, in strahlendem Weiß hervorbrach. Bei längerem Hinsehen konnte ich unterschiedlich geformte Furchen und Felswände erkennen. Durch heftige Regengüsse, den unablässigen Wind und die glühende Sonne hat dieser Berg eine unglaublich massive und gleichzeitig grazile Gestalt angenommen. Diesen Bergriesen, auch das »Dach Afrikas« genannt, sehen die Afrikaner als Sinnbild unseres Lebens. Auf ein buntes Kitenge mit hellgrünem Untergrund, das ich in Moshi in einem kleinen Laden fand, war das afrikanische Sprichwort gedruckt: »*Maisha ni safari ndefu, ya milima na mabonde*« – das Leben ist mit einer langen Reise zu vergleichen, die über Berge und durch Täler führt! Was könnte das besser symbolisieren als der Kilimandscharo! Meine eigene Reise hatte mich im Januar 1990 zurück nach Tansania geführt, dieses Mal nach Moshi, in den Schatten des höchsten Berges des Schwarzen Kontinents. Höhen und Tiefen hatte es in meinem Leben genug gegeben, nun stand ich in den nächsten vier Jahren unter seiner Obhut.

Moshi war ein Dorf, als es 1911 zum Endbahnhof für die nördliche Bahnlinie von Dar es Salaam über Tanga wurde. Das Bahnhofsgebäude, im maurisch-wilhelminischen Stil, war achtzig Jahre später noch recht gut erhalten. Moshi ist Swahili und heißt »Qualm« oder »Rauch«. Ob Moshi seinen Namen der Eisenbahn verdankt, ist fraglich; der vom Berg aufsteigende morgendliche Nebel scheint der wahrscheinlichere Namensgeber zu sein.

Ich war glücklich, wieder in Afrika, in der Mission zu sein, das Licht und die mir vertraute, wenn auch heiße Luft zu spüren und mich in der Gesundheitsarbeit erneut bewähren zu können. Die im Norden von Tansania gelegene Diözese Moshi war weit größer, als ich mir vorgestellt hatte. Sie erstreckte sich über vier Distrikte, mit ungefähr achthundertvierzigtausend Menschen. Die drei katholischen Krankenhäuser wurden von fähigen einheimischen Schwestern geführt, zudem betreuten sie vierunddreißig Armenapotheken. Diese Huruma-Schwestern von »unserer lieben Frau vom Kilimandscharo« waren die erfolgreichste einheimische Kongregation. Weiterhin gehörten die Franziskanerinnen in Maua zur Diözese, dazu noch kleinere Orden sowie fünfundvierzig Großpfarreien. Alle diese Institutionen wurden später aktiv in die Aids-Kampagne einbezogen, um über eine Million Menschen am Kili – wie der Berg liebevoll von allen genannt wurde – zu erreichen.

Nach meiner Einführung im bischöflichen Ordinariat bekam ich zu meinem Erstaunen einen eigenen Büroraum zugewiesen; das letzte Zimmer auf dem oberen Flur, neben den Räumen der anderen bischöflichen Beamten. Das war befremdlich für mich, denn was hatte ein leeres Büro mit meinem Aids-Einsatz zu tun? Ich fühlte mich in diesen vier Wänden anfänglich wie eine Gefangene, denn ich konnte mich nicht frei bewegen. Zunächst wurde ich angewiesen, einen Berg Akten zu lesen, um mich einzuarbeiten. Bei diesen Studien bekam ich eher zufällig Einblick in meinen Arbeitsvertrag, der von meiner jetzigen Provinzoberin, Schwester Hildegardis, unterschrieben worden war, ohne Kenntnis meiner tatsächlichen Ausbildung. Für umgerechnet fünfzehn Mark Monatslohn war ich »verkauft« worden, wobei dieses Geld direkt an meine Hausoberin ging, wahrscheinlich für meine Verpflegung. Ich selbst wurde als »Assistant Medical Secretary« eingestuft, als Assistentin des Leiters der Gesundheitsabteilung. Für mich war es kaum zu verstehen, warum mein Chef ein Priester war. Als ich ihn fragte, erklärte er mir, dass der Bischof für diese Diözese alle wichtigen Aufgabenbereiche unter seinen männlichen Führungsgeistlichen aufgeteilt habe. Es gebe acht Abteilungen, darunter je eine für Bildung, Gesundheit, Katechese, Jurisdiktion, Finanzen sowie für Jugendarbeit. Tatsächlich, dies war modernes Management in großem Stil. Ich war eine der wenigen Frauen und zudem die einzige Europäerin im Chancery Office, dem bischöflichen Ordinariat.

Meine Akzeptanz wuchs, als der ehemalige und mir bekannte Gesundheitsminister von Tansania, Dr. Leader Stirling, mich in der Bischofskanzlei entdeckte und lauthals ausrief: »Da kann Moshi aber froh sein, solch eine tüchtige Schwester angestellt zu haben!« Mittlerweile hatte mein Chef, der sich tatsächlich ausgezeichnet im Gesundheitswesen des Landes auskannte, mich in die einzelnen Hospitäler zu Krankenhausbesprechungen und -besichtigungen mitgenommen. Dabei fühlte ich mich gleich wohler als in einem Büro.

Leider wurde mein Chef schon bald nach Dar es Salaam befördert. Seine Stelle nahm ein frisch promovierter Geistlicher ein, der gerade das Kirchenrechtsstudium in Rom beendet hatte. Unter ihm wurde es weitaus schwieriger, unsere Arbeit zu verrichten, denn »das Gesetz« trat wieder in den Vordergrund! Diese starren Regeln führten erneut zu Problemen: Jetzt war es aber nicht nur der klösterliche Alltag, dem ich mich anpassen sollte, sondern ebenso rigide wurde ich in ein Korsett gesteckt, wenn ich meinen Dienst verrichtete. Da ich als Einzige im Aids-Bereich tätig war und dieses Arbeitsfeld bis dahin unbekannt war, hatte ich theoretisch freie Hand – doch dazu fehlten zunächst die finanziellen Mittel, vor allem aber das nötige Vertrauen. Im Grunde ging es jedoch auch hier um Machtausübung. Als »Assistentin des Priesters« stand es mir nicht zu, große Ressourcen an Projektgeldern zu verwalten und in Absprache mit den Projektträgern verantwortungsbewusste Entscheidungen zu treffen. Stattdessen wurde ich wieder kleinlichst kontrolliert. Erschien ich zum Beispiel einmal nicht rechtzeitig im Kloster, wo man mir eine winzige Zelle als Aufenthalts- und Schlafraum zur Verfügung gestellt hatte, wurde bereits geargwöhnt, was ich denn so alles triebe.

Als ich später erfuhr, dass eine Mitschwester in Europa nie an den morgendlichen Gebetsübungen teilnahm und auch von anderen Vorschriften entbunden war, fragte ich mich, warum dies bei ihr, aber nicht bei mir möglich war. Stand ich wegen meines Auftretens in der Vergangenheit so unter Beobachtung? Immer wieder versuchte ich mich zu beruhigen, etwa mit der Begründung, dass eine Gemeinschaft durch Normen Zusammenhalt findet. »Wer allein gegen ein System kämpft, hat kaum Chancen, zu siegen«, meinte sogar mein neuer Beichtvater, der seinem Orden, den Jesuiten, dankbar war, weil er durch ihn zu seiner Selbstverwirklichung gefunden hatte. Bei mir war er sich da nicht so sicher, denn unsere Ordensstruktur hatte er als zu starr erlebt, als zu wenig bedacht auf individuelle Förderung und Unterstützung. Deshalb blieb ihm nur, mir Glück zu wünschen und den Mut, zu dem zu stehen, wozu ich innerlich berufen sei.

Im ersten Jahr war ich überwiegend mit der Vorbereitung auf den schon erwähnten Papstbesuch beschäftigt, was mich sehr verwunderte, war dies doch kaum meine Aufgabe. Doch hatte es auch einen Vorteil: Ich lernte dadurch sämtliche medizinischen Institutionen im

Umkreis kennen, sodass wir uns in der HIV-Aids-Vorsorge später gegenseitig unterstützen konnten.

Obgleich die ersten HIV-positiven Personen und Aids-Kranken bereits 1983 ins Kilimandscharo Christian Medical Centre (KCMC) in Moshi eingeliefert worden waren, war diese Krankheit noch immer ein großes Tabu. Das Stigma, das den Betroffenen anhing, hatte mit Sexualität und Sünde zu tun – und es war erschreckend, das Ausmaß der Verdrängung zu erleben, die von kirchlicher Seite noch unterstützt wurde. Ich hatte diese Ignoranz schon in Europa gespürt. Wenn ich nach meinem Neueinsatz gefragt wurde und freudig erzählte, dass es dieses Mal um Aids gehe, erntete ich oft Unverständnis. Mehrfach bekam ich zu meinem Erstaunen zu hören: »Sagen Sie das besser nicht.« Eine Krankheit, die mit einem ausschweifenden sexuellen Leben in Zusammenhang gebracht wurde, galt als anrüchig. Malaria zu bekämpfen, das verbuchte man unter »ehrbare Missionstätigkeit«. Aber bei Aids lautete das Urteil fast immer: »Die sind doch selbst schuld, warum können sie es nicht lassen?« Manche gaben auch zu bedenken, dass es eine gefährliche Aufgabe sei, ich könne mich doch selbst infizieren, man könne ja nie ganz sicher sein, wie das Virus übertragen werde. Wahrhaftig, was für eine Ignoranz.

»Tuberkulose ist viel ansteckender als Aids, weil es dabei um Speichel-, beziehungsweise Tröpfcheninfektion geht,« hielt ich dann jedes Mal dagegen. Und zur Bekräftigung fügte ich hinzu: »Und in all meinen Jahren in Afrika habe ich mich nicht mit TBC angesteckt!« Bis ich schließlich begriff, dass es bei diesen Argumenten gar nicht um die Krankheit ging, sondern um das »sündige Verhalten«, wie die Kirche es nennt.

Zu meinen Mitarbeiterinnen gehörte die intelligente und stämmig gebaute Mamisa, die ungefähr zehn Jahre jünger war als ich. Sie erzählte mir, dass ihr Neffe Beatus nach Abschluss seines Studiums an der Universität in Dar es Salaam zusammen mit einigen anderen ein Stipendium für Moskau erhalten hatte. Angekommen in der russischen Hauptstadt, mussten alle Stipendiaten noch vom Flughafen aus in Quarantäne. Dabei wurden sie auf HIV getestet – und Beatus war positiv. Der junge Mann war schockiert, weil er noch nie mit einer Frau geschlafen hatte. Mit der nächsten Maschine wurde er zurückgeschickt, seiner Familie sagte er nichts von dem Testergebnis. Er wusste, dass sie ihn mit dieser Diagnose nicht länger in der Familie akzeptiert hätten. Der Krankheitsverlauf war zu dieser Zeit rasant. Meist vergingen nur zwei Jahre von den ersten Anzeichen wie Gürtelrose und Pilzerkrankungen der Schleimhäute, insbesondere im Mund- und im Darmbereich, bis zum Tod durch weitere Symptome wie Sarkome oder Tumore.

Als Mamisa dennoch von seiner Lage erfuhr, holte sie den Neffen zu sich, sorgte dafür, dass er Infusionen bekam, um den Wasser- und Elektrolythaushalt im Gleichgewicht zu halten. Zudem stellte sie Nachforschungen an. Dabei fand sie heraus, dass Beatus nach einem Unfall mit starkem Blutverlust transfusiert worden war, ohne vorheriges Prüfen der Blutkonserven auf HIV. Seine Geschichte war kein Einzelfall. Wem stand es also zu, ein Urteil zu fällen? Angst und die Furcht vor dem Urteil der Gesellschaft und der Kirche machte viele Menschen jedoch zu »sprachlosen« Opfern.

In Afrika wurde und wird Aids überwiegend heterosexuell verbreitet. Die Männer, oft Wanderarbeiter, leben periodisch von ihren Familien getrennt. Sie stecken sich bei Prostituierten an und übertragen die Krankheit später auf ihre Ehefrauen. Dass die Kirche diesen Kreislauf begünstigt, indem sie den Gebrauch von Kondomen verbietet, ist mehr als tragisch. Gerade die Lkw-Fahrer, die tagelang mit ihren

Lastwagen unterwegs sind, fördern die Verbreitung. Entlang ihrer Routen ist die Ansteckungsrate so hoch wie sonst nirgends im Land. Dringend musste also mehr Aufklärungsarbeit geleistet werden, und mir schien es wichtig, dass Betroffene eine Stimme bekamen. Erst wenn Infizierte sich zu ihrer Ansteckung bekannten und frei darüber sprachen, wie schlimm es ist, sich nicht mitteilen zu können, aus Furcht, verurteilt und verachtet zu werden, konnte eine Änderung erfolgen. Hier ging es wahrlich nicht nur um eine Krankheit. Aids wurde als Gottesfluch gebrandmarkt, als Bestrafung für eine Sünde. Das predigte die Kirche, und so war die Einstellung vieler Christen. Dies schmerzte nicht nur, sondern machte mich auch wütend. Ich empfand die Haltung der Kirche als heuchlerisch. Wie stand es denn um die anderen »Sünden«, die keine tödlichen Folgen hatten? Hochmut etwa, gezielte Bedrängnis, Unterdrückung? Ganz zu schweigen von den zahlreichen sexuellen Nötigungen, die in die gleiche Kategorie fallen.

Am schlimmsten war es für mich, wenn ich Kinder sah, die unter dieser Krankheit litten. Sie waren mit dem HIV-1-Virus auf die Welt gekommen, übertragen durch ihre infizierten Mütter. Bei uns im Kinderheim Upendo, das neben unserem Kloster lag, war ein solcher Säugling kurz nach meiner Ankunft draußen vor der Tür abgelegt worden. Seine Mutter musste bei der Geburt gestorben sein, von dem Vater keine Spur, und die Verwandten kreuzten meistens erst auf, wenn es solchen Kindern wieder besser ging. Dieser Waisenjunge, er wurde auf den Namen Deodatus (Geschenk Gottes) getauft, zeigte anfänglich alle Symptome von Aids, also heftigen Durchfall, Flüssigkeitsverlust und Kreislaufprobleme. Es stand sehr schlecht um ihn, und ich hatte große Sorge, ob er es schaffen würde. Aber der Kleine besaß einen ungewöhnlichen Lebensdrang – und schon bald musste er nicht mehr isoliert werden und konnte zu seinen Altersgenossen verlegt werden.

Wir Schwestern lernten, dass Babys mit den Antigenen ihrer infizierten Mutter geboren werden. Erst wenn diese nicht mehr nachzuweisen sind, etwa nach drei Monaten, kann geklärt werden, ob eine Infektion tatsächlich vorliegt. Deodatus erholte sich weiter und wuchs zu einem kräftigen Jungen heran. Wenn er mich anlachte, ging mir das Herz auf. Andere Säuglinge schafften es nicht, eine eigene Abwehr aufzubauen. Und solange die ART, die Antiretrovirale-Therapie, die die HIV-Vermehrung blockiert, nicht für alle Betroffenen frei zur Verfügung stand, waren sie dem viel zu frühen Tode geweiht. Ja, noch nicht einmal die Nevirapin-Tablette, von der es hieß, dass sie, täglich während der letzten zwei Monate der Schwangerschaft eingenommen, eine Übertragung des Virus von der Mutter auf das Kind verhindern würde, war für uns zugänglich. Von einem Fall zum anderen, klinisch gesprochen, lernte ich dazu. Doch war es vollkommen klar, dass die wichtigste Maßnahme der Aids-Arbeit in der Vorbeugung und Aufklärung bestand.

Ein weiteres Schicksal, mit dem ich konfrontiert wurde, war das der etwa fünfzigjährigen Asha, die von ihrem Mann verstoßen wurde, weil er sich eine jüngere Frau genommen hatte. Asha sah deshalb in der Prostitution die einzige Möglichkeit, ihren Lebensunterhalt zu verdienen. Als wir sie kennenlernten, war sie bereits fürchterlich abgemagert und konnte kaum etwas bei sich behalten. Ihre Tochter, die selbst zwei kleine Kinder hatte, kümmerte sich liebevoll um die Mutter. Wir besuchten sie in ihrer Hütte und waren von der Not, aber ebenso von der Fürsorge der Tochter gerührt. Sofort sahen wir, dass die ganze Familie unterstützt werden musste – mit dem Lebensnotwendigsten, aber auch mit Seife, Handschuhen, Salben.

Als Asha starb, sah es der Brauch vor, die Mutter neben ihrer Hütte zu begraben, damit sie für immer in die Familie integriert blieb. Als der Pastor bei der Beerdigung verlangte, dass ich als Todesursache

Aids angeben sollte, empfand ich das nachträglich als Verrat an ihr. Ich verneinte, denn wir hätten sie darum fragen müssen. Das hatte ich während der Besuche aber nicht bedacht. Dadurch verpassten wir diese erste Chance, in der Dorfgemeinschaft über die Aids-Problematik in ihrer ganzen Tragweite zu sprechen. Später versuchten wir nach Möglichkeit die engsten Familienmitglieder rechtzeitig auf einen solchen Dialog vorzubereiten.

Schwer zu verarbeiten war auch folgendes Erlebnis: Einem geistlichen Mitstreiter, der keinem Orden angehörte, aber ein Bollwerk im Kampf gegen die Immunschwäche war, begegnete ich während einer Reise. Wir besprachen unsere Strategien, und nachdem wir uns ausgetauscht hatten, sprach er von seinem hartnäckigen Durchfall und anderen gesundheitlichen Problemen. Für diese hatte ich dann auch gute Ratschläge parat, wie ich glaubte. Bald darauf wurde mir telefonisch mitgeteilt, dass dieser Geistliche plötzlich verstorben sei. Als ich mehr wissen wollte, hieß es vorsichtig, sein Immunsystem habe der Krankheit nicht standgehalten. Mich traf es wie ein Blitz. Von Aids sprach keiner.

Ich fuhr die siebzig Kilometer, um an seiner Beerdigung teilzunehmen. Sein Mitbruder musste bei meiner Ankunft meine Betroffenheit bemerkt haben, denn er nahm meine Hand und führte mich zu der Stelle, an dem man den Verstorbenen begraben würde, ganz in der Nähe seines Beratungszimmers, treu dem afrikanischen Brauch der Integration. Er hatte von seiner Erkrankung gewusst, sie gegenüber anderen aber immer verschwiegen. Der Geistliche hatte sich bei einer Afrikanerin angesteckt. Der Zölibat – ein weiteres Problem unserer Kirche – war für diesen Pfarrer in langen Stunden der Einsamkeit, fern seiner Heimat, offenbar nicht lebbar gewesen. Wieder so ein Fall, bei dem Christus uns davor gewarnt hätte, den ersten Stein zu werfen.

Dieses HIV-Aids-Projekt, das mir vorschwebte und für dessen Ausführung ich mehrere Geberorganisationen zur Unterstützung gewinnen konnte, musste, wenn es alle Menschen der Diözese erreichen sollte, eine Koordinationsstelle haben. Die Immunschwäche konnte nicht isoliert gesehen und noch weniger isoliert bekämpft werden. Es war ein Gesundheitsproblem und musste deshalb in das Gesundheitsprogramm der Diözese eingegliedert werden. Diesen Bereich wollte die holländische Organisation Memisa finanzieren, die uns bereits in Turiani unterstützt hatte, ebenso das zentrale medizinische Lager.

Von Memisa erhielt ich auch ein Angebot, einen dreimonatigen Kurs in Amsterdam zu besuchen. Das Thema war »District Health Care Planning«, und die Informationen sollten mir beim Aufbau des Aids-Projekts helfen. Um die Erlaubnis dafür zu erhalten – allein durfte ich nichts entscheiden –, mussten beide, meine Provinzoberin und der zuständige Bischof, ihre Einwilligung dazu geben. Jeder verwies zunächst auf den anderen, aber schließlich wurde es dann doch erlaubt.

Für mich war die Zeit am Amsterdamer Royal Tropical Institute eine großartige Erfahrung. Gemeinsam mit Verantwortlichen aus dem Gesundheitswesen verschiedenster afrikanischer Staaten tauschten wir uns aus. Äußerst irritierende Aspekte kamen dabei zur Sprache: So hörte ich, dass einige afrikanische Stämme daran glaubten, das Rückenmark von Giraffen heile von dem Virus. Schlagartig wurde mir klar, warum immer wieder Kadaver dieser wunderbaren Tiere aufgefunden wurden. Noch schlimmer war die Praxis, junge Frauen, die noch keinen Geschlechtsverkehr gehabt hatten, zu missbrauchen in der Vorstellung, sich dadurch von dem Virus »reinzuwaschen«. Die Folge war einzig, dass auch bei diesen Mädchen oftmals HIV festgestellt wurde, dazu noch Gonorrhoe. Solange diese Krankheit weiterhin als Strafe Gottes angesehen wurde, kam es mir in den Sinn, würden weiterhin die absurdesten Heilungsversuche praktiziert werden. Ähnlich falsch war ein Satz wie:»Mama Lauda, du siehst aber gut aus, Gott muss dich lieben.« Gott liebte mich nicht mehr als alle anderen, ich hatte höchstens zugenommen! Mit diesen Vorstellungen war man wieder dem Mittelalter nahegekommen, ein Unglück, eine Krankheit wurde so missbraucht, dem»strafenden Gott« mehr Macht zu verleihen.

Während des Kurses in Amsterdam lernte ich viel über moderne Administration, und ich bekam meinen ersten Laptop geschenkt. Und nicht zu vergessen: Bei einem der Workshops musste ausgerechnet ich ein Kondom auspacken; es war mein erstes, und ich fühlte, wie ölig es war. Außerdem wurde uns gezeigt, wie wir seinen Gebrauch erklären konnten. Hier gab es keine Bananen wie in Afrika, auf die es gestülpt wurde, sondern eine Bierflasche. Alle mussten lachen, dass gerade ich, eine Nonne, für diesen Anschauungsunterricht ausgesucht worden war. In Moshi konnte ich dieses Wissen nicht anwenden, das kategorische Verhütungsverbot ließ keine Aufklärung zu. Es war klüger, mich auf den Aufbau des Projekts zu konzentrieren. Keineswegs wollte ich es voreilig gefährden. Da ich wusste, dass im städtischen Regierungskrankenhaus Kondome unentgeltlich und anonym zu bekommen waren, wies ich vorsichtig darauf hin, wenn es notwendig war und sich die Möglichkeit ergab.

Vor meinem im übertragenen Sinne eigenen»Aids-Tod«, also meinem Ausschluss aus dem Orden, lud mich der Aids-Koordinator der Diözese Dar es Salaam noch zu einer Reise ein. Ich sollte diesen Missionar und eine HIV-infizierte Britin für drei Wochen nach Uganda begleiten. Das Ganze hatte einen kirchlicheren Anschein als der Kurs in Holland, aus diesem Grund bekam ich die Erlaubnis für die Teilnahme umgehend. Hauptsächlich hielten wir uns in der Region um

Kampala auf, und ich war tief beeindruckt, wie aktiv die Kirche hier war, um bei der Bekämpfung der Epidemie mitzuwirken. Die Ordensfrauen verschiedener Kongregationen waren vollkommen eingebunden in die gewaltigen Aufgaben, die sich ihnen stellten. In der Chefärztin eines Krankenhauses erkannte ich auch eine Frau, die bei dem Aids-Kongress in Rom bemüht gewesen war, dem homosexuellen Priester im weiteren Verlauf beizustehen. Von den Schwestern, die in dieser Klinik arbeiteten, fühlte ich mich sofort bestätigt. Ihre kleine Kapelle strahlte eine heilende Atmosphäre aus, und diese innere Kraft gaben sie am Krankenbett, in der Ambulanz, während ihrer Besuche in den Hütten weiter. So hatte ich mir Aids-Hilfe vorgestellt.

Wir bereisten Dörfer, die beinahe ausgestorben waren, einige Greisinnen und verwaiste Kinder lebten noch in ihnen – ein richtiges Horrorszenario. Diese Frauen waren zu gebrechlich, um die Felder zu bebauen, deshalb fehlte es an Nahrungsmitteln. Geld für Kleidung oder Medikamente war ebenfalls nicht vorhanden. Es bildeten sich christliche Nachbarschaftshilfen, die zu helfen versuchten – es musste einfach gehandelt werden. Zum Glück hatte sich die Regierung schon sehr früh zu der nationalen Katastrophe bekannt, damit war der Bann gebrochen worden. Ähnlich war es in Sambia, wo der Präsident K. Kaunda 1987 bei der öffentlichen Beerdigung seines Sohnes bekannte: »Er starb an Aids! Bitte, schützt euch, begeht nicht den gleichen Fehler.« Hier, in Uganda, reiste der Sänger Philly Lutaaya vor seinem Tod umher, um seine Landsleute eindringlich zu beschwören, den Kampf gegen die Immunschwäche, gegen die Ächtung aufzunehmen. Er legte ein bewegendes Zeugnis seiner eigenen Krankheit ab, und es gelang ihm, in die Kirchen der verschiedensten Glaubensrichtungen eingelassen zu werden, unzählige Schulen zu besuchen, um die Menschen wachzurütteln. Er gab dadurch der Krankheit ein Gesicht. Er sang das bewegende Lied, das symbolisch für die Solidarität mit Aids in Afrika wurde: »*Alone and frightened … Allein und voll Furcht vor der Dunkelheit, nimm meine Hand; heute bin ich es, morgen jemand anders; wir müssen zusammenstehn, wir müssen es den Jungen sagen …!*« Uganda hatte sich dem Feind gestellt, Aids wurde nicht mehr verleugnet. Ein Video von Lutaaya mit seinem Lied und seinen Aussagen setzten wir später in unserer eigenen Aids-Arbeit ein und waren froh, dass es auch in Swahili übersetzt wurde.

Beeindruckend war während unserer Reise, welchen Einfluss die infizierte Britin auf ihre afrikanischen Leidensgenossinnen hatte. Sie konnten nicht glauben, dass auch eine Weiße HIV-positiv war – und dass es ihr aufgrund von geeigneten Medikamenten relativ gutging. Man sah ihr die Krankheit nicht an, und sie lebte bereits mehrere Jahre mit dem Virus. Ihr Freund hatte sie aus Rache, weil sie die Beziehung beenden wollte, angesteckt. Mit dem Schicksal ausgesöhnt, versuchte die Britin nun den Menschen einen besseren Umgang mit der Krankheit zu vermitteln und all jenen Mut zu machen, die hofften, noch genügend Zeit zu haben, um ihre Familien abzusichern. Diese Begegnungen zwischen Schwarz und Weiß beeindruckten mich sehr. Beide Seiten ließen sich durch die Immunschwäche nicht entmutigen, sondern hatten den Anspruch, für eine bessere Zukunft zu kämpfen.

Im Osten Ugandas, in Jinja, erlebte ich, wie es ist, wenn eine Wirtschaft zusammenbricht, weil die Zwanzig- bis Vierzigjährigen, also diejenigen, die hauptsächlich erwerbstätig sind, nicht mehr am Leben sind. Keiner bepflanzte hier die Felder, weshalb es in dieser Region ebenfalls überall an Nahrung fehlte. Aber ebenso waren die Lehrer gestorben, und keiner unterrichtete mehr die Jugend. Ärzte und Krankenschwestern gab es ebenfalls zu wenige. Die traurige Wirklichkeit zeigte sich auch in scheinbar banalen Dingen: Täglich hatte ich so viel Sand in den Schuhen, als wäre ich am Strand gewandert – dabei war ich lediglich auf den Straßen gelaufen, die mit Schlaglöchern übersät waren. Und in den Bussen waren die Sitze so verschlissen, dass der Schaumstoff hervorquoll. Alles wirkte verwahrlost. Bei einer Autofahrt sah ich verschreckt einen aufgequollenen Leichnam am Straßenrand – niemand schien das zu stören. Was hatte Aids nur aus dieser Gegend gemacht?

Aids-Arbeit unter dem Regenbogen

Weihnachten 1990, zum Abschluss des ersten Jahres in Moshi, schrieb ich folgenden Rundbrief:

Liebe Freunde!
Angeblich sind in Städten wie Dar es Salaam oder ähnlichen Ballungsgebieten zwanzig Prozent der Bevölkerung HIV-positiv. Anders ausgedrückt: Beim Besteigen eines Busses sind, abhängig von der Anzahl der Passagiere, vier bis fünfzehn der Mitreisenden infiziert. Wenn auch die Zahlen ständig revidiert werden, so hieß es im September dieses Jahres, dass in Tansania siebenhundertfünfzigtausend Menschen an Aids erkrankt sind. Von den Patienten, die im vergangenen Jahr im KCMC-Hospital aufgenommen wurden, war jeder Fünfte infiziert.

Als ich vor einigen Tagen im örtlichen Regierungskrankenhaus einen Besuch machte, war eine Aids-Station komplett auf die Veranda verlegt worden. Ein junger Mann sagte, kaum hörbar, dass er keinen Besuch mehr bekomme, niemand aus seiner Familie würde noch leben. Ein etwas älterer Patient erklärte gefasst, dass seine Frau Bescheid wisse; er hätte versucht, alles zu regeln. Aber wie lange wird sie noch für ihre Kinder sorgen können, bevor auch sie dem Virus erliegt?

Wir kennen noch gar nicht das wahre Ausmaß dessen, was auf uns zukommt. Bis jetzt versucht die Großfamilie mit der dahin-

siechenden jüngeren Generation sowie den verwaisten Kindern fertig zu werden. Aber es gibt auf einmal Selbstmorde, auch gegenseitige Vergiftungen. Ich konnte einen dieser jungen betroffenen Menschen kennenlernen, der sich mit ätzender Flüssigkeit die Speiseröhre verbrannt hatte und einen langsamen, qualvollen Tod starb. Der Mann namens Pearson zog dies der Schmach eines HIV-Stigmas vor. Deshalb müssen Beratungsstellen und Solidaritätsgruppen ins Leben gerufen werden, damit die Angst, gepaart mit Unwissenheit, bewältigt werden kann. Ich sehe es als die Chance für die Kirche, in christlicher Nächstenliebe auf diesem Gebiet wegweisend zu sein. Es tat mir gut, als ein Patient zu mir sagte: »Dir kann ich von meiner Krankheit erzählen, denn du gehörst zu denen, die die Würde des Menschen respektieren.« Ein detailliertes Programm habe ich aber noch nicht, es muss noch entworfen werden. Vielleicht schaffen wir ein solches bis zum nächsten Jahresbericht.

»Gesundheit für alle bis zum Jahr 2000« – so heißt die Devise der Weltgesundheitsorganisation, der WHO. Dabei gibt ein Land wie Tansania pro Kopf noch nicht einmal einen Dollar jährlich für das Gesundheitswesen aus. Dennoch, wir sind im Einsatz, und das, was das Herz tut, kann sowieso nicht mit Geld bezahlt werden.

Die Kilimandscharo-Region zählt über eine Million Einwohner. Die Frauen versorgen die Familie, während die Männer großenteils auswärts arbeiten, um bessere Einnahmen zu sichern. Zum Weihnachtsfest kommen wieder alle heim, das ist Tradition. Aber in diesem Jahr ist die Problematik der Aids-Infektionen so groß, dass es leidvolle Konflikte in den Familien geben wird. Nicht zu Unrecht stand der diesjährige Welt-Aids-Tag am 1. Dezember unter dem Motto: »Frauen und Aids«. Haben die Frauen

genügend Rechte und auch Stehvermögen, um sich derart zu be-
haupten, dass sie den Zusammenhalt der Familie noch leisten
können? Und dort, wo die Frau selbst angesteckt wurde? Wer
richtet sie auf und steht ihr bei?
Gott – Mensch: im Menschen – durch Menschen!
Gnadenreiche, frohe Weihnachten!
Ihre Schwester Maria Lauda C.P.S.

Solange die Stellung der Frau in Afrika nicht verbessert wird, bleibt
der Kern der Problematik unberührt – es ist wie ein Kampf gegen
Windmühlen. Das uralte kulturelle System war noch voll intakt: Die
Frau wurde einzig als Gefährtin des Mannes angesehen, sie hatte ihm
untertan zu sein. Das hieß, sie hatte ihm zu gehorchen. Ganz zu
schweigen von so furchtbaren Praktiken wie der Genitalverstümme-
lung, die zutiefst gegen die Würde der Frau verstößt. Entsprechend
wurde in Tansania (aber auch in anderen afrikanischen Ländern) noch
der Brautpreis gezahlt, um das rechtlich zu bestätigen. Starb der Ehemann, wurde seine Witwe nach alter Tradition vom Bruder des Verstorbenen »übernommen«. In der Praxis bedeutete das nicht Schutz,
sondern eine versteckte Art der Versklavung. Gravierend kam hinzu
(und auch das wird sich in den letzten Jahren kaum geändert haben),
dass der neue Ehemann die Frau »säubern« musste. Er schlief mit ihr,
auch wenn der Tote HIV-positiv war und seine Frau wahrscheinlich
angesteckt hatte.

Eine weitere Tragik, die damals noch hinzukam: Die Frau besaß
kein Erbrecht, weshalb sie aus ihrem Haus und von ihrem Stück Land
vertrieben werden konnte, wenn die Angehörigen es wollten. Oft warf
die Familie des verstorbenen Mannes der Frau vor, sie wäre schuld an
seinem Tod, weil sie ihn verhext hätte. Auch wenn heute in dieser
Hinsicht Gesetze bestehen, so sind sie aber entweder nicht genügend

bekannt oder werden von der stark im Bewusstsein der Menschen verankerten Tradition außer Kraft gesetzt.

Im März 2008, also fünfundzwanzig Jahre nach dem Feststellen des HI-Virus, führten Aktivisten in Dar es Salaam, unterstützt von der Tansania Women Lawyers Association – einer Organisation von Rechtsanwältinnen, die sich für die Rechte von Frauen und Kindern einsetzt – eine Kampagne durch. Ihre Forderung:»Schreibe deinen Willen nieder!«Wenn die Rechte der Frau schriftlich festgehalten sind, so der Gedanke dahinter, kann sie nicht mehr so einfach ihrer Lebensgrundlage beraubt werden und von ihrem Land und Haus vertrieben werden. Das dient auch dem Schutz ihrer Kinder. Es ist schlimm genug, dass sie, die Mutter, wahrscheinlich als Nächste sterben muss, aber zusätzlich verstoßen zu werden, ist unfassbar grausam. Wir waren damals bereits froh, wenn sich lokale Frauengruppen bildeten, die sich wehrten, wenn der Ehemann alkoholisiert nach Hause kam und gewalttätig wurde. Wenn zum Beispiel eine Frau aus der Nachbarschaft laut schrie, kamen mehrere Frauen herbeigelaufen und verteidigten sie. Später schimpften sie auch auf die Pfarrer, die einen Bierausschank betrieben, um die Pfarrkasse aufzubessern. Sie sollten das sein lassen, forderten sie, denn dadurch gäben sie Anlass zu Alkoholmissbrauch, der wiederum zu gewaltsamem Sex führe. Grotesk: Und diese Pfarrer erlaubten natürlich auch nicht, dass Präservative benutzt werden durften.

Wir leben im 21. Jahrhundert, und doch passierte es, dass ein Kardinal auf einem Kirchenvorplatz ein Feuer entfachen ließ, um Kondome darin zu verbrennen. Obgleich mir klar ist, dass meine Kirche bis heute ihren Gebrauch offiziell verbietet, kann ich mir ein solches Verhalten, wie es in Nairobi geschah, nur schwer vorstellen. Zumal in den Nachrichten des Landes immer wieder zu hören ist:»Aids ist die Todesursache Nummer eins.«Am Kilimandscharo gibt es keine

Familie, die nicht bereits Angehörige durch diese Krankheit verloren hat. Fast immer sah ich einen Grabhügel in der Nähe der Häuser, am Ende des Bananenhains, der hier jede Hütte umgibt. Das Tischlerhandwerk für Särge hatte goldenen Boden, täglich begegnete man auf den Straßen einem Trauerzug, meistens mehreren. Die Särge wurden auf Pick-ups transportiert, die Angehörigen saßen weinend oder singend daneben und passten zugleich auf, dass sie auf den holprigen Straßen nicht von der Ladefläche rutschten.

Es ist klar, dass Kondome nicht die alleinige Lösung sind. Aber sie sind eine Hilfe, und das sollte von der Kirche anerkannt werden, wenn sie sich nicht weiter unglaubwürdig machen will. Eine einheimische Ordensfrau drückte es so aus: »Aids ist keine Krankheit, Aids ist ein Todesurteil!« Macht ein solches Kondomverbot nicht »mitschuldig«?

Es war offensichtlich, dass niemand der Infizierten mein Büro inmitten des bischöflichen Komplexes aufsuchen würde, wenn er Hilfe nötig hatte. Deshalb musste dringend ein passender Ort gefunden werden. So schlug ich einen Komplex in der Nähe des KCMC-Hospitals vor, der zur Kirche gehörte, dessen Gebäude jedoch aus Lehm und mit Dächern aus Wellblech versehen waren. Die Lage schien geeignet, zumal wir die Patienten nach einem Krankenhausaufenthalt weiter hätten betreuen können. Diese Idee wurde aber für unsinnig befunden, ja man unterstellte mir sogar, ich würde Ungutes im Schilde führen, als hätte ich den Bischof, dem indirekt diese Lehmbauten gehörten, durch mein Ansinnen verunglimpft. Misereor wäre übrigens bereit gewesen, die Kosten für den Umbau zu tragen.

Weiteren Unwillen zog ich auf mich, indem ich in Kontakt zu einem Querschnittgelähmten trat, dem ich häufig auf meinem Weg zum Konvent begegnete und der mir immer freundlich vom Rollstuhl aus zuwinkte. Er sprach nicht nur ein gutes Englisch, sondern war auch im medizinischen Bereich tätig gewesen, bis ein Autounfall ihn zum

Schwerbehinderten machte. Da er in London eine Zusatzausbildung als Counsellor gemacht hatte, schien er mir als Berater wie geschaffen für unser Projekt. Als Schwerbehinderter, ähnlich ausgegrenzt, hätte er auch schneller Zugang zu den HIV-Stigmatisierten gefunden. Dass er kein Katholik war, störte mich nicht. Aber dann musste ich erfahren, dass sein Vater ein streitbarer anglikanischer Bischof war – eine Mitarbeit war deshalb laut meiner Vorgesetzten ausgeschlossen. Kein geeignetes Gebäude, kein beratender Beistand. Als ich nicht mehr weiterwusste, wurde mir plötzlich die St.-Louis-Kirche zur Verfügung gestellt; dieser alte Bau war zuletzt nur noch als Lagerraum genutzt worden. Idealerweise lag er direkt an der Hauptstraße und war durch eine hohe Mauer, die den dahinterliegenden bischöflichen Administrationskomplex abgrenzte, nur von außen erreichbar. So konnten wir die frühere Kirche in ein Beratungszentrum umwandeln. Einen Teil der Mauer nutzten wir, um einen Kiosk mit Sitzecke anzubauen. Das gab zusätzliche Anreize für einen Besuch – selbst umherreisende Europäer machten hier Rast und erfrischten sich mit einem Kaltgetränk. Sie bemerkten überhaupt nicht, dass der Kiosk zu einem Aids-Projekt gehörte. Das wurde auch gelobt:»Schwester, es ist Ihnen vorzüglich gelungen, Ihr Projekt geradezu geheim zu halten. Solch treffliche Integration erleben wir zum ersten Mal!«

Um den Vorplatz pflanzten wir eine Bougainvilleahecke mit violetten Blüten, die schnell wuchs und Schatten spendete. Die Krönung war der markante, in leuchtenden Farben auf ein Holzschild gemalte Regenbogen. Von der Kirche aus bis hinunter zum Kiosk ließ ich es, einem Kometen gleich, befestigen. So konnten alle das Symbol der Treue Gottes zu seinem Volk, das nach dem Desaster der Sintflut wieder Hoffnung und einen neuen Anfang gefunden hatte, schon von Weitem sehen. War das nicht ein passendes Zeichen für die Menschen, die von dieser Katastrophe gezeichnet waren?

Ich war froh, endlich einen Ort zu haben, zu dem die HIV-Positiven anonym kommen konnten. Das half, meine früheren Fehlversuche zu verkraften. Die finanziellen Hürden waren durch Unterstützung verschiedener Organisationen, die sich vor Ort informiert hatten, bald erfolgreich überwunden. Den Architekten, mit dem ich das Zentrum fachgerecht, einfallsreich und schnell gestaltete, kannte ich noch aus Turiani. Er verstand sofort, was mir vorschwebte. Schnelltestreagenzien mussten her, dazu ein Videogerät für Vorführungen sowie Beratungsmaterial. Für den Videorekorder wurde noch ein stabiles Gehäuse gebaut, damit er bei Schulungen auf Außenstationen nicht beschädigt wurde. Fotos zeigen, dass wir im Juli 1992 noch mitten in der Umbauphase waren, im Dezember die neuen Räume aber schon bezogen. Schließlich wurde am 1. März 1993 unser »Regenbogen-Zentrum«, das RBC, offiziell von unserem Bischof eröffnet. An der Feier nahmen die geistlichen Herren der bischöflichen Kanzlei teil, die Chefärzte der drei Diözesan-Hospitäler sowie die verantwortlichen Schwestern. Der erste Eintrag ins Gästebuch stammte vom Bischof höchstpersönlich, ein halbes Jahr später folgte die Unterschrift meiner Generaloberin.

Ein kleines Highlight bei der Einweihung war die Uniform, die unser Personal erhielt. Die jungen Frauen, die den Kiosk betrieben oder Haushaltsaufgaben übernahmen, trugen jetzt blaumelierte Kleider, abgesetzt mit Bordüren in Pink. Ich fand, dass ihnen die »Uniform« sehr gut stand. Die Berater und Fahrer erhielten Krawatten, die sich an den Farben des Regenbogens orientierten.

Mein Büro befand sich im ersten Stock, so war ich ungestört, wenn ich administrative Aufgaben erledigen musste. In Einbauschränken bewahrten wir Care-Pakete mit gebrauchter Kleidung, Vitamintabletten und Säuglingsnahrung auf. Wenn HIV-positive Mütter sich etwas von den Babysachen mitnehmen durften, waren sie glücklich. Als mir eine junge Mutter stürmisch um den Hals fiel und mich mehrmals küsste, schauten meine Mitarbeiter zu und fragten, ob ich keine Angst hätte. Wovor? Vor Ansteckung, meinten sie kleinlaut. Ich musste ihnen regelrecht vorführen, dass man keine Angst vor Berührung haben brauchte, um ihnen die Furcht zu nehmen. Einer Gruppe von Lehrern ging es ähnlich, als ich mit ihnen die Aids-Station im städtischen Krankenhaus besuchte. Ein junger Patient erkannte mich, nahm meine Hand und bedeckte sie mit Küssen. »Mama, die Schuhe, die du mir besorgt hast, machen es mir möglich, ohne Schmerzen zu gehen. Davor waren meine Füße voll blutiger Schrunden!« Alle schauten mich erschrocken an, ich aber lachte und freute mich mit dem Beschenkten.

Bei unserer Präventionsarbeit war es wichtig, dass die Schwestern in den Krankenhäusern stärker auf die Sterilisation und die Untersuchung der Bluttransfusionen achteten. Bei Entbindungen gab es während einer Nacht oft nur ein Paar Gummihandschuhe – bei rund zehn Niederkünften! Das war unvorstellbar, während in Europa jeder Hausfrau ähnliche Handschuhe im Haushalt und Garten zur Verfügung standen. Weiterhin förderten wir Selbsthilfeprojekte wie Hühnerzucht oder das Anpflanzen von Bananen. Auch arbeiteten wir mit den Lehrern in den bischöflichen Sekundarschulen zusammen, eine ausgezeichnete Möglichkeit, um die gebildete Jugend bei der Prävention einzubinden. Den Grundstein des Projekts hatten wir gelegt, unser Eifer und Einsatz waren ungebrochen. Die ersten Erfolge zeigten sich – aber nicht zur Zufriedenheit aller.

Die Kondome waren es am Ende, die mir zum Verhängnis wurden. Dabei war es noch nicht einmal mein eigenes Projekt, bei dem sich der für mich entscheidende Vorfall ereignete. Dennoch war ich »ausführend« daran beteiligt, weil ich im Aids-Projekt-Auto meiner Diözese dorthinfuhr und ein Paket mit diesen Verhütungsmitteln transportierte. Das tat ich auch mit vollem Einsatz, denn ich schätzte die Arbeit dieses DANIDA-Projekts (Danish International Development Agency), das eine befreundete Ärztin, Dr. Lucy Nkya, in Morogoro leitete. Ich hatte sie wiederholt zu uns in das »Rainbow Centre« nach Moshi eingeladen, und als staatlich anerkannte Aids-Beraterin und Dozentin hatte sie unsere Seminare unterstützt. Nun besuchte ich sie im Gegenzug, und als ich sie zu Hause abholte, stellte sie mir ihren jüngsten Sohn vor. Ein pausbäckiges Baby, das ich kurz im Arm halten durfte, bevor sie es einer Angestellten übergab, einer HIV-positiven Frau. Das allein hatte bereits Vorbildcharakter, gab es doch viele Menschen, die sich selbst vor einer Berührung mit HIV-Infizierten fürchteten.

Zusammen fuhren wir in das am Stadtrand gelegene Rotlichtmilieu von Morogoro, wo dicht gedrängt die ärmlichen Hütten der Prostituierten standen, durchzogen von stinkenden Abwasserrinnsalen. Ich staunte über die lachenden Kinder, die uns entgegenkamen. Mamisa begleitete uns. Diese beiden Frauen trugen das große Paket mit den Kondomschachteln, das sie mitten auf dem Platz abstellten. Die Prostituierten begrüßten sie mit den Worten: »*Ahsante sana kwa biscuiti.* – Vielen Dank für die Kekse.« So nannten sie die Schachteln scherzhaft, auch ihrer diskreten Verpackung wegen. Jede nahm sich, so viel sie benötigte.

Die Ärztin erklärte mir, dass es lange gedauert hätte, bis sie das Vertrauen der Frauen dieses Viertels gewinnen konnte. Abends hielt sie sich in bestimmten Bars auf, damit sie in ihr keine Fremde mehr sahen, immer in Begleitung ihres Mannes, der sie unterstützte. Als sie sich akzeptiert fühlte, bot sie eine kostenlose Beratung und medizinische Hilfe an. Von der Dänischen Botschaft bekam sie schließlich finanzielle Unterstützung und brachte es fertig, vielen Frauen eine alternative Beschäftigung anzubieten. Sie erhielten ein Stück Land oder eine Nähmaschine, Geflügel oder Kaninchen, was immer den Möglichkeiten entsprach, damit sie in Eigeninitiative Geld verdienten und ihre Kinder ernähren und zur Schule schicken konnten. Denn kaum eine Frau war freiwillig in diesem Gewerbe.

Diese Ärztin, die eine Zusatzausbildung als Psychiaterin hatte, bot mir an, dass ich unter den infizierten Frauen besonders die Schwerkranken besuchen könnte. Lucy sagte: »Die freuen sich, wenn sie dich als Nonne willkommen heißen dürfen, dann fühlen sie sich nicht so alleingelassen!« Für mich war das eine Möglichkeit, die fehlende Präsenz der Kirche durch meine Gegenwart zu mildern. Viele Priester fürchten sich vor einem derartigen Besuch, entweder aus Angst vor Ansteckung oder um nicht in den Verdacht zu geraten, selbst dort Kunden zu sein. Die Situation dieser gezeichneten Frauen war ergreifend. Als wir in eine Hütte traten, hatte sich die ausgezehrte, beinahe zum Skelett abgemagerte Frau gerade erbrochen. Sie konnte nichts mehr bei sich behalten. Ein Mann richtete sie vorsichtig auf, während sie gesäubert wurde, ein anderer bot uns eine Sitzgelegenheit an. Trotz der Schwäche lächelte die Frau mich an und erwiderte zaghaft meinen Händedruck. Eine andere saß in der hintersten Ecke ihrer Hütte, an die Wand gelehnt, während ihr kleiner Junge singend durch den Raum lief. Versuchte er das Leben festzuhalten, das seiner Mutter zu entfliehen drohte? Die Großmutter zeigte, selbst bestürzt, auf ihre mutlose Tochter. Wir beteten gemeinsam. So geschah es noch mehrmals an diesem Nachmittag. Wenn ein Vorhang den Eingang der Hütte verdeckte, bedeutete es, ein Kunde war dort bei einer Prostituierten.

Über meine Begegnung mit diesen Frauen schrieb ich in mein Tagebuch: »Christus und Maria Magdalena – er ließ sich von ihr seine Füße einbalsamieren, das heißt, er akzeptierte ihre Liebe und damit sie als Person. Nach seiner Auferstehung ließ Christus sich von ihr

finden, und gab ihr den Auftrag, seinen Jüngern davon zu berichten.«
Sie, die Prostituierte, wurde Trägerin der Heilsbotschaft. Sie stand
ihm, dem Sohn Gottes, menschlich wohl am nächsten, abgesehen
von seiner Mutter. Das war für mich die Realität des Erlebnisses bei
den *malaika* am Rande von Morogoro. (*Malaika* ist das Swahili-
Wort für Prostituierte; es bedeutet aber auch »Engel«.)

Später wurde mir von einem Prälaten, der unter Kardinal Ratzinger diente, vorgeworfen: »Warum hat sie das denn getan? Hätte sie
wenigstens die Kutte (sprich das Ordenskleid) ausgezogen, dann hätten wir nicht handeln müssen. Aber so mussten wir sie ›köpfen‹!« Wie
heuchlerisch! In Zivil durfte ich laut Ordensregel nicht in der Öffentlichkeit umhergehen, und ich hätte auch keinen Grund dafür gesehen. Oder hätte ich dann etwa Kondome austeilen dürfen? Mir ging
es um die mitfühlende, christliche Begegnung mit diesen gezeichneten Frauen. Die Kondome waren nur Beiwerk, obgleich ein notwendiges, um weitere solcher Schicksale zu verhindern.

Die beiden Geistlichen, die sich bei einem eher zufälligen Treffen
über mich unterhielten, sprachen zunächst Latein, daher der Ausdruck
vom »Köpfen«. Konkret hieß das: Wegen des Austeilens der Kondome sollte ich meine kirchliche Arbeit nicht mehr weiter ausführen.
Von meiner Generaloberin wurde zunächst verneint, dass die Kondome zu meinem Rausschmiss geführt hätten. Doch gab sie schließlich in einem Brief zu, dass dieser Tag im Rotlichtmilieu von Morogoro »mit ein Grund gewesen sein könne«. Es scheint leichter zu sein,
Fakten zu umschreiben, als sie genau zu benennen. Im Sinne der Kirche ist ein Austritt immer »freiwillig«, weil die betroffene Schwester
persönlich darum »bitten« muss. Einen Rausschmiss gibt es offiziell
gar nicht. Aber wenn man seiner Aufgabe entbunden wird, scheint mir
ein weiterer Aufenthalt im Kloster unerträglich. Kaum eine Schwester würde ein Verbleiben in Ausgrenzung seelisch überstehen, wenn

man sich innerlich voneinander verabschiedet hat. Und ständig gegen das innere Empfinden zu handeln, kann letztlich nur zu einer Selbstentfremdung führen. Durch die Kondom-Affäre lernte ich, eindeutig Stellung zu beziehen für meine eigene physische und psychische Gesundheit.

»Sie hatten keine Chance!«

Ende August 1993 telefonierte ich mit meiner Mutter, es war ihr Geburtstag. Als sie mir schließlich erzählte, dass sie sich einer gefährlichen Gallenblasenoperation unterziehen müsse (später kam noch Brustkrebs hinzu), brach sie in Tränen aus. Sie entschuldigte sich gleich darauf, aber das genügte, um mir innerlich einen Stoß zu geben. Meine alleinstehende einundachtzigjährige Mutter war in Bedrängnis – und mir war kurz zuvor gesagt worden, dass der Bischof meinen Vertrag in Moshi nicht verlängern würde. Folglich wollte auch meine Generaloberin mich nicht weiter in der Aids-Arbeit wissen oder überhaupt in einer angemessenen Tätigkeit. »Wenn der Bischof keine Verwendung mehr für Sie hat, dann habe ich auch keine!« Ihre Worte klangen noch lange in mir nach.

Äußerlich funktionierte ich weiterhin perfekt, aber innerlich konnte ich mich nicht so schnell fangen. Da war es beinahe ein Segen, dass meine Mutter Hilfe bei mir suchte, genau zu dem Zeitpunkt, als mein Orden sich von mir abwandte. Also reagierte ich spontan und fragte meine Mutter: »Kannst du mit dem Eingriff noch warten, bis ich bei dir bin?« Ohne zu zögern sagte sie: »Ja.« Damit war die Maschinerie meiner Entlassung in Gang gesetzt.

Zwei Monate später landete ich in Deutschland. Gemeinsam unternahmen meine Mutter und ich die Arztbesuche, um herauszufinden, wie geholfen werden konnte. Als meine Mutter begriff, was in meinem Leben geschehen war, trieb sie wesentlich ein Gedanke an:

Wenigstens so lange am Leben zu bleiben, bis ich wieder Fuß gefasst hatte.

Zwei Jahre vergingen, bis der Austritt aus dem Kloster legal war. In dieser Zeit blieb es für mich weiter schwierig, die Grenze zwischen »eigenem«, »fremdem« und »göttlichem« Willen zu ziehen oder zu erkennen. Mein Orden hatte es durch eine rigide Handhabung der Regeln geschafft, dass ich mich machtlos fühlte. Beispielhaft wurde dies sichtbar bei meinem Austritt, der als freiwillig hingestellt wurde, es aber nicht war. Das ärztliche Attest, das ich eingeschickt hatte und das bestätigte, dass ich nicht mehr »ordensfähig« war, wurde zwar angenommen, der Inhalt aber nicht weiter berücksichtigt.

Wegen des Armutsgelübdes hatte ich, die Ausgetretene, keine finanzielle Absicherung durch meine während der Ordenszugehörigkeit geleisteten Dienste. Ich hatte ja immer freie Kost und Logis bekommen – unsere Arbeit war somit »ehrenamtlich«. Zwar verlangt der Staat seit 1957, dass für alle Ordensmitglieder in die Rentenkasse eingezahlt wird – dies geschieht jedoch in der Regel nur mit dem niedrigsten Satz. Deshalb treibt ein Austritt in fortgeschrittenem Alter die Nonnen in die Sozialhilfe. Als Mitglied eines Missionsordens und im Einsatz außerhalb Deutschlands war ich auch nicht krankenversichert. Mit anderen Worten: Es ist praktisch unmöglich, aus dem Orden auszutreten, ohne ein finanzielles Fiasko zu erleben. Ein Prälat sagte dazu einmal in Köln sinngemäß: »Wenn es jemand schon wagt auszutreten, dann soll er oder sie auch einen Tritt … bekommen und in der Gosse landen!« Als man mir die Austrittsurkunde überreichte, schien niemanden zu interessieren, dass dieser Schritt im Grunde nicht von mir ausgegangen war. Und auch wenn ich ein Übergangsgeld erhielt, war das keine wirkliche Lebensgrundlage.

Als ich mich später um eine angemessene Rente bemühte, ergab es sich, dass ich mit einem »Kirchenbeamten« telefonisch verbunden wurde. Als Vorsitzender der Ordensoberen hätte er sich für die Rechte von Ordensfrauen einsetzen können. Aber Nonnen werden häufig als Menschen niedrigerer Klasse behandelt. So war es ihm ein Leichtes, mir geflissentlich den Bruch meiner Gelübde vorzuwerfen, denn diese hätte ich ja volljährig und in vollem Besitz meines Intellekts abgelegt. Meinen Einwand, dass ich mich in den vierzig Jahren meines Ordenslebens weiterentwickelt hätte, das System Orden – oder Kirche – jedoch in vieler Hinsicht auf dem vorkonziliaren Stand stehen geblieben sei, wollte er nicht wahrhaben. Er wich mir aus.

Als er auf den geistlichen Aspekt des Ordenslebens zu sprechen kam und glaubte, mich hier in meine Schranken weisen zu können, konterte ich, ob er überhaupt wisse, was er mir vorwerfe? »Als Geistlicher haben Sie keine Ahnung, was das Gemeinschaftsleben mit seinen zum Teil rigiden Vorschriften vom Einzelnen fordern kann, erst recht, wenn Ihnen schon ein negativer Ruf anhaftet. Sie leben sicher alleine, haben gleich einem Manager einen Dienstwagen und können sich bewegen, wie Sie es für richtig halten, ohne dass Ihnen lächerlich detaillierte Vorschriften gemacht werden. Bei solch einer Behandlung kann man sich einen Austritt wohl kaum vorstellen, nicht wahr?«

Pause am anderen Ende der Leitung. Nach einer Weile hörte ich: »Schwester Lauda, wo kämen wir denn da hin, wenn alle Nonnen statusrechtlich nachversichert würden!« In Österreich, wo unser Orden ebenfalls eine große Provinz unterhält, wurde das anders gesehen: »Warum soll der Staat bei Austritten von Ordensangehörigen zahlen, wo diese doch ihrem Orden gute Dienste geleistet haben.« Deshalb wurde ein entsprechendes Gesetz erlassen.

Im profanen Leben wird die Kraft der Frauen geschätzt, wenn sie zum Beispiel den Betrieb vorantreibt. Im Kloster wird sie mit Mitteln wie Mobbing oder gestreuter negativer Beurteilung bekämpft. So wurde auch meine Kondom-Affäre offiziell nie geprüft, denn es existieren keine kirchlichen Verwaltungsgerichte, an die ich mich hätte wenden können. Als Nonne bin ich durch die Gelübde gebunden, durch Armut, Ehelosigkeit und Gehorsam. Der Gehorsam hat zur Folge, dass ich als Ordensfrau nicht einmal prozessfähig bin. Ich kann also nicht für mich selbst sprechen, mich nicht verteidigen. So wurde mir jetzt wenigstens klargemacht. Das war ein weiterer Schock. Als junge Schwester war mir diese Art der »Entmündigung« nie erklärt worden. Gottes Wille, von dem im Ordensleben immer gesprochen wird, konnte nicht darin bestehen, dass andere das Recht hatten, über mich und meine Integrität zu verfügen. Es konnte nicht angehen, dass bei einer Ordensfrau das Grundrecht der Menschenwürde nicht beachtet werden musste.

Besonders traf mich der Brief einer bettlägerigen Mitschwester aus Neuenbeken, die einer früheren Lehrerin aus der Missionsschule ihre Nachricht diktiert hatte. Ich wurde in dem Schreiben mit dem Satan verglichen, dem leibhaftigen Bösen. Diese Einsicht hätte sie, die Kranke, von Christus erhalten. Selbst wenn solch eine »teuflische Vision« im wahrsten Sinne des Wortes krankhaft und zweifelhaft ist, tat es weh. Der gesamte Erkenntnisprozess war überhaupt sehr schmerzhaft, und er verstärkte sich, als ich zwar durch die Medien Unterstützung fand, aber vom Kloster und von der Kirche letztlich zum Sündenbock gestempelt wurde. Ich erlebte, was es heißt, auf Sozialhilfe angewiesen zu sein. Ich ging auf Jobsuche und erfuhr, dass ich vielen Arbeiten nicht gerecht werden konnte. Ich hätte in einem Gefängnis eine Anstellung bekommen, doch fürchtete ich mich bereits bei dem Gedanken an die Unmengen von Schlüsseln, die mitzuführen waren – es rief zu viele Erinnerungen an Kontrolle in mir wach. Schließlich hielt ich ehrenamtlich Vorträge, um die Bevölkerung in Deutschland auf die Lage in der Dritten Welt aufmerksam zu machen. Das half, unser RAFIKI-Aids-Projekt (RAFIKI steht für »Freundschaft«) in Mweka bei Moshi zu unterstützen, welches Mamisa, meine frühere Mitarbeiterin, nach meinem Weggang aufgebaut hatte. Ich fand die Möglichkeit, einem lokalen Hospiz-Verein beizutreten und mich für diese Aufgabe schulen zu lassen. Denn schon im »Rainbow Centre« in Moshi wollte ich den Hospiz-Gedanken verwirklichen, konnte ihn aber durch meinen frühzeitigen Weggang nicht realisieren.

Meine Mutter hatte mich bei all dem begleitet. Erst jetzt, im Alter, da ich nach Hause kam, lernten wir uns wirklich kennen. Eigentlich unvorstellbar – aber was waren schon die Ferienaufenthalte, in denen ich immer die Rolle der Nonne eingenommen hatte? Ohne meine Mutter hätte ich den Schmerz der Trennung vom Kloster (und es *war* ein Schmerz), das plötzliche Alleinsein, die totale Ausgrenzung sowie die finanziellen Schwierigkeiten nicht meistern können. Als Vermächtnis bat ich sie, ihre Ringe tragen zu dürfen. Sie war erstaunt über meine Frage, bis ich es ihr erklärte. Meine Mutter trug den etwas größeren goldenen Ehering meines Vaters unter dem ihren, damit sie ihn nicht verlor. Ich nahm beide, machte es genauso wie sie, legte aber meinen silbernen vom Kloster als Zeichen der »Vermählung mit Christus« dazwischen. Diese drei Ringe standen symbolisch für mein Leben: Ich kam aus dem Zusammenschluss meiner Eltern, und dazwischen lag die Zeit als Ordenschristin in Afrika. Meine Mutter nickte und erfüllte meinen Wunsch; bald darauf starb sie.

Über Aids heißt es im Englischen: »*You are either in-fected or affected.*« Selbst wenn man nicht infiziert ist, ist man von Aids betroffen, deshalb sprach ich auch zuvor von meinem »Aids-Tod«. Der kenianische Schriftsteller Meja Mwangi beschreibt in einem seiner Romane – *Die Achte Plage* – ein sterbendes Dorf in Afrika, in dem die Menschen von der Seuche Aids dahingerafft werden. Zugleich ist er aber auch davon überzeugt, dass in ihr die Möglichkeit eines Neuanfangs liegt. Dazu sind eine Umkehr, eine neue Gesinnung und neue Taten gefordert, um das Leben derer zu sichern, die das Gelobte Land erreichen. Nach vierzig Jahren in einer Gemeinschaft von Mitschwestern musste ich auf einmal ohne sie auskommen. Es war am Ende eine Befreiung, aber schaffe ich es, daraus ein gelobtes Land für mich zu machen? Hatte ich nicht meinen Namen Lauda gewählt, weil ich mein Leben »zur Ehre Gottes« verwirklichen wollte? Erst jetzt, da ich alleingelassen und geächtet war, musste ich echtes Gottvertrauen beweisen.

Wenn ich auf meine Zeit als Nonne zurückblicke, fällt mir auf, dass ich in wesentlichen Dingen immer wieder behindert wurde. Und zwar so, dass der Durchbruch zu einer »Karriere« nie gelang. Dass dieses mutwillig geschah, wollte ich nicht wahrhaben. Die Werte meines Ordens innerhalb der größeren Organisation Kirche waren vom Wort Gottes (den Evangelien) geprägt. Deshalb musste es ihm fernliegen, etwas zuzulassen, das aus niederen Beweggründen geschah, etwa üble Nachrede, Unterstellungen, unfachliche Bewertungen. Dass dem nicht so war, ist menschlich. Meine Schwäche war vielleicht, nicht lautstark genug dagegen angekämpft zu haben.

Als »Aids-Koordinatorin« legte ich für die Glaubwürdigkeit der Kirche in Moshi, ja in Tansania, Zeugnis ab. Unser HIV-Aids-Projekt war so überzeugend, dass ich es auf einer Versammlung der Tanzanian Christian Medical Association in Dar es Salaam vorstellen sollte, empfohlen zur Nachahmung in anderen Diözesen. Leider kam es nie dazu, weil ich Moshi verlassen musste. Zum Glück war die Arbeit so weit vorangekommen, dass die Weiterführung nicht an mich gebunden war. Noch heute existiert das Projekt.

»Sie hatten keine Chance«, sagte mir ein fachkundiger Afrikaexperte. Er kannte die Zustände meiner ersten Jahre in Tansania, in Moro-

278

goro, in Turiani. »Alles, was bereits vor Ihrer Zeit falsch gelaufen war, versuchte man mit Ihnen in Verbindung zu bringen.«

»Du hattest keine Chance«, sagte mir auch eine befreundete Mitschwester, die Gespräche von Vorgesetzten mitanhörte, weil diese nicht ahnten, dass sie auf meiner Seite stand. »Ich hörte nur negative Beurteilungen und offensichtliche Falschaussagen, zu denen du nie Stellung nehmen konntest, weil sie nicht offen ausgesprochen wurden. Heute würde man vielleicht Mobbing dazu sagen, aber wer würde im Kloster schon dazu stehen?«

Ein befreundeter evangelisch-lutherischer Pastor sah es ähnlich. Er schrieb mir: »Da die Kirche sich als jahrtausendalte und weltweite moralische Institution sieht, wird sie sich von einer Einzelnen, noch dazu einer ausgetretenen Nonne, ihre Machtposition in Angelegenheiten öffentlicher Moral nicht streitig machen lassen. Deine Interessen setzt niemand durch, und seien sie noch so gerechtfertigt.« Den Brief beendete er mit folgenden Worten: »Ich wünsche dir die Standhaftigkeit eines Martin Luther vor dem Reichstag zu Worms, hoffentlich mit einem versöhnlichen Ausgang.«

Epilog

Zum fünfzigjährigen Bestehen von UNICEF wurde ich am 29. Juni 2003 nach Köln eingeladen, in eine Talkshow mit Alfred Biolek. In der Sendung ging es um das Thema »Kinder und Aids« – ich sollte über meine Aids-Arbeit auf dem afrikanischen Kontinent berichten. An diesem Abend kamen aber auch Aspekte meiner bisherigen Lebensreise zur Sprache, die ich verdrängt hatte.

Als ich, wunderbar geschminkt, in das Vorbereitungszimmer kam, sah ich dort Sir Peter Ustinov. Freudig sprach ich ihn mit meinem besten Englisch an. Er lächelte, antwortete jedoch in einem perfekten Deutsch: »Ja auch ich freue mich, Sie kennenzulernen, ich habe schon viel von Ihnen gehört.« Er strahlte eine große Wärme aus, obgleich er in einem Rollstuhl saß und auf Hilfe angewiesen war.

Während des ganzen Abends war seine Präsenz beeindruckend. In der Sendung schilderte er seine Erlebnisse als UNICEF-Botschafter lebendig und humorvoll. Zugleich ermahnte er die Zuschauer, ihr Interesse für die wehrlosen Kinder nicht fallen zu lassen. Zu den Gästen zählte weiterhin Hardy Krüger Jr. – die Momella Lodge seines Vaters in Tansania kannte ich; er war ebenfalls als UNICEF-Botschafter unterwegs gewesen, in Namibia. Und der belgische Sänger Helmut Lotti berichtete von Thailand, wo er in gleicher Funktion herumgereist war.

Als ich zu Wort kam, erzählte ich von den Leiden der HIV-positiven Menschen, die sich keine Behandlung leisten können, von der

Ohnmacht der Frauen und Mütter, weil sie ihrem Ehemann unterstellt sind und ohne ihn kaum Rechte haben, von den Traumata der Kinder, die vielfach elternlos ihr Leben meistern müssen. Über all das stellte ich aber das Drama des Kondomverbots, das vonseiten der Kirche ausgesprochen wird, da sie befürchtet, dass durch den Gebrauch dieses Verhütungsmittels zügelloser Sex praktiziert wird. Ich sagte auch, dass dieses Gebot so nachhaltig im kirchlichen Gesetzbuch verankert sei, dass es den Anlass zu meiner Entlassung gegeben habe. Eine Nonne in Ordenstracht, die Kondome verteilt, dürfe nicht geduldet werden.

Alfred Biolek griff diese Aussage auf und stellte fest: »Wie wird Papst Johannes Paul II.« – damals war noch er Papst – »wohl einmal vor Christus stehen, wenn er sich wegen gerade dieses Verbots verantworten muss?« Aber das war noch nicht alles: »Ist die Einhaltung dieses Kondom-Gebots wichtiger als das Leben eines Menschen?« Bei diesen Worten fühlte ich große Erleichterung. Biolek hatte das Problem auf den Punkt gebracht. Dadurch, dass die Kirche so vehement gegen Kondome predigt, ist sie mit schuld daran, dass am Kilimandscharo inzwischen jeder Dritte HIV-positiv ist. Die Zahl der Toten steigt unaufhörlich. Und das nicht nur am höchsten Berg Afrikas.

Beim anschließenden Abendessen saßen wir im Kölner Restaurant »Alter Wartesaal« zusammen und unterhielten uns angeregt. Plötzlich fragte mich Helmut Lotti: »Waren Sie eigentlich nie verliebt – ich meine, bevor Sie Nonne wurden?« Mit vielen Fragen hatte ich gerechnet, nur nicht mit dieser. Doch ich scheute mich nicht, sie zu beantworten: »Da ich sehr früh in den Orden eingetreten bin, kam diese Erfahrung bei mir erst viel später und wurde sublimiert, wie wir das nennen.« – »Wie soll ich das verstehen?« Lotti wollte es genau wissen. Ich versuchte es mit einem Vergleich: »Sie werden doch von Unmengen von Fans bejubelt, aber für Sie zählt sicher nur die Wertschätzung einer, nämlich die ihrer Frau.« Das bejahte er vehement. Ich fuhr fort: »So ähnlich ist das auch bei uns Nonnen. Wir gehören durch unser Versprechen Christus, und diese Liebe steht an erster Stelle.«

Als Sir Peter Ustinov als Erster den Saal verließ, wurde unser Gespräch unterbrochen. Er nahm meine Hand und küsste sie, was mich sehr berührte. Er starb ein Jahr später. Sein ungemein erfolgreiches und gleichzeitig Wärme gebendes Leben hatte sein Ziel erreicht. Wir alle stehen weiter in der Verantwortung, uns für die Schwächeren einzusetzen, denen wir unsere Stimme leihen müssen.

Meine Patentante, Schwester Majellina, die meinen Ersteinsatz in Afrika wesentlich prägte, liegt in Mgolole, Ostafrika, begraben. Das Grab ihrer leiblichen Schwester, im Orden als Schwester Erika bekannt, befindet sich in Mariannhill, Südafrika. Gemeinsam haben wir drei der Kongregation über hundert Jahre lang treu und erfolgreich gedient. Ich werde vielleicht einmal neben meine Eltern gelegt werden, aber mein Wunsch war immer, unter einer Bananenstaude begraben zu sein: Die Banane ist in Tansania Sinnbild für das Leben; und für mich Erinnerung an mein Leben in Afrika.

Literatur

Benn, C. und Weinreich,S: *AIDS, eine Krankheit verändert die Welt.* Frankfurt 2003

Blixen, Tania (Karen): *Jenseits von Afrika.* München 1986

Bujo, Bènèzet: *Wider den Universalanspruch westlicher Moral. Grundlagen afrikanischer Ethik.* Freiburg 2000

Direktorium der Missionschwestern vom Kostbaren Blut. Paderborn 1932

Drewermann, Eugen: *Kleriker, Psychogramm eines Ideals,* Freiburg im Breisgau 1989

Eiff, August Wilhelm von: *Ins Angesicht widersprochen. Mein Leben im Dialog mit Gesellschaft und Kirche.* Freiburg 1998

Frankl, Victor: *Man's search for meaning* (… trotzdem Ja zum Leben sagen – Ein Psychologe erlebt das Konzentrationslager). München 1998

Freire, Paulo: *Pädagogik der Unterdrückten, Bildung als Praxis der Freiheit,* 1973

Gronemeyer, Reimer: *So stirbt man in Afrika an Aids. Warum westliche Gesundheitskonzepte im südlichen Afrika scheitern. Eine Streitschrift.* Frankfurt am Main 2006

Hammarskjöld, Dag: *Zeichen am Weg. Das spirituelle Tagebuch des UN-Generalsekretärs.* München 2004

Hanak, Ilse: *Frauen in Afrika. »… ohne uns geht gar nichts!«* Frankfurt am Main 1995

Häring, Bernhard: *Meine Erfahrungen in der Kirche*. Freiburg 1989

Hirschmann, Olaf: *Kirche, Kultur und Kondome*. Münster 2003

Konstitutionen der Missionsschwestern vom Kostbaren Blut. Reimlingen 1988

Küng, Hans: *Spurensuche. Die Weltreligionen auf dem Weg*. München 1999 (Darin: Stammesreligionen – Beispiel Simbabwe)

Markham, Beryl: *Westwärts mit der Nacht. Mein Leben in Afrika*. München 1995

Mwanga, Meja: *Die achte Plage*. Wuppertal 1997

Sailer, Andreas: *Die Stellung der Ordensangehörigen im staatlichen Sozialversicherungs- und Vermögensrecht*. Berlin 1996.

Spoerry, Anne: *Man nennt mich Mama Daktari. Als fliegende Ärztin in Kenia*. München 1999

Schavan, Anette (Hrsg.): *Dialog statt Dialogverweigerung, Impulse für eine zukunftsfähige Kirche*. Kevelaer 1994

Paul Tournier: *Mensch sein ohne Maske, vom falschen Ich zum wahren Selbst*. Bern 1974

Danksagung

Wenn ich auf mein Leben zurückblicke, bin ich von Dankbarkeit erfüllt, weil ich nicht aufgegeben habe. Dag Hammarskjöld forderte bereits: *Du musst wagen, du selbst zu sein.* Für mich fand dieses Wagnis auf zwei Kontinenten und »zwischen« zwei Welten statt. Zu meiner Geburtsstätte bin ich zurückgekehrt und freue mich über jedes Empfinden, hier daheim zu sein. In Afrika – der Wiege der Menschheit – fühle ich mich der faszinierenden Natur und den großherzigen Menschen gleichermaßen verbunden. Ich habe die gegenseitige Abhängigkeit, das Ausgeliefertsein an die Naturgewalten erlebt. Die unterschiedlichen Kulturen bereichern, inspirieren …

Den Menschen, die mich auf diesem Wege begleitet haben, bin ich zu Dank verpflichtet. Das waren meine Mitschwestern, unsere Mitarbeiter, unsere Patienten und die vielen Unbekannten, die mich angespornt und herausgefordert haben.

Da ist die Welt des Ordens, der Kirche, und diese andere Welt, die als säkular bezeichnet wird, in der ich jetzt lebe. Hier bin ich meinen Verwandten, meinen Freunden, allen, die an mich geglaubt haben und es noch tun, zu Dank verpflichtet. Mein Bruder Lothar berät mich auch heute noch gern. Er und die Verwandten lernten mich erst jetzt näher kennen. Die Familie von Sr.Majellina und Sr.Erika Ketteniß halfen mir, zu erahnen, was eine Familiengemeinschaft bedeutet. Berührt hat mich jedes Mal, wenn Menschen, die meine schwierige finanzielle Lage kannten, selbstverständlich helfen wollten. Das zeigte sich bei medizinischen Behandlungen, Beratungen oder in Geschäften durch Reduzierung, Anteilnahme und tatkräftige Unterstützung. Es ist mir unmöglich, da die richtige Auswahl zu treffen; in meinem Herzen kenne und danke ich allen.

Besonderer Dank geht an Herrn StD.Pfarrer Josef Freitag, der gemeinsam mit RA Dr. U. Wiese dafür sorgte, dass ich nicht von Sozialhilfe leben musste. Unermüdlich – ehrenamtlich – hat Herr Freitag sich, gemeinsam mit mir, um rechtliche Klärung meines »Falles« bemüht, bis heute. Bei ihm zu Hause war ich immer willkommen. Ohne diese Unterstützung hätte ich wahrscheinlich den Boden unter den Füßen verloren.

Eine große Freude war es, als Ehemalige – sei es aus der Klosterzeit oder aus der Zeit ihres Einsatzes als Entwicklungshelferinnen in der Mission – Kontakt mit mir aufnahmen, mich suchten und ermutigten, wie damals, zu mir zu stehen; sie waren durch Fernsehauftritte auf mich aufmerksam geworden. So fanden wir uns, ob in Australien, Tunesien, Dublin, Österreich, Barcelona oder hier in Deutschland. Besonders erwähnen möchte ich Prof. Sr. Romana – Herta Kapeller, die nach mir in Wernberg austrat, Dr. Phil. Ruramisai Charumbira, die unser Kloster in Zimbabwe verließ und später an der Yale University graduierte. Dazu gehören auch die Arztfamilien von Dr. W. Nugteren und Dr. H. Kruyt, die den Kontakt immer aufrechthielten. Und weitere Freunde, mit denen ich durch E-Mails immer verbunden bin, in Tansania, Simbabwe, Frankreich, den USA und Kanada. Sogar die ehemalige Sekretärin meines Vaters, Christa Meynig, meldete sich aus Leipzig; das hat mich sehr berührt.

Für die vielfältigen Anregungen und Hilfen beim Schreiben danke ich Hanspeter Oschwald, der mich nicht nur interviewte, sondern darin bestärkte, dass ich schreiben könne. Ebenso Glen Williams aus Oxford, der die HIV-Aids-Probleme vor Ort erlebt hat und für mein

Buch eine englische Begutachtung schrieb. Genauso wichtig waren die technischen Hilfen, besonders durch Ulrich Hensch und Familie Dr. Marie-Luise Beyer.

Geistige Unterstützung erhalte ich am stärksten durch meine Reiki-Meisterin, Marianne Wulff, die mich in diesem durch das Schreiben verstärkten Entwicklungsprozess begleitet hat. Denen, die gleich mir solch ein Erlebnis des Ausgestoßenseins verkraften mussten, möchte ich mit Dr. Eugen Drewermann sagen: »Ihrem persönlichen Zeugnis kann niemand widersprechen.« So ist es, dafür danke ich ihm.

Meiner Lektorin Regina Carstensen danke ich für ihr Bemühen, eine Nonne, und dazu in Afrika, zu verstehen. Dem DuMont Buchverlag, dass er mich sofort – damals unter Marcel Hartges – angenommen hat und mich als alte Jung-Autorin liebevoll – fachfraulich – betreut, besonders Tanja Rauch, Julia Giordano und Judith Habermas.

Besonders möchte ich allen danken, die meine Aids-Arbeit unterstützt haben. Das RAFIKI-Projekt lief von Anfang an parallel zu den Bemühungen um meinen eigenen Existenzkampf, damit die Menschen in Mweka, bei Moshi, auch nachdem ich meine Arbeit dort nicht mehr tun durfte, weiter betreut werden konnten. Ida Mamisa Naiso leistet bewundernswerte Arbeit in ihrer Heimat. Ohne unsere Hilfe wäre ihr das nur beschränkt möglich. Der Arbeitskreis 3. Welt Neuenrade e.V., Vereinigte Sparkasse im Märkischen Kreis, Konto Nr. 93501328, BLZ 45851020, sorgt dafür, dass immer für Nachschub gesorgt wird.